INNOVATE
RESOURCE ALLOCATION

开放经济下的
企业创新资源配置

The allocation of
innovative resources of en
in the open econom

李思慧 著

中国经济出版社
CHINA ECONOMIC PUBLISHING HOUSE

图书在版编目（CIP）数据

开放经济下的企业创新资源配置 / 李思慧 著 .
—北京：中国经济出版社，2019. 10
ISBN 978 - 7 - 5136 - 5921 - 5

Ⅰ. ①开… Ⅱ. ①李… Ⅲ. ①企业创新—研究 Ⅳ. ①F273. 1

中国版本图书馆 CIP 数据核字（2019）第 211904 号

责任编辑 闫明明
责任印制 巢新强

出版发行 中国经济出版社
印 刷 者 北京九州迅驰传媒文化有限公司
经 销 者 各地新华书店
开 本 710mm × 1000mm 1/16
印 张 16. 5
字 数 213 千字
版 次 2019 年 10 月第 1 版
印 次 2019 年 10 月第 1 次
定 价 68. 00 元
广告经营许可证 京西工商广字第 8179 号

中国经济出版社 **网址** www. economyph. com **社址** 北京市东城区安定门外大街 58 号 **邮编** 100011
本版图书如存在印装质量问题，请与本社销售中心联系调换（联系电话：010 - 57512564）

摘　要

随着技术进步在经济增长中的作用越来越突出，各国政府和学者对技术进步研究的热情始终未减。后发优势理论认为，发展中国家可以通过引进或模仿发达国家的先进技术获取后发优势，缩小与发达国家的经济发展差距。但近年来对于我国经济增长的研究发现，目前推动我国经济增长的主要动力仍然是投资扩张，并且投资效率在下降，技术进步对经济的推动作用依旧不显著。国内企业通过模仿和购买等方式形成了对外技术依赖，嵌入国际产业链的企业被迫陷入技术锁定。从中国的现实来看，要形成持续的竞争力和增长空间，就必须在技术创新上有所作为，发展拥有自主知识产权的核心技术。由于企业是国家自主创新最重要的主体，而国家在追求技术进步的过程中与企业创新所追求的目标并不一致，因此，基于开放经济的宏观背景下对微观主体行为进行研究，能够帮助我们找到一些较为合理的企业和市场引导机制，使创新资源配置更加合理化，实现促进国家整体技术进步、带动经济增长的目标。

本书首先针对开放经济与技术进步、技术进步与企业创新、开放经济下企业创新资源配置的分析方法三个方面的研究文献进行了递进式地系统梳理，为本书理论模型的设定与拓展提供了研究基础和依据。在理论模型部分，设立了两步双寡头古诺均衡博弈的基本模型，首先对封闭经济下的企业创新进行讨论；其次，逐步放松假设，将背景置于面临内销和出口选择的有限开放经济中，对有限开放经济中影响企业创新资源配置的因素进行探索；最后，将两步古诺均衡博弈置于完全开放经济中，对企业国际化路径对创新资源配置的影响进行分析。基于理论模型的主要结论设立实证模型，使用微观数据分别围绕国际化路径与企业创新资源配置、国际化路径与企业创新投入、对外直接投资与企业创新效率、融资约束与企业创新四个主题对企业创新资源配置进行深入探讨。通过理论和实证部分的分析和证明，本书得到如下结论：

第一，在开放经济中，可变贸易成本、固定贸易成本、国外市场相对规模、固定贸易成本与固定投资成本的差异等会改变企业创新选择纳什均衡对应的区间位置和大小，企业创新资源配置的改变会对自身的国际化路径选择产生影响。而封闭经济背景下企业创新选择的纳什均衡主要取决于市场规模和竞争对手决策，技术成本差异、市场需求对价格的反应程度、产品价格等因素会改变纳什均衡对应的市场区间位置和大小。

第二，在既定的国际化路径下，企业存在改变企业创新资源配置的动机。当企业全部选择出口方式进入国际市场时，可变贸易成本的变化可能会导致与封闭经济中不一致的企业创新选择纳什均衡结果，国外市场的相对规模、企业技术成本差异等因素也会使得纳什均衡对应的市场区间的位置和大小发生改变。当企业全部选择 OFDI 方式进入国际市场时，国外市场相对规模的变化可能会使企业具有与封闭经济环境中不同的创新选择纳什均衡，且企业技术成本差异等因素可能会使纳什均衡的适应区间大小和位置产生变化。

第三，实证研究表明，国内和国外市场需求、企业技术成本、企业出口、企业年龄的增长、企业可变贸易成本的降低都会促使企业选择有利于发展的创新资源配置组合的可能性增加。但这些因素对创新资源配置的影响存在一定的组别差异，且将技术成本的构成要素分解后，企业技术收入未能对创新资源配置产生显著影响，但与自主创新投入和创新总投入显示出显著的正相关关系，企业减免税和补贴收入对创新资源配置的影响依旧显著。这些影响在对企业创新投入的研究中大都显著。

第四，开放经济环境通过外资比重变量、出口变量、OFDI 变量、进口变量对企业创新选择产生影响。外资比重变量对企业创新选择的影响最大，当企业外资比重变量提高时，企业将创新资源全部投入自主创新的可能性显著增加，在不同组别中对于创新投入的影响主要体现在增加自主创新投入上，但当剔除外资主导企业后，这种效果并不明显。出口能够显著影响企业创新资源配置，对创新投入的影响具有选择性。只有当企业具有充足的资金保障时，OFDI 才能带动自主创新投入增加，但对创新资源配置不能产生明显的影响。进口变量在企业创新资源配置中并没有出现任何显著的影响。

第五，企业的对外直接投资行为确实对创新投入有较强的促进作用，能活跃企业整体创新行为；进行对外直接投资的企业出现了创新产出相对不足的现象，对企业创新效率产生了负向影响；对外直接投资改变了企业内部的创新资源配置路径，改变了企业的创新资源配置，使模仿创新在企业创新行为中的地位得以提升，对创新效率的变化起到主导作用。

第六，融资约束对企业成本加成产生了显著的抑制效应，对企业创新产生了明显的不利影响，而金融市场化能够有效缓解融资约束，使得企业创新资本来源受限的情形得到缓解。进一步推进金融市场化程度提升，拓展资源配置方式，使企业获得更高的创新垄断租金，是“融资难”背景下活跃中国企业创新的有效路径。

关键词： 开放经济　创新选择　创新资源配置　技术成本　纳什均衡　出口　OFDI　成本加成

Abstract

As the role of technological progress in economic growth becomes increasingly prominent, the enthusiasm of governments and scholars on the research of technological progress still be consistent. The theory of advantage of backwardness suggests that developing countries can get advantage of backwardness from introducing or imitating advanced technology from developed countries in order to narrow the gap of economic development with it. But in recent years, the research on Chinese economic growth find that investment expansion is still the main driving force while the efficiency of investment declines, and the role of technological progress on the economy is still not significant. Domestic enterprises formed reliance on through imitating and purchase foreign technology. Enterprises embedded in the international industrial chain are forced into technology lock – in. From the reality of China, it is necessary to innovate and develope core technologies with independent intellectual property rights in order to form sustained competitiveness and space for growth. Since enterprises are the most important subjects in the national independent innovation system, and the objectives of countries in the pursuit of technological progress are not consistent with the enterprises during the technology choice. So the research on enterprises under the macro background of open economy can find some reasonable enterprises – and – market – led mechanism to rationalize resource allocation in order to promote national technological progress and economic growth.

First of all, the book sort out the research literature in a progressive system in three aspects: open economy and technological progress, technological progress and enterprises innovation choice, the analyze methods of enterprises innovation resources allocation under open economy, in order to providing research foundation for setting and expansion the theoretical model of the paper.

In the part of theoretical model, a two – step Cournot equilibrium game is set as a basic model. First, the enterprises innovation under a closed economy is discussed. Then, the hypotheses are gradually relaxed, the background is set in a limited open economy, the factors affecting enterprises innovation resources allocation in a limited open economy are explored. Finally, the two – step Cournot equilibrium game is placed in the completely open economy, and the influence of enterprises internationalization paths on the innovation resources allocation is analyzed. Based on the main conclusions of the theoretical model, the empirical model are set. By using micro data, four themes are deeply discussed: internationalization paths and enterprises innovation resources allocation, internationalization and enterprises innovation input, foreign direct investment and enterprises innovation efficiency, financing constraints and enterprises innovation. In order to explain the conclusions with micro data. Through the analysis and proof of theoretical and empirical part, the paper obtains the following conclusions:

First, in a open economy, the marginal trade cost, fixed trade cost, relative size of foreign market, difference between fixed trade cost and fixed investment cost et al. can change the position and size of segments corresponding to the Nash equilibrium of enterprises technology choice. The change of enterprises innovation resources allocation can affect its internationalization path, and when enterprises heterogeneity is concerned, the enterprises with high productivity can seize the first – mover advantage, use a more appropriate technology, and choose a conducive international path. The Nash equilibrium of enterprises innovation choice under a closed economy mainly depends on marker scale and decisions of competitors. Factors such as the difference of technology cost, demand response to price, product price can change the position and size of market segments corresponding to the Nash equilibrium.

Second, with an established international path, the enterprises have a motivation to change its innovation resources allocation. When all enterprises all choose export as the path entering international market, the change of marginal trade cost may lead different Nash equilibrium of enterprises technology choice with the one under a closed economy. Factors such as the relative size of international market, difference of technology cost may change the position and size of market segments corresponding to the Nash equilibrium.

Third, the empirical research shows that the increase of domestic and foreign demand, number of valid patents, tax relief, subsidy income, export and the age of the enterprises can increase the likelihood of choosing the technology portfolio which more conductive to the enterprises. But there is a certain group differences of the impact of these factors on the innovation choice, and after further study the elements of the technology cost variable, technological income doesn't show significant influence on innovation resources allocation, but have a significant positive correlation with investment of independent innovation and total input of innovation. The effect of tax reduction and subsidy on innovation resources allocation are still significant. All the effects above are almost significant as well in the research of enterprises technology input.

Fourth, the open economy affect enterprises innovation choice through the proportion of foreign investment, export, OFDI and import variables. The proportion of foreign investment affects innovation choice most. When the proportion increases, the likelihood of putting all the innovation resources into independent innovation increase. The impact of technological input in different groups is mainly reflected in the increase of independent innovation. When the enterprises which foreign capital is dominated is excluded, the impact is not obvious anymore. Export can affect innovation resources allocation significantly, and the effect on technology input is selective. OFDI can promote the input of independent innovation only when the enterprises have adequate funding, and it cannot affect innovation resources allocation significantly. Import variable doesn't show any significant effect on enterprises innovation resources allocation.

Fifth, the behavior of foreign direct investment does have a strong promotion on enterprises' innovation input, and it also can stimulate the overall innovation behavior. Foreign direct investment has changed enterprises internal resource allocation path of innovation, and changed the enterprises' innovation selection. The role of imitation innovation in the behavior of enterprise innovation has improved, and it plays a leading role in the change of innovation efficiency.

Sixth, Financing constraints have a significant inhibiting effect on enterprises markups, and have a significant negative impact on enterprises innovation. Financial marketization can alleviate financing constrains effectively and alleviate the situation of limited innovation capital resources of enterprises. To further promote the degree of financial marketization, expand the ways of resources allocation, and enable enterprises to obtain higher innovation monopoly rents are effective ways to activate the innovation of Chinese enterprises under the background of financing constraints.

Keywords: Open Economy; Innovation Choice; Innovation Resources Allocation; Technology Cost; Nash Equilibrium; Export; Foreign Direct Investment; Markups

目录
CONTENTS

第一章
研究背景

第一节　问题的提出

随着内生增长理论的提出，技术进步在经济增长中的重要作用越来越受到国家和地区的重视。近年来，关于技术进步的研究一直都是各国政府和学术研究者关心的焦点问题之一。20 世纪 90 年代起，中国 R&D 经费支出迅速增长，2011 年全国 R&D 经费内部支出[①]达到 8687.01 亿元，其支出数量相当于 1995 年的近 25 倍。按可比价格折算，中国 R&D 经费支出增长经历了由大幅波动向逐步稳定转变，近年来其增长率基本保持在 15% 上下。从 R&D 经费支出占 GDP 的比重来看，R&D 经费支出占 GDP 的比重持续上升，在 2011 年达到历史新高 1.84%，而美国在 2010 年该比重就已经达到 3.26%。目前，美国、日本、韩国、德国、瑞士、瑞典等 20 个国家已经率先进入创新型国家的行列，国家科技创

① 《中国科技统计年鉴》中的研究与实验发展（R&D）经费内部支出是指调查单位在报告年度用于内部开展 R&D 活动的实际支出，此概念即为通常讨论的 R&D 经费支出，故下文再次涉及 R&D 经费内部支出概念时将以 R&D 经费支出替代；R&D 经费外部支出是指报告年度调查单位委托外单位或与外单位合作进行 R&D 活动而拨给对方的经费。

新对 GDP 的贡献率高达 70% 以上，其中美国和德国甚至高达 80%[①]，而在中国，2006—2011 年的科技进步贡献率仅为 51.7%，低于发展中国家平均水平。因此，如何促进技术进步，加快国家科技竞争力培育，成为国家创新驱动战略实施的重要目标。

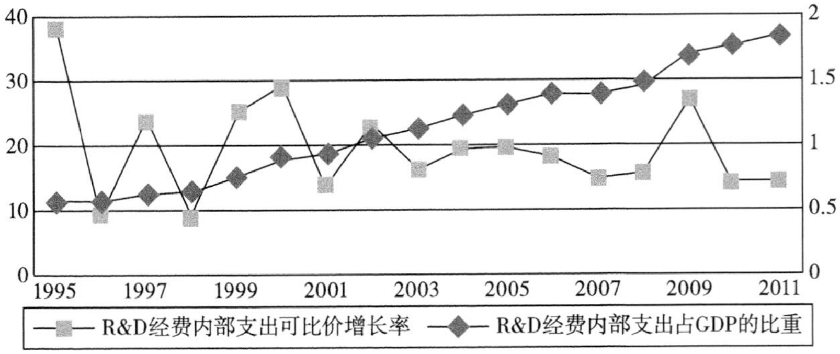

图 1－1　全国研究与实验发展（R&D）经费内部支出趋势变化

资料来源：《中国科技统计年鉴（2012）》。

根据后发优势理论，发展中国家缩小与发达国家经济发展差距的有效方法就是通过引进或模仿发达国家的先进技术获取后发优势。因此，20 世纪 80 年代，当中国经济发展同时面临着技术和资金的巨大缺口时，技术创新的成本与收益决定了技术引进及模仿创新，这成为我国迎头赶上的最佳途径。通过引进国外先进技术，中国成功突破了改革开放初期技术发展瓶颈的桎梏，对经济增长起到了积极作用。但一系列研究却发现，由于发达国家与发展中国家存在要素禀赋结构的差异，导致来自发达国家的先进技术并不一定适合发展中国家（Basu 和 Weil，1998；Acemoglu 和 Zlibotti，1999；林毅夫等，2004；林毅夫、张鹏飞，2006）。不少学者对我国经济增长的研究也发现，目前推动我国经济增长的主要动力仍然是粗放型的投资扩张，投资效率呈现下降趋势，技术进步对经济的推动作用依旧不显著。长期依赖技术模仿和放弃对技术的

① 中国科技创新贡献率只及德美一半［EB/OL］. 中国新闻网，2011－04－26，http：//www.chinanews.com/cj/2011/04－26/2997312.shtml.

控制，尽管可能在短期内获得可观的经济利益，但在长期范围内，国家将丧失技术创新的能力（金碚，2004）。我国目前在关键技术上自给率较低，美国和日本的关键技术自给率仅为5%左右，中国超过50%的对外技术依存度远高于发达国家30%的平均水平（毛蕴诗、汪建成，2006）。从具体产业来看，我国部分产业已经成为跨国公司技术锁定的重点对象，汽车、家电到电脑、通信设备等产业都可以发现明显的“技术锁定”踪迹（冯德连，2007）。而从中国的现实来看，发达国家的技术封锁使得重要的战略产业和核心技术并不能从国外获得，加之适宜中国要素禀赋结构的专业技术发展受限，要形成持续的竞争力和增长空间，就必须在技术创新上有所作为，发展拥有自主知识产权的核心技术（金碚，2004）。从国家角度来看，创新选择决策对宏观生产发展和社会进步的影响越来越大，因此，依靠先进技术提高制造能力和对消费者的满足能力必然成为发展中国家保持竞争优势的时代要求（黄茂兴、李军军，2009）。

从微观角度来看，国家、区域、行业的创新选择决策及自主创新能力培育主要取决于各类研发活动主体的创新选择决策，微观创新决策的整体导向决定了宏观技术进步的速度和方向。企业、研究机构和高等学校是我国R&D活动的三大执行部门，2011年我国企业R&D经费支出达到6579.33亿元，企业R&D人员数量达到284.60万人，占相应总量的比重分别为75.74%和70.84%[①]，并呈逐年上升的趋势，企业在技术创新和技术进步过程中的作用逐步增强。这就意味着企业创新选择的总体趋势将影响行业和地区技术选择，并可能对经济发展产生显著的影响。因此，对企业创新选择决策的研究将进一步厘清企业创新资源配置情况，对国家整体技术路径转变及自主创新能力提升的政策导向等起到重要的参考作用。

---

① 数据来源于《中国科技统计年鉴（2012）》。

除了现实意义本身引起了笔者对企业创新选择的研究兴趣，开放经济环境对于企业创新选择的影响也是确立本书选题的重要原因之一。20世纪80年代以来，伴随改革开放的不断深入，中国与国外的资本流动和商品流通加快，国内企业获得了更大的国际市场，也面临着更加激烈的竞争环境。一方面，“以市场换技术”的开放策略，大大改善了中国的投资环境，吸收了大量的外商直接投资（OFDI），中国迅速跻身于世界主要的引资国行列。理论上一般认为，OFDI主要通过技术溢出效应促进创新，从而达到提高生产效率、促进经济发展的目的。因此，伴随外资进入出现的各类三资企业不仅会因外资产权使企业本身的创新选择决策发生变化，其他本土企业也将通过技术溢出效应等途径受到影响从而改变自身的创新选择决策。另一方面，大量的理论和经验研究表明，国际贸易中存在的激烈的竞争压力促使企业通过“干中学”、加大创新投入等方式保持利润以维持生存，同时其伴随的外部效应还能够使本行业和其他上下游关联企业从中获益，促进经济增长和创新。这些将不仅使企业自身的决策条件发生变化，企业在进行创新选择的过程中也将面临更为复杂多变的环境背景。因此，本书基于封闭经济背景下的企业创新选择模型的建立及其在开放经济环境下的扩展能够更加明确企业创新由于外资、国际贸易等因素所产生的变化，更加贴近经济现实，对国家自主创新能力培育过程中的微观企业行为政策引导具有一定的参考意义。

第二节　研究意义和研究目标

一、研究意义

开放经济下的企业创新选择是一个具有一定理论研究基础，又具有挑战性的研究课题，两步双寡头古诺博弈模型的使用使其从属于博弈论的研究范畴，具有一定的学术价值。从企业创新选择博弈出发，融合国际贸易和外商直接投资的拓展模型，能够在一定程度上解释构成宏观趋势的微观企业行为，由此得出的结论具有更好的普遍适用性，对于现有企业创新选择理论的深化具有一定的理论意义。

正如第一节所述，虽然技术进步已经成为推动经济增长最重要的因素，但伴随中国经济的快速增长，在开放经济条件下以吸收、模仿为主的技术进步模式也给今天的中国经济发展带来了一系列难题：一方面，以吸收、模仿为主的技术进步与中国要素结构不相吻合，限制了产业生产力的提高；另一方面，受自主创新能力的限制，与本国要素结构相符的适宜技术发展受限。因此，本书通过模型和实证分析对中国当前自主创新能力培育过程中的微观层面问题进行研究，试图解决如何引导企业从自身角度主动选择自主创新的问题，提出对我国当前创新驱动战略实施有益且切合实际的政策建议。

二、研究目标

本书拟在企业创新选择博弈的研究框架下，实现以下目标：

第一，利用已有理论构建并逐步扩展开放经济下的两步双寡头古诺博弈模型，分别引入国际贸易和外商直接投资，通过双寡头古诺模型求解均衡状况下的企业产量，并基于此对企业创新选择博弈过程中的利润最大化情况进行讨论；考查处于开放经济环境下企业利润可能受到的影响，企业是否具有改变创新选择的动机，试图得出开放经济中企业创新资源配置的主要影响因素。

第二，利用微观数据实证分析开放经济中的企业创新选择。根据理论模型的结论设置相应的实证模型和指标，利用微观数据对实证模型中的影响因素进行验证，分析市场规模、固定成本、出口成本、投资成本、融资约束等因素对企业创新选择的具体作用。

第三，将实证分析由创新选择“质”的研究向创新投入“量”的研究扩展，对企业创新投入中的数量变化进行研究，对不同创新选择、不同国际化路径下企业创新投入受各类因素的影响大小进行区分，探索政府政策细化和完善的方向，为社会资源优化配置提供参考。

第二章

开放经济、企业创新与技术进步

从 1978 年改革开放到 2001 年中国加入世贸组织再到如今，开放经济对于经济增长的影响引起了大量学者的关注。在经济层面，众多学者认为在开放经济环境下，国与国之间能够实现商品和资本的自由流动，国家、企业和消费者能够充分享受贸易自由化和投资便利化带来的益处。但另一方面，随着经济开放程度的不断加深，不少发展中国家开始发现开放经济正如“糖衣炮弹”一般，在带动国家整体发展的同时也带来了众多难题。国内企业陷入了“拿来主义”的困境，通过模仿和购买等方式形成了对外技术依赖，嵌入国际产业链的企业被迫陷入技术锁定。在“科学技术是第一生产力”的当代，所有问题都指向了一个方面：如何培育国家内部的经济发展引擎。2011 年，我国研发经费支出增加到 8687.0 亿元，是 2000 年的近 10 倍，年均增速达 20.82%。但研发支出的迅速增长并未带来创新能力的显著提升，我国对外技术依存度仍然处于较高水平，产业中的技术改造经费投入效率较低，新产品出口和专利产出存在较为严重的潜在产出不足状况（官建成、陈凯华，2009）。国家技术发展为何没能朝预想的方向发展？对此必须在技术研发主体方面找答案。企业作为国家创新体系的最大参与者，其创新选择的总体趋势会对国家技术进步产生重大影响。虽然国家通过政策激励对企业创新资源配置能够产生一定的引导作用，但从企业本身来说，其最关注的依旧是利润。因此，当企业利润与国家利益不一致时，企业对创新资源配置的选择就可能偏离政府理想的方向，从而使众多政策努力落空。因此，对于微观企业创新选择的研究，尤其是置于开放经济中的企业创新资源配置研究，能够为政府揭示影响企业创新资源配置的众多微观和宏观因素，从而为政府引导性政策的制定提供更多的参考。

第一节　开放经济与技术进步

一、经济增长理论与实证研究

（一）经济增长理论

1. 索洛模型

索洛（Solow）于1956年在新古典经济学的框架内建立了索洛模型，对经济增长问题进行了研究，关注了产出（Y）、资本（K）、劳动（L）以及知识（A）四个变量，其将生产函数表示为

$$Y(t) = F(K(t), A(t)L(t))$$

索洛在模型中假设生产函数中关于资本和有效劳动（AL）的两个变量规模报酬不变，劳动与知识是外生变量，当 $\dot{K}(t) = sY(t) - \delta K(t)$ 时，社会产出就能以恰当比例满足投资和资本折旧需求，社会总体生产保持平衡增长。当社会实际投资出现变化时，如果每单位有效劳动的实际投资曲线位于持平投资曲线之上，就会使保持社会生产平衡增长的单位有效劳动所对应的资本存量相应地上升，反之则随之下降。这实际上意味着无论每单位有效劳动所对应的资本存量当前处于何种水平，也无论每单位有效劳动所对应的实际投资当前处于何种水平，从长期来看，经济最终都会收敛于平衡增长路径，达到一种稳定的状态。此时的社会

生产会保持一个相对固定的增长速度，而这个增长速度的外生取决于技术进步。索洛模型提出后就成为之后相当一段时期内经济增长模型发展的基础，对于索洛模型的理解对理解经济增长理论是十分关键的。

2. 新增长模型

罗默（Romer）于1990年提出了新增长模型，这是继索洛模型之后又一里程碑式的宏观经济增长模型。产出（Y）、资本（K）、劳动（L）以及技术（A）依旧为模型关注的变量，但与索洛模型不同的是，新增长模型假定社会中除了产品生产部门还存在一个研究与开发部门，其生产的产品是知识。社会的资本和劳动要素在产品生产与知识生产部门之间进行分配，而知识生产部门生产出的知识可以供两部门同时使用。故t时期的产品生产数量为：

$$Y(t)=[(1-a_K)K(t)]^{\alpha}[A(t)(1-a_L)L(t)]^{1-\alpha},0<\alpha<1$$

对应的知识产量为：

$$\dot{A}(t)=B[a_KK(t)]^{\beta}[a_LL(t)]^{\gamma}A(t)^{\theta},B>0,\beta\geqslant 0,\gamma\geqslant 0$$

因此，考虑资本、人口等因素后，社会生产会达到一种内生的稳定状态，技术进步是国家经济长期增长的持续动力。新增长模型将技术进步内生化，在经济系统内部对技术进步的来源和演进进行了理论化探讨。

（二）技术进步促进经济增长的实证研究

Grossman 和 Helpman（1991）通过对小国经济增长状况的研究显示，国家自身创新较少，加之减少对外贸易的政策导向导致国内创新不足的状况加剧，成为国家经济发展速度过慢的原因。Coe 和 Helpman（1995）基于经济增长理论将商业导向的创新行为看作技术进步的引擎，他们认为国家全要素生产率不仅取决于国内研发资本，也取决于国外研发资本。Coe et al.（1997）使用新的实证方法进一步对新内生增长理论进行了验证，研究结论表明，被利润驱动的企业进行的创新努力是推动技术进步和生产率增长的重要动力。来自中国的数据也显示，技术进步能够显著促进经济增长。颜鹏飞、王兵（2004）运用 DEA 方法对 1978—2001 年中国 30 个省、自治区、直辖市的技术效率、技术进步及 Malquist 生产率指数等指标进行了测度和分析，发现中国全要素生产率的提高主要来自技术效率的提高，区域技术进步的差异成为国内各个地区间生产率参差不齐的主要原因。Bosworth 和 Collins（2007）通过对中国数据的分阶段研究也发现，1978—2004 年，物质资本、全要素生产率对国内生产总值增长的贡献率分别为 3.2% 和 3.8%，而 1993—2004 年，这两个比率分别得到提升，为 4.2% 和 4.0%。李邃、江可申、郑兵云、白俊红（2010）以中国大陆 28 个省份 2000—2008 年的面板数据为基础，证实技术进步是全要素生产力增长的主要动力，各地区高技术产业研发创新技术效率存在区域差异，东部地区效率高于中、西部地区。

二、技术进步与国际技术外溢

（一）技术进步来源

既然技术进步对于经济增长如此重要，那么国家对技术进步不遗余力地推动也就不足为奇了。但在现实经济中，一些国家似乎陷入了一种恶性循环，研发活动不足导致经济增长缺乏动力，而经济增长乏力的国家却相反，缺乏发展知识生产部门的动力（Seck，2012）。事实上我们发现，有些研发投入很小的国家也能够实现社会经济的较大增长，这意味着除了国家内部自身的研发行为，处于开放经济环境中的各种经济行为也会通过其他方式影响国家技术水平、推动国家技术进步，从而对经济发展产生积极的影响。本书将各类文献中对于国家技术进步的来源进行了总结，如图 2-1 所示。国内技术进步的主要来源有两个部分：一是国内研发，主要包括国内企业、科研机构、大学、政府等主体的创新努力。二是国外研发，国外创新努力所获得的成果一方面可以通过许可的方式直接转移至国内，另一方面可以通过贸易、OFDI 等途径以技术外溢的方式间接对国内技术进步产生影响。虽然通过许可的技术成果转移更加直接、效果更加明显，但随着发展中国家经济持续发展，发达国家架设的技术贸易壁垒也越来越高，允许出口的技术多处于产品生命周期的成熟阶段，已经是一种标准化技术，对发展中国家的技术进步贡献有限，而尖端技术的出口出于各种考虑，可获得性越来越差。这就使得伴随贸易和 OFDI 发生的技术外溢成为发展中国家接受发达国家技术的重要方式，而这种外溢通常是由知识的特征决定的，是一种自发性的行为。

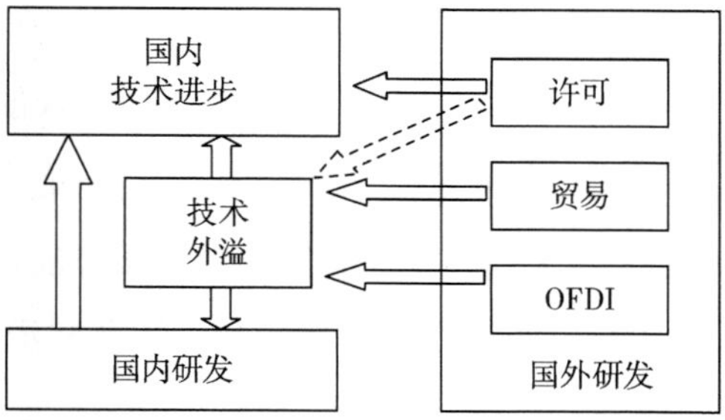

图 2－1　国内技术进步的主要来源

（二）国际技术溢出研究

1. 技术溢出的测度与影响因素

在早期的技术溢出研究中，学者多集中在单个国家的行业或产业数据上，国际技术溢出的解释力受到了限制。Coe 和 Helpman（1995）较早地对大面积的国际研发溢出进行了研究，采用除以色列以外的 21 个 OECD 国家 1971—1990 年的宏观面板数据对国际研发溢出进行测度和研究，分析结果表明，国外研发资本能够对国内生产率产生有益的影响，且这种影响大于扩大对外贸易开放程度所带来的经济增长，无论是以国内产出还是国际溢出衡量，研发行为都具有较高的回报率。Coe et al.（1997）对南北国家间的技术溢出的研究发现，发达国家的研发存量会使得发展中国家的经济发展受益，发达国家的研发存量每提高10%会使其全要素生产率提高0.6个百分点。在对不同发展中国家获益情况的研究分析中发现，不同国家从国外研发中获得的收益存在差异性，开放程度更高、更倾向于与高研发水平发达国家进行贸易的发展中国家通常能够从中获取更多的技术外部性。Coe et al.（2009）在Coe和Helpman（1995）研究的基础上将研究对象国家数量扩展至24个，并将数据集年限更新至2004年，在国际研发溢出研究的基础上对其影响因素进行了深入研究。研究结果显示，控制人力资本影响后，国内外研发资本存量依旧会对本国的全要素生产率产生较大的影响。进一步研究发现，制度差异也是研发溢出对全要素生产率影响程度的重要决定变量。通常，商业环境优良、高等教育质量较高的国家能够在本国的研发投入、国际研发溢出、人力资本形成的过程中获益更多，强大的专利保护会伴随更高的全要素生产率、更高的国内研发回报和更大的国际研发溢出效应。另外，国家的法律体系渊源也会对研发溢出产生一定的影响。陈刚（2010）也认为，不同的制度环境可能才是导致各个国家R&D溢出吸收能力存在个体性差异的基础性因素，地区的产权制度更完备，对应利用外国R&D溢出资本时的效率也更高。Seck（2012）的研究结论显示，南北国家之间的研发溢出是普遍存在的，Seck文中所测得的技术溢出收益大于Coe et al.（1997）文中的结果，即便如此，这种在南北国家之间存在的研发溢出效应仍显著小于北北国家之间的技术溢出。人力资本、经济开发程度和制度的差异是发展中国家在研发溢出中所获收益存在差异的主要原因。

2. 技术溢出途径

从国际技术溢出途径来看，Coe et al.（1997）在研发溢出研究中唯一考虑的溢出途径是进口机器设备。Keller（2004）认为国际技术溢出在某种程度上通过进口和OFDI途径为研发活动不足的发展中国家提供了经济发展的巨大机遇。Seck（2012）选择了国际研发溢出途径的其中两个：进口和OFDI。研究结果表明，进口和OFDI都是发达国家向发展中国家进行研发溢出的重要方式，但大部分技术溢出通过进口途径完成。肖文、林高榜（2011）认为在进口贸易中，不同种类的进口贸易技术溢出效应存在差异。消费品进口贸易的作用并不显著，而资本品进口贸易却成为重要的间接溢出渠道。还有一些企业为避免在陌生环境中可能产生的投资风险，在实际经济活动中会使用许可的方式进入国外市场。但在许可方式中，由于所订立的合同不可能十全十美，当不可预见的事件发生时，专利持有者可能无法进行灵活的回应（Ethier, 1986），被许可人可能以在许可技术中所获取的知识为跳板开发更为先进、适宜于企业生产的技术，此时专利持有者就会陷入被动。20世纪60年代日本在便携式晶体收音机、随身听、紧凑型汽车和精益制造等领域的技术基本都是在引进技术基础上的破坏性创新[①]。而OFDI在当地生产时所发生的学习效应可能伴随人员流动和模仿创新达到更为普遍的程度。因此，相比于贸易，伴随OFDI和许可的风险就是其可能加速模仿和技术扩散的进程，从而使得国外创新者在获取低成本收益的同时快速失去垄断地位（*Handbook of International Economics*, Volume 3）。

对国际技术溢出及其影响因素的实证研究表明，在开放经济中，由于国际技术溢出的普遍存在，发展中国家的经济增长面临着巨大的机遇，依靠技术溢出促进发展中国家技术进步从而促进经济增长的目标得以实现。但发展中国家国内的实际情况仍有可能影响技术溢出的效果，加之日益增长的国际技术壁垒，仅仅依靠国外研发行为完成技术赶超或经济收敛的目标是不切实际的。

① 世界银行报告《2030年的中国》。

三、开放经济与中国技术进步

20 世纪 70 年代末 80 年代初以来，“以市场换技术”的开放策略的推行和实施使得投资环境不断改善，大量的外商直接投资（OFDI）进入，我国迅速跻身世界主要的引资国行列。大量文献已经肯定了 OFDI 对我国生产率的促进作用。Hu 和 Jefferson（2001）利用中国 511 家中等以上规模制造业企业 1995—1999 年的数据研究发现，外资在新产品开发方面具有显著的溢出效应。Cheung 和 Lin（2004）及李晓钟、张小蒂（2008）基于省级数据的实证研究均发现 OFDI 的流入对专利申请量和专利授权量有显著的溢出效应，提高了我国区域间的创新能力。冼国明、严兵（2005）通过对省际层面 1998—2003 年相关数据的研究发现，外资能够对中国的专利申请数量产生显著的正向溢出效应，外资的溢出效应存在一定的区域差异，在东部地区产生的溢出效应相对较强，中、西部地区经济发展水平尚未跨越促使外资产生正面溢出效应的“门槛值”。但这其中也存在不同的声音，王飞（2003）对中国省级数据的检验发现，外资总体上并没有产生明显的溢出效应。Atiken 和 Harrison（1999）及潘文卿（2003）甚至得出了相反的结论，认为外资对生产率产生了负向影响。张宇（2009）对 2005—2008 年发表于国内外核心期刊上的与中国 OFDI 溢出效应相关的 113 篇研究的分析发现，其中 63 篇产生了积极的结果，有 29 篇认为 OFDI 技术溢出的存在是有条件的或者部分存在，21 篇认为 OFDI 技术溢出效应不存在或存在显著的负溢出效应。

贸易对中国技术创新的促进作用也得到了众多文献的肯定，但这种促进作用存在地区差异。Xu 等（2008）通过中国省际面板数据的实证研究发现，贸易开放能够显著决定中国的全要素增长率和技术创新，但其影响力随各省的技术水平的不同存在差异。谢廷宇、刘德学（2011）通过对中国高技术产业 1998—2008 年的面板数据的检验发现，在进出口贸易、技术引进和国内 R&D 投入以及吸收能力三个要素中，进出口贸易对创新绩效的影响最大。但也有学者研究发现，在考虑有效规模需求假说时，进出口规模的扩大或对外开放度的提高虽然可能不会显著影响一国的研发投入，但却可以提升国家研发投入的使用效率，同时可能增强自主创新能力（范红忠，2007）。李平和田朔（2010）基于我国制造业 2001—2007 年的面板数据对出口贸易对创新的溢出影响进行研究发现，出口贸易的水平溢出效应会显著影响创新，而垂直溢出的影响则不显著。

虽然众多文献肯定了国外技术通过 OFDI 和贸易等方式对中国技术水平起到了一定的促进作用，但从国家发展历史上看，我国经济的增长质量似乎并不高，投入的增加构成了经济增长的绝大部分动力，技术进步的贡献非常有限（徐瑛、陈秀山、刘凤良，2006）。郭庆旺、贾俊雪（2005）对我国 1979—2004 年全要素生产率增长和经济增长源泉的测度和研究显示，该阶段我国的全要素生产率增长率、对经济增长的贡献率总体较低，经济增长是一种较为典型的投入型增长方式，主要依赖于要素投入增长。而产生这种现象的主要原因在于国家技术进步率偏低、社会生产能力没有得到充分利用、技术效率低下及社会资源配置不合理。Kujis（2011）对中国全要素生产率的估算显示，1995—2009 年，中国全要素生产率下降至 2.7%，同时资本对增长的贡献比重上升到 5.5%。这意味着在中国，技术进步对经济增长的贡献率并没有达到理想的状态，长期的粗放型增长加之资源环境的日益制约，使得创新必然成为中国经济未来发展的首要力量。因此，要实现国家技术进步，就需要国内研发努力和吸收技术外溢能力发展并举，要完成国家技术超越，关键在于自主创新能力培育和创新效率的提升。

第二节　技术进步与企业创新

一、国家技术进步

许可、贸易、OFDI 及其伴随的技术外溢效应为发展中国家的技术进步提供了巨大的机遇，通过技术提升提高制造能力、充分满足消费者需求已经成为发展中国家保持竞争优势的必然要求（黄茂兴、李军军，2009）。从国家的角度来说，促进整体技术水平提升对经济增长的贡献是不言而喻的。政府从宏观角度把握的创新资源配置通常需要考虑以下因素：

（一）要素禀赋优势

2000 年前后，林毅夫等发表的一系列文章系统地对中国的创新选择问题进行了阐释，解释了国内技术进步对经济增长贡献率不足的主要原因，其主要观点就是由国外引入的先进技术不符合中国的要素禀赋优势，甚至通过政府行为扭曲了要素市场，从而干扰了正常的市场行为。Lin 等（1999）、Lin（2003）认为大多数欠发达国家与发达国家的发展差距依旧存在，其主要根源在于政府的发展战略欠妥，导致资源配置扭曲、寻租活动猖獗等，造成经济效率低下的现状（林毅夫等，2004）。当资源通过市场机制进行配置时，生产者应该根据产品和要素的价格来决定产品的生产和技术的使用（林毅夫等，2006）。根据要素禀赋资源的内容，再结合中国实际，大量的人口存量导致中国劳动力要素富裕，在遵循市场规律的前提下，发展轻工业等劳动密集型产品就是最优的技术选择。Basu 和 Weil（1998）认为，虽然发展中国家能够使用与发达国家相同的技术，但发展中国家与发达国家的要素禀赋差异使得来源于发达国家的前沿技术大多与发达国家的要素禀赋匹配，因此熟练劳动力相对较少的发展中国家对前沿技术的利用就存在困难（Acemoglu 和 Zilibotti，1999）。此时，发展中国家如果想追求前沿技术，必然会紧跟发达国家的步伐选择资本密集型产业和技术。因此，当中国从西方引进产业技术的时候就不可避免地会遇到一个突出的问题：如何使西方发达国家要素禀赋条件下所产生的产业技术特征适应中国的要素禀赋特征（金碚，2004）。为了使本不具有优势的产业能够顺利发展，政府就会以各种财政和金融政策（税收减免、产业补贴、低利率、原材料低价等）降低相关行业中的企业生产成本。这种宏观政策取向全面排斥市场机制的作用，使市场机制在资源配置中的作用被摈弃，人为地扭曲了生产要素和产品的相对价格（林毅夫等，2006）。因此，在接受国外技术转移和技术溢出获取短期经济利益的同时，还必须引导行业根据中国的实际要素禀赋状况对技术进行适应性改造。

（二）国家战略发展

在发展初期，由要素禀赋资源所带动的加工制造、组装等劳动密集型产业对国家经济发展的贡献不言而喻。在当前的世界经济体系中这种趋势广泛存在：随着传统技术和产业的规模竞争和利润摊薄，这些行业的附加价值和利润率逐步降低，同时可能被国际产业链形成技术锁定；而高技术产业的高增长和高附加值（以及垄断利润）倾向则将长期保持（金碚，2004）。从国家发展的长期角度来看，在技术创新上有新的作为是形成持续竞争力和保持持续增长空间的必然选择，即必须把未来产业发展的基点置于技术创新尤其是发展具有自主知识产权甚至拥有核心技术的基础之上（金碚，2004）。从发达国家的角度来看，中国改革开放以来的迅速崛起已经给西方国家造成了一定的压力，甚至出现了“中国威胁论”的说法。西方国家对本国企业向中国的技术转移控制越来越严格，以美国为首的西方发达国家试图维持技术上的垄断优势，对技术出口进行严格的限制（黄懿，2006），导致发展中国家从国外获取前沿技术的难度大大增加。与国家安全和长远发展密切相关的一部分战略性产业、新兴产业等的核心技术，实际上很难从国际转移或者技术溢出中直接获得。纵观世界经济发展历程，信息技术、生物医药等行业尖端技术的获取及产业发展基本上都是在政府的鼓励与扶持下进行的。因此，对于这部分产业，国家必须把握经济发展方向，树立自我研发的决心，优化产业研发配置，集中力量冲击产业技术前沿，从而获取技术优势。

（三）社会福利最大化

前面在分析国际技术溢出的影响因素时我们已经发现，制度作为重要的控制变量能够影响国家对技术溢出的吸收程度。国家作为一个宏观主体，其政策行为有别于企业等微观主体，无论是经济发展导向行为还是监管行为，其最终目的都是实现社会福利最大化。Krysiak（2008）认为政府对于产业的监管方式主要有两种：基于价格和基于数量的监管方法。这两种方法能够提供不同的投资激励，迫使企业在面临创新选择时的风险大小发生改变，从而导致不同的创新选择。这种结果不能通过改变一个已经实施的监管方法来补偿，已经实施的监管方法对于未来的技术具有不可撤销的后果。比较来说，基于数量的监管方法能够导致社会最优的技术，而基于价格的工具则导致了社会次优技术的采用。因此，基于数量的监管方法具有长期优势。实际上，政府的推动和监管政策是多样的，在一些特殊的行业或特殊的发展阶段，基于价格的监管方法虽然可能造成当前利益的损失，但从长期来看政府追求的依然是社会福利最大化。发展中国家在考虑研发技术和引进技术的成本时，应当遵循自身要素禀赋结构决定的比较优势，明确技术变迁应该是循序渐进的观念，国家的产业和技术结构能够随着国家要素禀赋结构的提升而相应变化（林毅夫、张鹏飞，2006）。但这里还可能存在的一种情况是，如果发展中国家在模仿技术的阶段形成利益集团，那么在产业和技术结构随要素禀赋结构的改变而提升时，利益集团就可能会做出阻碍从模仿技术的阶段向技术发明的阶段转变的行为（林毅夫，2006）。此时，利益集团由于处于政策制定者的角度，就可能偏离社会福利最大化的目标制定非最优化政策，从而导致社会福利损失。

二、企业创新

（一）企业创新选择的影响因素

企业创新的选择通常会对产品生产成本产生影响，早在1989年，Dierickx就提出相比于企业内部因素来说，外部因素具有易被保护、不易被转移和模仿等特征，因而成为企业创新的决定性因素（李龙筠、刘晓川，2011）。企业组织结构、企业生产率、企业规模和人力资本等企业内部因素的差异可能会决定企业的市场地位，导致不同的企业在面临创新选择时产生不同的技术成本和风险，从而对企业创新选择产生显著影响。胡继灵（2001）基于生命周期理论的研究发现，高新技术企业随着发展阶段的不同，其资金及其他资源条件也会随之不同，通常在企业新生期及成长初期，投入少、风险小的模仿创新战略是企业倾向于采用的战略形势；而在高新技术企业的成长后期及成熟期，投入多、风险大而收益丰厚的自主创新战略则成为新宠。近年来，学者逐步注意到企业家精神在企业创新选择中发挥的作用，2001年对浙江省的相关调查研究表明，高水平的企业家对新产品开发成功率和整体成功率具有非常明显的作用。安同良（2003）认为，企业家的作用突出地表现在对技术创新有非常深刻的认识、对技术创新有很强的责任感、能有效保证技术创新所需的资源得到满足等。研究表明，在企业经营者知识层次高、产权安排适宜企业家作用发挥的企业中，创新选择更倾向于技术能力的高度化。

随着对企业创新选择研究的深入，越来越多的学者开始关注外部因素对微观企业的创新选择影响。一是市场需求。李纪珍（1999）较早地在国内对企业创新选择问题进行了研究，认为企业本身的优势与能力决定了企业的市场地位，综合考虑对产业集中度、供求均衡状况等产业结构的判断，才能使得企业的创新选择与其目标、规模和能力相适应，而在这其中，市场需求是创新选择的主要考虑因素之一。市场空间足够大才能补偿高技术研究开发面临的巨大投资成本（金碚，2004），当规模经济效用存在时，市场需求对创新选择的影响会更加明显。陈英（2003）认为根据生产条件和市场条件选择适当技术的企业，才能够获得高额利润、在竞争中取得优势地位。二是竞争对手的决策。He et al.（2012）认为不同技术之间的成本差异、产品需求之间的关系和竞争者决策是影响企业战略性技术选择的主要因素。彭纪生、刘春林（2003）、陆玉梅、田野（2008）和 Shackleton et al.（2004）等文章都以博弈论为基础演示了企业创新选择伴随竞争者决策的动态变化。三是知识产权制度。当区域法律不健全、知识产权保护不足时，自主创新成果就会面临被侵犯的危险，模仿者“搭便车”的现象将难以避免（冯德连，2007）。张真真、林晓言（2006）在总结美、日、韩三国知识产权保护与技术创新协同发展路径的基础上，分析在自主创新（以美国为例）和模仿创新（以日、韩为例）的模式下知识产权制度的效用，认为知识产权制度的最终目的是提升自主创新能力。四是政府补贴。安同良等（2009）建立了一个企业与 R&D 补贴政策制定者之间的动态不对称信息博弈模型，研究结果表明当存在信息不对称时，当原始创新的专用性人力资本价格过于低廉的条件被满足时，企业会获得通过发送虚假“创新信号”获取政府 R&D 补贴的“逆向激励”。同时，由于政府创新政策（政府投资）可能会存在对企业自主创新投资的“挤出效应”，故政府将更多的 R&D 经费投入到基础研究阶段是一种适宜的选择。Elverfeld（2003）认为虽然原则上市场失灵能够通过政府干预解决，但当关于成本和市场需求的信息缺失时，不对企业创新选择进行干预（即“不作为”）才是一种更好的选择。

（二）企业创新资源配置的目标

由于所受到的影响因素众多，因此企业通过创新选择进行创新资源配置时需要进行综合考虑。与国家对技术进步的综合性考虑不同，企业实质上也可以看作“理性人”，其进行创新选择的目的也是达到企业效用最大化，而企业效用最大化更直观的一种表现就是利润最大化。由于企业的运营通常会持续一个时间段，在进行创新资源配置时，只要这种选择能给企业带来收益，就可能被纳入企业投资的考虑范围进行比较，通常企业会选择那些能够获得最大收益的技术进行资源投入。

企业的投资决策通常通过净现值（Net Profit Value）规则来进行分析，所谓的净现值是指企业某项投资在未来的可盈利时间段内所获收益的贴现值。企业投资决策通常会将选择某种技术的投资与该项技术可能获得的净现值进行比较，当技术投资的净现值小于技术投资成本时，这项技术实际上不具备投资价值，当技术投资的净现值大于投资成本时，企业可以通过该项技术投资获益。在存在多个能够获益的创新投资选择时，企业会选择能够获得最高净现值的技术进行投资以实现利润最大化。但在实际操作中，由于技术投资的特殊性，净现值规则在企业创新选择投资决策分析过程中的使用常常受到限制。

首先，如前文所述，企业创新选择除受到自身影响外，其他诸如市场需求、竞争者决策、政府政策等因素都能够对其产生影响，企业能够对自身要素进行调整，但通常无法控制政府和竞争者行为，因此对技术收益净现值的估计存在较大误差。其次，技术投资数量大、风险高。创新过程中的不确定性大，巨额的创新投入可能无法转化成预期的产业化收益。企业创新过程中不可避免地会产生外部性问题，在知识产权保护不足的情况下，竞争对手可能会采取“搭便车”的行为，以极低的代价获取企业的最新成果，使创新者的利益受损。再次，企业的创新选择有时可能源于占领产品市场或提高市场份额的战略性选择，哪怕该过程意味着更高的产品成本。在市场竞争中存在这样一种规律，产品生产的先行者会给消费者带来一种先入为主的观念，当后进者想要挤占该份额时，就需要付出比现行者更多的努力。最后，净现流原则通常被认为是一种投资分析的静态研究观点，由于新的技术资本投入还可能产生隐性的收益，如技术投资管理能力的提升、技术创新中的隐性知识的掌握等，而这些收益是难以进行量化的。再加上外部环境和竞争对手的动态变化，使得企业创新选择通常以利润最大化为目标，参考净现值规则并结合外部环境进行综合决策。

三、国家技术进步与企业创新的冲突

从以上分析可以看出，国家技术进步和企业创新的冲突主要在于其追求利润最大化所对应的主体不同，国家技术进步考虑的是国家和社会福利，企业进行创新资源配置时考虑的是企业利润。举例来说，首先，从国家技术进步的角度考虑，短期的最优选择是技术引进及吸收，但其中会涉及要素禀赋不匹配的问题，这时国家内部极易产生扭曲要素价格、实施偏向性产业政策等妨碍市场机制的行为出现。而从企业的角度来看，在要素价值已经被扭曲、产业政策改变了技术成本的情况下，企业会依据被扭曲后的成本来选择相应的技术，而不会考虑国家要素禀赋的问题。其次，从国家长远战略发展的角度来看，由模仿创新向自主创新转变是国家促进技术进步的必然趋势，因此国家通过增加基础研发投入、补贴企业研发、扩张风险投资平台等手段试图降低企业创新风险和成本，使国家整体自主创新能力的提升成为可能。而从企业的角度来看，国家基础研发投入方向能否进行商业化扩展，企业研发补贴的流向及补贴程度大小，研发风险融资难度及规模如何都会影响企业创新选择成本。从目前的状况来看，科研院所的基础研发与企业的商业化运用衔接还存在一定障碍。国有企业或国有控股企业由于与政府的“天然”联系，所获得的财政类补贴是外资和私营企业的 3 倍以上，而其创新促进作用却并不明显（李思慧、赵曙东，2012）。私有制企业创新行为活跃，但受企业性质、技术风险等影响获取研发补贴和融资的难度较大，国家研发资金投入更倾向于“锦上添花”而不是“雪中送炭”。因此，从企业尤其是私有企业的角度来看，自主创新成本和风险并不见得会下降，同时在信息不对称的情况下，企业还可能通过一些不道德的行为套取研发补贴用于模仿创新方式，此时模仿创新成本更加低廉，政府补贴反而起到了“逆向”创新选择的作用。虽然迫于竞争压力国内厂商有追求最高最新技术的趋向，但技术引进后产生的总体利益却可能无法弥补其较高的引进成本（蒋殿春，2001）。故从短期角度来看，由于技术引进和模仿的发展成功率最高且成本率最小，自然成为技术后进国家企业的最优选择；而从长期视角来看，以领先战略为首选，然后依次选择创新性、复制性模仿战略才是企业长期利润最大化的必然选择（安同良，2003）。最后，从社会利润最大化的角度来看，产业中的企业盈利和亏损、进入和退出都是正常现象，国家在引导技术进步方向时不需要考虑个别企业，只需要把握产业和经济中的整体技术走向即可。产业整体发展阶段虽然可能对企业利润产生一定的影响，如处于夕阳产业中的企业经营可能会更加困难，而从企业角度来看，宏观背景仅仅是企业决策的参考，其根本目标还是微观主体利益。

Dasgupta 和 Stiglitz（1980）的研究也表明，从市场整体来看，不同企业个体同时从事创新研究可能会造成创新资源重复投入以致整个市场研究过程的产出与投入效率较低。在宏观上如国家角度就会表现为整个市场的研发费用很高，但技术进步却未必很快（易余胤等，2005）。陆玉梅、田野（2008）的研究结果也表明，当企业的模仿收益能够充分弥补模仿成本时，市场中的企业会不断学习、试错，逐步调整企业创新策略，倾向于模仿创新，市场最终将进入不良锁定区域，整个社会的创新能力衰退。因此，在开放经济背景下的宏观角度的微观主体行为研究能够帮助我们找到一些较为合理的企业和市场引导机制，改变和调整企业创新资源配置，使市场资源配置合理化。

第三节　开放经济下企业创新资源配置的分析方法

一、企业创新资源配置的博弈论方法

实际上，分析至此我们已经不难理解政府研发补贴、风险投资等政策设立的初衷，基于国家技术进步与企业创新的冲突，理解企业创新资源配置的内外部机理，能够为国家技术进步决策提供更好的参考意见。由于净现流规则在企业创新资源配置分析中所存在的种种缺陷，加之企业与外部市场、竞争者等存在的决策互动，使得博弈论方法成为研究企业创新资源配置的主流方法，众多研究者也认为使用博弈理论进行的分析能够为创新投资决策过程中的真实选择提供支撑（Kong 和 Kwok，2007；Kauffmanand Kumar，2008；Khansa 和 Liginlal，2009）。

袁红林、陈小锋（2002）利用中小企业数据，使用“智猪博弈”方法对中小企业选择模仿创新的原因进行了探讨。从资金、人才制约、风险因素三个方面入手，对中小企业在创新选择过程中所面对的劣势条件进行了分析，研究结论认为模仿创新是中小企业必然的技术创新战略。基于此，文章对中小企业在使用模仿创新过程中应当注意的诸如模仿与抄袭的关系、自主创新与模仿创新的关系、与技术率先创新者之间的关系等问题进行了阐述。但美中不足的是，文章使用“智猪博弈”对创新选择的分析并不系统，更多的是基于主观判断，因此也使文章的解释力受到一定制约。

彭纪生、刘春林（2003）从技术创新理论出发，从经济效益的角度建立了包含自主创新与模仿创新两种创新模式的博弈模型，得出了我国应以模仿创新模式为主的结论。模型假设存在两个企业（企业 1 和企业 2），均可独立进行一项创新研究，如果企业选择自主开发，则投入的直接成本为 c，成功的概率为 p，但此时企业的创新过程存在风险。

模型假定创新研究获得成功的企业能够获取相应的收益，而失败的企业或者未采用研发活动的企业如果希望共享创新成果则必须支付给成功者使用费用 d。考虑到两个企业面临自主创新研究和模仿策略两种选择，模型分析结论认为：高效用的企业选择创新，低效用的企业选择模仿。从现实经济状况来看，即表现为经济发达国家企业的新产品开发收益明显高于中国企业，这种现实使其更有积极性进行新产品研发，而对于中国企业来说，这种选择可能得不偿失。

Elverfeld（2003）对 Mills 和 Smith（1996）的模型进行了扩展，考虑在具有 n 个企业的同质产品市场背景下企业的两步博弈：第一步，所有企业同时选择技术；第二步，所有企业进行古诺博弈，根据已选技术的成本函数决定产出。模型假定企业面临着两种不同的生产技术选择，企业可以选择投资使用边际成本较低的新技术，或者选择不进行技术投资而继续使用边际成本较高的原有技术。研究结果表明，即使行业中的企业面对相同的机会，也仍有一部分企业会选择边际成本较低的新技术进行投资，而其他企业则会维持使用原有技术。当技术固定成本上升时，选择进行技术投资的企业数量将会减少；当不同技术的边际成本差异和市场规模增加时，会使选择投资的企业数量增加。

Tseng（2004）研究了柔性制造技术（Flexible Manufacturing Technology，FMS）战略选择对企业间竞争的影响，使用柔性制造技术的企业在某些原材料未及时准备妥当的情形下能够迅速转向其他生产。模型同样考虑了包含 n 个同质公司的两步博弈过程，每个公司首先决定使用何种生产技术，然后决定产量。假设使用柔性生产技术的企业能够迅速完成生产，将产品以正常价格出售；使用原有技术的企业交货时间滞后，只能以折扣价格出售商品。模型结果显示，市场集中度与采用柔性生产技术的企业数量具有内在联系。在高度集中的市场，增加专门性技术的生产成本将增加企业对于柔性技术的投资，而当企业不集中时，结论则是不确定的。

易余胤等（2005）运用演化博弈理论建立了企业自主创新投资的演化博弈模型，假设企业只有自主创新和模仿创新两种创新策略，在模型中对企业自主创新和模仿创新行为与市场结构的演化规律等之间的规律进行了分析。模型充分强调创新人力资本在创新投资中发挥的重要作用，认为企业个体若想自主创新成功就必须具备充足的、与自主创新相对应的人力资本，仅具备模仿创新人力资本的企业不可能自主创新成功。模型假设企业在生产中可以在“干中学”的过程中逐步调整创新策略，结果显示在满足一定条件时市场将逐步演化为稳定的结构状态。而此时市场中能够优化资源配置、保证新技术不断出现的自主创新企业的比重则由创新风险的大小、创新及模仿成本的高低等决定。

陆玉梅、田野（2008）认为技术创新模式的选择是企业间竞争的一种动态反应，演化博弈理论通过对经典博弈理论行为的假定进行修正、对其方法进行拓展，能够较为有效地反映行为主体之间的策略动态调整和均衡选择过程。模型假定市场中存在甲群体和乙群体两类企业群体，生产同质产品。现有一个技术创新项目，每个企业都有自主创新和模仿创新两种创新模式选择策略，两类群体中企业自主创新和模仿创新成功的概率分别为 k_i和 r_i（$i=1, 2$），当自主研发成功时，两类个体企业对应的收益为 v_i（$i=1, 2$）。选择模仿创新的企业需要向自主创新成功的企业支付知识产权费用 c，d 为自主创新成本，模仿创新成本忽略不计。演化过程表明，由于企业在确定自己的创新模型时是在权衡技术存量、模仿成本等相关因素的基础上完成的，因此呈现出一定的路径依赖性。模型演化结果显示，创新市场最终会形成自主创新和模仿创新并存的结构，共同完成创新资源的最优配置。

He et al.（2012）研究了双寡头垄断环境中企业面对柔性技术（Flexible Production）和专用性技术（Dedicated Production Technology）时的生产技术选择问题，试图考虑不同技术的成本差异、产品需求的相关性和竞争对手策略 3 个主要影响因素。文章建立了具有完全信息的顺序两步双寡头垄断非合作博弈模型，模型考虑了两个企业，分别生产产品 A 和产品 B。第一步，企业同时从柔性技术 F 和专用性技术 D 中作出选择。第二步，企业进行产量的古诺博弈，此时选择柔性技术 F 的企业可以同时进入 A 和 B 两个产品市场，而选择专用性技术的企业只能对应进入 A 或 B 产品市场。企业在使用任何一种新技术时都面对必要的组织变化调整成本 f_i^k，柔性技术的固定成本高于专用性技术（$f_i^F >$ OFDI，OFDI ＝0），两类技术的边际成本均被忽略。研究结果发现，企业为柔性愿意支付的额外费用随着市场规模的增加而增加，随着产品可替代性的降低而增加，企业技术选择主要取决于柔性技术和专用性技术的成本差异。但由于消费者期望、市场竞争和技术的快速变化，制造企业面临的环境不确定性越来越大。

少数学者还对真实经济中的创新选择进行了研究，结果显示，创新成本、创新可替代性、行业特征等因素都可能对真实经济中的创新选择产生影响，从而使得企业创新资源配置发生变化。Duchin 和 Lange（1995）对美国经济 1963—1977 年的创新选择进行了分析，以检验在真实经济中处于何种情况下一种技术可以对另一种技术进行替代，试图建立一个评估未来技术发展变化的演变框架作为决策基础。文章分析认为，理解技术变化的关键是对技术变化的动机、技术变化的影响以及替代性技术的不同选择的分析。结论显示，直接成本和产品价格的降低并不总是采用新技术的动机，一种新技术被采用的情况可能是这种技术比原有技术成本更高，但是不存在其他的创新选择；或者这种技术是一种长期投资，在后期才能降低其成本；或者这种技术能够带来产品质量的改进和产量的提升；或者是技术成本无法估计或不可预见。Wu et al.（2012）在使用博弈论方法对公司政策制定过程中不同投资策略研究的基础上，对 TFT－LCD 行业中的真实选择进行了研究。结果表明，在具有不确定性和激烈竞争的高新技术行业，许多关于投资的重要决策都与资本密集型设备有关，企业必须在承担高风险的背景下进行巨大的资本投入以避免落后于竞争对手，对于竞争的快速反应和保持稳定的产量是在行业中取胜的关键。因此，行业中的企业都急切地想得到最新的生产设备，持续的资本投入是企业获得持续成功的关键，但这可能会带来一种不利的结果，即行业中的恶性竞争和价格战。

二、开放经济对企业创新资源配置的影响路径

目前国内外学者对企业创新选择的研究已经较为深入，企业通过创新选择对创新资源进行配置。值得注意的是，除了少数文章将分类的企业分别看作国内和国外企业进行解释，基本很少有学者系统关注开放经济对企业创新选择的影响。事实上，前文分析的国际技术溢出已经通过各种途径对企业创新选择产生了或多或少的影响，只是这种影响被创新选择的一般因素掩盖未能引起充分的重视。

首先，从企业自身来看，开放经济会通过各种途径作用于影响企业创新选择的内部因素，从而对企业创新资源配置产生影响。现有研究结果表明，外商和港澳台商投资企业相比于其他企业具有较高的技术效率（吴延兵、米增渝，2011），同时外商资本也能够通过技术溢出影响企业创新行为，通常当产业中的外商投资企业比重越高、企业中的外商资本比重越高时，对应的行业和企业研发强度和效率就会相应提升，对企业生产率产生积极影响。但另一方面，由于国内企业资本研发效率较低，相对于外资企业其可能面对更高的创新成本，加之外商资本显著的技术溢出效应使模仿创新的成本降低，可能会使一部分企业由自主创新转向模仿创新，不利于国内研发水平的提升。现有部分研究发现，外资的进入也有可能会对国内研发产生替代和挤出效应（Fan 和 Hu，2007；范承泽等，2008；陈羽、邝国良，2009）。另外，在开放经济下，人力资本流动也是国际技术溢出的重要形式，具备国际视野和经验的高级人才在企业间的流动可以促使国内企业在组织结构等方面进行改善和升级，同时促进企业人力资本存量的提高。因此，OFDI 及伴随开放经济

的国际技术溢出可能会对企业本身的各种创新影响因素产生影响，从而对创新选择成本产生影响。

其次，开放经济下的投资和贸易效应会对企业产品需求产生双向影响，改变企业创新资源配置的行业状况。外资企业的设立通常出于以下目的：一是绕过各种贸易壁垒，降低贸易成本；二是贴近产品市场，便于生产的适应性调整；三是利用国家丰裕要素降低产品生产成本。当外商企业通过 OFDI 或贸易方式向国内市场提供商品时，必然会与国内企业形成竞争，挤压国内企业的市场需求。同样地，当国内企业进入国际市场，通过 OFDI 或贸易方式向国外市场提供商品时，国内企业的商品消费者由国内扩展到国外，消费需求扩大。当国内企业的总体产品需求变化时，企业创新成本能够被更多的产品分担，可能会引起技术相对成本的改变，从而通过改变创新选择的方式引起企业创新资源配置改变。因此，开放经济对企业创新资源配置的具体影响需要从正、反两方面进行综合考虑。

再次，在考虑竞争对手对企业创新选择的影响时需要更多地考虑跨国公司的研发行为。实际上，技术在跨国公司行为中扮演着非常重要的角色，这主要体现在两个方面：一是跨国投资理论中跨国公司对于特有技术的独占权利解释了一个公司为什么选择离岸活动，为什么企业愿意在处于对当地消费者、语言、商业实践等并不熟悉的劣势下与当地经营者进行竞争。二是研发是一种企业层面的固定投入，多个厂商的使用能够使其产生规模经济效应，分担跨国公司的研发成本。因此，从跨国公司的角度来说，通过创新投入获得前沿技术，一方面能够使其在开放经济中获得更多的技术生产优势，另一方面能够通过跨国分支的设立降低创新成本。因此，东道国的跨国企业采用的先进技术的行为会使国内企业面临的竞争对手决策显著异于封闭经济中的竞争对手决策，这将对国内企业的创新选择产生较大影响。

最后，政府行为会充分考虑开放经济的影响，对相应政策进行调整。从世界范围来看，国家的知识产权保护程度是跨国公司考虑的重要因素，在知识产权保护程度较弱的国家，技术的外部性较强，跨国公司的技术容易被其他企业以极低的成本复制，使其在市场上的技术优势丧失，也使跨国公司在对东道国进行投资时顾虑较多，不利于本国的自主创新发展。因此，在开放经济下，为吸引外部投资获取更多的技术溢出，许多国家在发展中的知识产权保护程度是不断上升的。同时为了保护国内企业的自主创新行为不受跨国公司的冲击，鼓励企业进行自主创新投资，其相应的政府研发补贴也会相应发生改变。

总体来看，开放经济通过投资、贸易等途径，伴随国际技术溢出，对国家内部影响企业创新选择的诸多内外部因素产生影响从而改变企业创新资源配置。因此，从研究的角度来说，确认开放经济环境对企业创新选择的影响因素、影响方向和影响程度，对优化企业创新资源配置、促进整体技术进步具有重要的理论和实践意义。

第三章

理论模型Ⅰ：封闭经济下的企业创新

企业创新资源配置主要是通过其创新选择来进行的，创新选择决策对一个国家的生产发展和社会进步的影响已越来越大，依靠先进技术提高制造能力和对消费者的满足能力已经成为发展中国家保持竞争优势的必然要求（黄茂兴、李军军，2009）。后发优势理论认为，发展中国家可以通过引进或模仿发达国家的先进技术获取后发优势，缩小与发达国家的经济发展差距。但由于发达国家与发展中国家存在要素禀赋结构的差异，来自发达国家的先进技术并不一定适合发展中国家（Basu 和 Weil，1998；Acemoglu 和 Zlibotti，1999；林毅夫等，2004；林毅夫、张鹏飞，2005），前沿技术给发展中国家带来的总体利益也可能与其较高的引进成本并不相称（蒋殿春，2001）。林毅夫、张鹏飞（2006）的研究也认为，技术变迁应该是循序渐进的，没有必要研发或者引进发达国家最先进的技术。而创新模仿成本相对较小，通过模仿适宜技术可以发挥后发优势，从而可能实现向发达国家的收敛（潘士远，2008），因此在现阶段，发展中国家的最优选择是模仿发达国家的现有技术（Acemoglu，Aghion 和 Zilibotti，2005）。

但另一方面，产业化过程中所追求的先进技术或通过模仿获取的先进技术仍然具有典型的资本密集型特征，为了保证这些企业和产业的生存，政府在国际贸易、金融部门和劳动市场等方面采取的一系列扭曲措施，造成了资源配置扭曲、寻租活动猖獗、宏观经济不稳定等结果，使得经济运行效率低下（林毅夫，1999，2001，2004）。苗文龙、万杰（2005）的研究发现，推动我国经济增长的主要动力仍然是投资扩张，并且投资效率在下降，技术进步对经济的推动作用依旧不显著。一味地创新模仿和长期放弃技术控制，尽管可能获得短期的经济利益，但从长期来看，将丧失技术创新的能力（金碚，2004）。目前我国在关键技术上自给率较低，对外技术依存度在50%以上，远高于发达国家30%的平均水平，美国和日本的关键技术对外依存度仅为5%左右（毛蕴诗、汪建成，2006）。我国部分产业已经成为跨国公司技术锁定的重点对象，从汽车、家电到电脑、通信设备等都可以发现"技术锁定"的踪迹（冯德连，2007）。而从中国的现实来看，发达国家的技术封锁使得重要的战略产业和核心技术并不能从国外获得，加之适宜中国要素禀赋结构的专业技术发展受限，要形成持续的竞争力和增长空间，就必须在技术创新上有所作为，发展拥有自主知识产权的核心技术（金碚，2004）。

企业、研究机构和高等学校是我国R&D活动的三大执行部门，2010年我国企业R&D经费为5185.5亿元，企业R&D人员187.4万人，占相应总量的比重均为73.4%①，并呈逐年上升的趋势，企业在技术创新和技术进步过程中的作用逐步增强。这就意味着企业创新选择的总体趋势将影响行业和地区创新选择，并可能对经济发展产生显著的影响。在创新经济学中，通常将创新模式分为自主创新、模仿创新和合作创新三种②，自主创新与模仿创新的最大区别在于关键技术是否由企业自行突破。企业做创新选择时要考虑风险的大小、企业自身抗风险能力及决策偏好（偏向冒险或偏向保守）等因素（李纪珍，1999），一般来说，

① 《中国科技统计2011年度报告》。

② 由于我国知识产权保护薄弱，合作创新在实践中存在困难，故在此主要讨论自主创新和模仿创新两种创新模式。

只要有公平有效的市场竞争秩序，企业就总是倾向于选择最能有助于提高其竞争力的技术和技术进步路径（金碚，2004）。这实际上也反映了市场中企业间的动态反应，是企业为了适应市场竞争的自然选择行为（陆玉梅、田野，2008）。对于企业来说，能否寻找到适合自身内外部环境的创新模式，是其竞争成败的关键（汪碧瀛、杜跃平，2006）。从企业创新资源配置的角度来看，模仿创新能够合法地享受率先创新者开发的市场，能够通过购买生产许可、实施反求工程、利用专利文献等方式获取较高的创新效率，有效降低创新风险（年志远，2004）。安同良（2003）也认为，若企业以短期利润最大化为目标，作为有限理性的技术后进国家的企业，自然会选择“拿来主义”战略，从而造成市场上模仿创新盛行的现状，使国家自主创新能力的提升受到极大的限制，不利于国家创新驱动战略的实施推进。

本章从微观角度出发，研究了封闭市场中的企业创新选择博弈，试图解释影响企业创新资源配置的重要因素，为国家自主创新能力培育提供有益参考。本章主要内容安排如下：第一节设定基本模型，求解考虑企业创新选择时的古诺模型；第二节在均衡解基础上求解企业不同创新选择博弈下的最大化收益，并讨论不同市场规模中的企业创新选择；第三节讨论市场规模、创新成本差异等因素对企业创新选择的影响，并结合现实对模型进行展开讨论；第四节是结论与政策建议。

第一节 基本模型

一、模型假设

假设市场上只存在 2 家企业：企业 1 和企业 2，2 家企业生产同质商品，同时进行生产决策，其决策变量为企业产量（ q_1 、q_2 ）。假定市场上的消费者面临二次线性效用函数：$U = aq - \frac{1}{2}q^2 + z$，其中 $\frac{dU}{dq} = a - q > 0$，

z 为消费者消费的其他商品的效用总和，故消费者对应的需求函数为 $q = a - p$ 。为了简化消费者数量对模型分析的影响，假定本国消费者数量为整体 1，故市场中的产品总需求（ Q ）应为：

$$Q = q = a - p = q_1 + q_2 \tag{3-1}$$

从市场产品供给来看，企业生产产品时面临两种创新选择：模仿创新和自主创新。参照易余胤、盛昭瀚、肖条军（2005）关于自主创新和模仿创新中固定成本和人力资本的处理方法。由于模仿创新的一次性固定成本（ f_1 ）较低，但需要支付持续的专利费用或技术改造费用，故边际成本（ c_1 ）较高；自主创新的研发投入成本（ f_2 ）较高，但成功后能够获取一定的技术优势，后期的边际成本（ c_2 ）较低，因此，$f_1 < f_2, c_1 > c_2$ 。对美国和日本的创新调查也证明，模仿创新的企业成本是自主创新成本的 50% ~65%，而在我国企业中，这一比例不足 30%（年志远，2004），故两种创新选择的企业生产成本可以表示为：

$$C_1 = c_1 q_i + f_1 \quad (i = 1,2) \tag{3-2a}$$

$$C_2 = c_2 q_i + f_2 \quad (i = 1,2) \tag{3-2b}$$

二、均衡解

由于企业生产决策是同时进行的，因此既定企业基于利润最大化进行决策时必然需要对另一企业的产品产量进行预期。在古诺均衡中，这种预期被证明是一种理性预期，即对于其他企业的产量预期最终必然是其实际产量 [$q_i = q_i^e (i = 1,2)$]，因此在模型中考虑 2 家企业的利润函数：

$$\begin{aligned} \pi_i &= pq_i - C(q_i) \qquad (i = 1,2) \\ &= (a - q) - C(q_i) \end{aligned} \tag{3-3}$$

$$\Leftrightarrow \begin{cases} \pi_1 = aq_1 - q_1^2 - q_2 q_1 - C(q_1) \\ \pi_2 = aq_2 - q_2^2 - q_1 q_2 - C(q_2) \end{cases} \tag{3-4}$$

推导可得 2 家企业的反应函数分别为

$$\begin{cases}\max\limits_{q_1}(\pi_1) = \max\limits_{q_1}[aq_1 - q_1^2 - q_2q_1 - C(q_1)] \\ \max\limits_{q_2}(\pi_2) = \max\limits_{q_2}[aq_2 - q_2^2 - q_1q_2 - C(q_2)]\end{cases} \tag{3-5}$$

$$\Leftrightarrow\begin{cases}a - 2q_1 - q_2 - \dfrac{\partial C(q_1)}{\partial q_1} = 0 \\ a - 2q_2 - q_1 - \dfrac{\partial C(q_2)}{\partial q_2} = 0\end{cases} \tag{3-6}$$

在此，无论企业选择模仿创新还是自主创新，对应的成本函数求导 $\frac{\partial C(q_1)}{\partial q_1}$ 和 $\frac{\partial C(q_2)}{\partial q_2}$ 必然为常数 c_1 或者 c_2，即对应创新选择的边际成本，古诺均衡的企业产量求解不会受到影响，故可得古诺模型的均衡解：

$$\begin{cases}q_1 = \dfrac{1}{3}a - \dfrac{2}{3}\dfrac{\partial C(q_1)}{\partial q_1} + \dfrac{1}{3}\dfrac{\partial C(q_2)}{\partial q_2} \\ q_2 = \dfrac{1}{3}a - \dfrac{2}{3}\dfrac{\partial C(q_2)}{\partial q_2} + \dfrac{1}{3}\dfrac{\partial C(q_1)}{\partial q_1}\end{cases} \tag{3-7}$$

第二节　企业创新选择博弈

一、不同创新选择下的均衡解

基本模型中求得的古诺模型均衡解受到企业创新选择的影响，两家企业的创新选择组合会产生不同的产量和利润组合。

（一）企业1和企业2都选择模仿创新

此时，两家企业的生产成本均为 $C_1 = c_1q_i + f_1(i = 1,2)$，对应的均衡解为：

$$q_1 = q_2 = \frac{1}{3}(a - c_1) \tag{3-8}$$

将式（3－8）代入式（3－4），可得对应均衡解情况下的企业利润：

$$\pi_1 = \pi_2 = \frac{1}{9}(a - c_1)^2 - f_1 \tag{3-9}$$

（二）企业1选择模仿创新，企业2选择自主创新

此时，企业1的生产成本为 $C_1 = c_1 q_1 + f_1$，企业2的生产成本为 $C_2 = c_2 q_2 + f_2$，对应的均衡解为：

$$\begin{cases} q_1 = \frac{1}{3}[(a - c_1) - (c_1 - c_2)] \\ q_2 = \frac{1}{3}[(a - c_2) - (c_2 - c_1)] \end{cases} \tag{3-10}$$

将式（3－10）代入式（3－4），得到对应均衡解情况下的企业利润：

$$\begin{cases} \pi_1 = \frac{1}{9}[(a - c_1) - (c_1 - c_2)]^2 - f_1 \\ \pi_2 = \frac{1}{9}[(a - c_2) - (c_2 - c_1)]^2 - f_2 \end{cases} \tag{3-11}$$

（三）企业1选择自主创新，企业2选择模仿创新

此时与情形2恰好是一种对称情形，直接可知均衡情况下的企业产量与利润：

$$\begin{cases} q_1 = \frac{1}{3}[(a - c_2) - (c_2 - c_1)] \\ q_2 = \frac{1}{3}[(a - c_1) - (c_1 - c_2)] \end{cases} \quad and$$

$$\begin{cases} \pi_1 = \frac{1}{9}[(a - c_2) - (c_2 - c_1)]^2 - f_2 \\ \pi_2 = \frac{1}{9}[(a - c_1) - (c_1 - c_2)]^2 - f_1 \end{cases} \tag{3-12}$$

（四）企业1和企业2均选择自主创新

此时，两家企业的生产成本均为 $C_2 = c_2 q_i + f_2 (i = 1,2)$，对应的均

衡解为：

$$q_1 = q_2 = \frac{1}{3}(a - c_2) \tag{3-13}$$

将式（3－13）代入式（3－4），可得对应均衡解情况下的企业利润：

$$\pi_1 = \pi_2 = \frac{1}{9}(a - c_2)^2 - f_2 \tag{3-14}$$

将两家企业可能的四种创新选择组合的均衡解汇总后，可得到企业创新选择的产量和利润矩阵：

表 3－1　企业创新选择的产量矩阵

		企业 1	
		模仿创新	自主创新
企业 2	模仿创新	（Ⅰ） $\frac{1}{3}(a - c_1)$； $\frac{1}{3}(a - c_1)$	（Ⅲ） $\frac{1}{3}[(a - c_2) - (c_2 - c_1)]$； $\frac{1}{3}[(a - c_1) - (c_1 - c_2)]$
	自主创新	（Ⅱ） $\frac{1}{3}[(a - c_1) - (c_1 - c_2)]$； $\frac{1}{3}[(a - c_2) - (c_2 - c_1)]$	（Ⅳ） $\frac{1}{3}(a - c_2)$； $\frac{1}{3}(a - c_2)$

表 3－2　企业创新选择的利润矩阵

		企业 1	
		模仿创新	自主创新
企业 2	模仿创新	（Ⅰ） $\frac{1}{9}(a - c_1)^2 - f_1$； $\frac{1}{9}(a - c_1)^2 - f_1$	（Ⅲ） $\frac{1}{9}[(a - c_2) - (c_2 - c_1)]^2 - f_2$； $\frac{1}{9}[(a - c_1) - (c_1 - c_2)]^2 - f_1$
	自主创新	（Ⅱ） $\frac{1}{9}[(a - c_1) - (c_1 - c_2)]^2 - f_1$； $\frac{1}{9}[(a - c_2) - (c_2 - c_1)]^2 - f_2$	（Ⅳ） $\frac{1}{9}(a - c_2)^2 - f_2$； $\frac{1}{9}(a - c_2)^2 - f_2$

二、企业创新选择博弈

从上述分析中我们可以看出，任一企业在进行创新选择时都可能面临着四种可能的利润水平，根据对模仿创新和自主创新中对于固定成本和边际成本的界定（$f_1 < f_2, c_1 > c_2$），可以得到：

$$\frac{1}{9}(a-c_1)^2 - f_1 > \frac{1}{9}[(a-c_1)-(c_1-c_2)]^2 - f_1 \quad (3-15)$$

$$and$$

$$\frac{1}{9}(a-c_2)^2 - f_2 < \frac{1}{9}[(a-c_2)-(c_2-c_1)]^2 - f_2 \quad (3-16)$$

但$\frac{1}{9}[(a-c_1)-(c_1-c_2)]^2 - f_1$与$\frac{1}{9}[(a-c_2)-(c_2-c_1)]^2 - f_2$的大小关系并不能确定，而这种关系将会直接影响企业在生产中的创新选择。在此，根据不同情况下企业的创新选择对两者之间的关系进行讨论。

假定企业1选择模仿创新，则企业2选择模仿创新可以获取利润$\frac{1}{9}(a-c_1)^2 - f_1$，选择自主创新可以获取利润$\frac{1}{9}[(a-c_2)-(c_2-c_1)]^2 - f_2$，由于这两个可能利润的大小关系不能确定，因此考查：

$$\left[\frac{1}{9}(a-c_1)^2 - f_1\right] - \left\{\frac{1}{9}[(a-c_2)-(c_2-c_1)]^2 - f_2\right\} =$$

$$\frac{4}{9}(a-c_2)(c_2-c_1) + (f_2-f_1) \quad (3-17)$$

令$\frac{4}{9}(a-c_2)(c_2-c_1) + (f_2-f_1) = 0$，可得

$$a = g + c_2\left(令 g = \frac{9}{4}\frac{f_2-f_1}{c_1-c_2} > 0\right)$$

因此，当 $a \geqslant g + c_2$ 时，$\frac{1}{9}(a - c_1)^2 - f_1 \geqslant \frac{1}{9}[(a - c_2) - (c_2 - c_1)]^2 - f_2$，企业 2 将选择模仿创新以获取最大利润。当 $a < g + c_2$ 时，$\frac{1}{9}(a - c_1)^2 - f_1 < \frac{1}{9}[(a - c_2) - (c_2 - c_1)]^2 - f_2$，企业 2 将选择自主创新以获取最大利润。

假定企业 1 选择自主创新，则企业 2 选择模仿创新可以获取利润 $\frac{1}{9}[(a - c_1) - (c_1 - c_2)]^2 - f_1$，选择自主创新可以获取利润 $\frac{1}{9}(a - c_2)^2 - f_2$，两个可能利润的大小同样无法确认，因此考查：

$$\left\{\frac{1}{9}[(a - c_1) - (c_1 - c_2)]^2 - f_1\right\} - \left[\frac{1}{9}(a - c_2)^2 - f_2\right] = \frac{4}{9}(a - c_1)(c_2 - c_1) + (f_2 - f_1) \tag{3-18}$$

令 $\frac{4}{9}(a - c_1)(c_2 - c_1) + (f_2 - f_1) = 0$，可得

$$a = g + c_1$$

因此，当 $a \geqslant g + c_1$ 时，$\frac{1}{9}[(a - c_1) - (c_1 - c_2)]^2 - f_1 \geqslant \frac{1}{9}(a - c_2)^2 - f_2$，企业 2 将选择模仿创新以获取最大利润。当 $a < g + c_1$ 时，$\frac{1}{9}[(a - c_1) - (c_1 - c_2)]^2 - f_1 < \frac{1}{9}(a - c_2)^2 - f_2$，企业 2 将选择自主创新以获取最大利润。

同理，在假定企业 2 行为的基础上估计企业 1 的可能反应。假定企业 2 选择模仿创新，企业 1 选择模仿创新时将获得利润 $\frac{1}{9}(a - c_1)^2 - f_1$，选择自主创新时获得利润 $\frac{1}{9}[(a - c_2) - (c_2 - c_1)]^2 - f_2$。当 $a \geqslant$

$g+c_2$ 时，$\frac{1}{9}(a-c_1)^2-f_1 \geqslant \frac{1}{9}[(a-c_2)-(c_2-c_1)]^2-f_2$，企业 1 将选择模仿创新以获取最大利润。当 $a<g+c_2$ 时，$\frac{1}{9}(a-c_1)^2-f_1<\frac{1}{9}[(a-c_2)-(c_2-c_1)]^2-f_2$，企业 1 将选择自主创新以获取最大利润。

假定企业 2 选择自主创新，当 $a \geqslant g+c_1$ 时，$\frac{1}{9}[(a-c_1)-(c_1-c_2)]^2-f_1 \geqslant \frac{1}{9}(a-c_2)^2-f_2$，企业 1 将选择模仿创新以获取最大利润。当 $a<g+c_1$ 时，$\frac{1}{9}[(a-c_1)-(c_1-c_2)]^2-f_1<\frac{1}{9}(a-c_2)^2-f_2$，企业 1 将选择自主创新以获取最大利润。

总结来说，a 与 $g+c_2$ 和 $g+c_1$ 的关系构成企业创新选择的重要影响因素。由于 $c_1>c_2$，故 $g+c_1>g+c_2$，因此将基于划线法讨论不同区间中企业创新选择博弈可能存在的纳什均衡。

（1）当 $a \geqslant g+c_1$ 时，企业创新选择的纳什均衡出现在（Ⅰ），此时两家企业都选择模仿创新进行生产。

表 3-3　当 $a \geqslant g+c_1$ 时，企业创新选择的纳什均衡

		企业 1	
		模仿创新	自主创新
企业 2	模仿创新	（Ⅰ）：企业 1（1）；企业 2（1）	（Ⅲ）：企业 1（2）；企业 2（1）
	自主创新	（Ⅱ）：企业 1（1）；企业 2（2）	（Ⅳ）：企业 1（2）；企业 2（2）

注：企业名称后括号内的数字代表企业的创新选择，下同。

（2）当 $g+c_1>a \geqslant g+c_2$ 时，企业创新选择的纳什均衡出现在（Ⅰ）和（Ⅳ），此时两家企业或者都选择模仿创新或者都选择自主创新进行生产。

表3－4 当 $g+c_1>a \geq g+c_2$ 时，企业创新选择的纳什均衡

		企业1	
		模仿创新	自主创新
企业2	模仿创新	（Ⅰ）：企业1（1）；企业2（1）	（Ⅲ）：企业1（2）；企业2（1）
	自主创新	（Ⅱ）：企业1（1）；企业2（2）	（Ⅳ）：企业1（2）；企业2（2）

（3）当 $a<g+c_2$ 时，企业创新选择的纳什均衡出现在（Ⅳ），此时两家企业全部选择自主创新进行生产。

表3－5 当 $a<g+c_2$ 时，企业创新选择的纳什均衡

		企业1	
		模仿创新	自主创新
企业2	模仿创新	（Ⅰ）：企业1（1）；企业2（1）	（Ⅲ）：企业1（2）；企业2（1）
	自主创新	（Ⅱ）：企业1（1）；企业2（2）	（Ⅳ）：企业1（2）；企业2（2）

第三节 基于理论模型的进一步讨论

从上述分析可以看出，在本章模型中企业创新选择博弈中企业更倾向于选择相同的创新方式，但由于受到系数 a 、模仿创新成本 c_1 和 f_1 、自主创新成本 c_2 、f_2 的影响，不同情况下企业的创新选择会出现差异，导致企业创新资源配置发生变化。

一、市场规模与创新资源配置

由式（3－1）可知，市场需求 Q 与系数 a 呈正相关关系，由于具体商品的价格变化有限，因此市场需求 Q 主要受系数 a 的影响，反过来可以认为，系数 a 对企业创新选择的影响可视为市场规模对企业创新选择的影响。李纪珍（1999）也认为市场需求是创新选择的主要考虑因素之一，创新选择成功与否的关键在于市场规模。

在创新成本既定的情况下，市场规模越大，企业越倾向于将创新资源投入到模仿创新上以获取最大利润。这实际上类似于现实经济中市场需求量巨大且产品种类相对稳定的产品市场，自主创新需要承担失败的风险，同时可能带来的利润有限，因此在该种市场中所观察到的普遍是模仿创新行为，而自主创新行为则相对较少，企业创新资源配置普遍向模仿创新倾斜。

市场规模越小，企业可能越倾向于将创新资源投入到自主创新上，通过构建创新垄断租金的方式获取最大利润。该种情况类似于现实经济中观察到的新兴产品市场，在该类市场中产品需求量相对较小，但产品价格高昂，吸引消费者的主要卖点就是尖端科技。在该类市场中，模仿创新行为无法满足市场需求，高技术研究、开发和产业化需要投入巨额资金，高投入必须要有相应的经济回报，才能实现高技术投入的良性循环（金碚，2004）。自主创新所带来的技术进步能够保证企业在一段时间内获得垄断收益，从而获取最大利润，因此在该类市场中能够观察到较多的自主创新行为，企业在创新资源配置中更容易向自主创新倾斜。

市场规模居中时会出现两种均衡情况：一是企业都选择模仿创新，二是企业都选择自主创新。但在企业同时决策的情况下就可能出现企业创新选择不一致的情况，即模仿创新和自主创新并存，这时两家企业都会因为对方的不一致选择导致利润的损失①，此时的关键在于企业是由模仿创新变化为自主创新还是由自主创新变化为模仿创新以求得均衡。从现实情况来看，众多企业青睐模仿创新而不从事自主创新的主要原因就在于自主创新高昂的前期投入和巨大的创新风险，因此通常市场上只有少量竞争力强的企业愿意进行自主创新。在这种现实下，企业寻求均

① 如企业1认为企业2可能选择模仿创新，但实际上企业2选择了自主创新，此时企业1的利润损失为$\left[\frac{1}{9}(a-c_1)^2-f_1\right]-\left\{\frac{1}{9}\left[(a-c_1)-(c_1-c_2)\right]^2-f_1\right\}>0$；若企业2认为企业1可能选择自主创新，而实际企业1选择了模仿创新，此时企业2的利润损失为$\left[\frac{1}{9}(a-c_2)^2-f_2\right]-\left\{\frac{1}{9}\left[(a-c_2)-(c_2-c_1)\right]^2-f_2\right\}>0$；其余情况同理可得。

衡的途径更有可能是从自主创新的企业转向模仿创新以寻求利润最大化，但问题是，在企业已经投入大量自主创新固定成本的前提下，不会有企业改变创新选择，或者说至少企业在未收回自主创新固定成本之前，不太可能为追求最大利润而放弃已投入的固定成本。因此在大部分市场中，选择模仿创新的企业可能缺乏选择自主创新的实力，而已经选择自主创新的企业在短期内不会转向模仿创新，除非改变创新选择所带来的利润提升足够大，企业愿意放弃自主创新的前期投入。

再进一步分析，企业究竟是不是因为对对手的预期错误而导致创新选择不一致的状况呢？事实上，虽然存在企业出于竞争对手的技术选择而选择相同技术的可能性，但众多研究表明，企业的创新选择在很大程度上是由自身状况（如生产效率、盈利水平、企业家精神等）决定的，虽然自主创新在一段时间内可能带来的可观垄断收益对企业具有极大的吸引力，但众多企业受各种条件限制不得不选择短期风险较小、收益稳定的模仿创新。故而在现实中，大部分企业受限于自身条件选择模仿创新，小部分高效率企业如果预期到这种结果可能会自动地选择模仿创新以获取最大利润。实际上不同的企业在面临相同的创新选择时，由于企业的技术积累、研发人员等存在差异，其面对的创新选择成本也是存在差异的，因此高效率企业倾向于将创新资源配置到自主创新方式上以获取垄断利润，在这种情况下，企业的创新选择就可能脱离本章所讨论的博弈均衡状况，在满足一定条件的情况下，市场将演化为稳定的结构状态，其中有一定比例的企业选择自主创新，其余的企业选择模仿创新（易余胤、盛昭瀚、肖条军，2005）。陆玉梅、田野（2003）使用演化博弈对技术创新的路径依赖性进行分析，也得出了类似的结论。

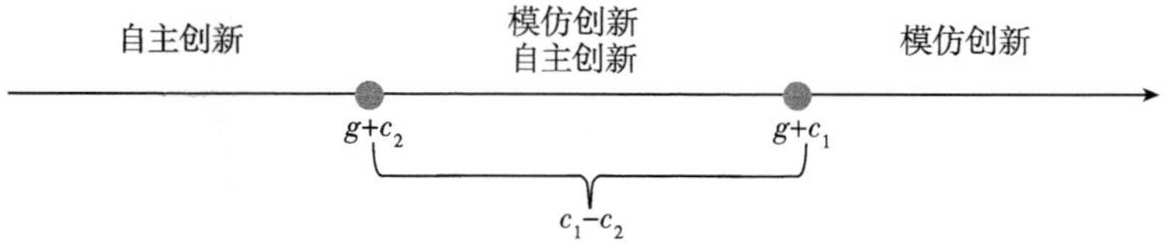

图 3－1　市场规模与企业创新选择

二、创新成本差异与创新选择

基于市场规模对创新资源配置影响的分析，在不同规模的市场中应当能够观察到如图3－1所示的企业创新行为。在这里可以发现市场中企业的创新选择会受到两个临界点（$g+c_2$和$g+c_1$）的干扰，而模仿创新和自主创新同时存在的市场规模区间将受到两类创新方式边际成本差异（c_1-c_2）的影响。由于前面已经定义了$g=\frac{9}{4}\frac{f_2-f_1}{c_1-c_2}$，因此在讨论创新成本差异与创新选择之间的关系时主要关注两组成本差异：一是两种创新方式的固定成本差异（$f_2-f_1>0$）；二是两种创新方式的边际成本差异（$c_1-c_2>0$）。

当固定成本差异（f_2-f_1）增加，即自主创新相对于模仿创新的固定投入成本更高时，$g=\frac{9}{4}\frac{f_2-f_1}{c_1-c_2}$随之增加，带动临界点$g+c_2$和$g+c_1$右移，模仿创新和自主创新同时存在的市场规模区间长度没有发生变化（见图3－2）。这意味着在固定成本差异加大的情况下，原来在既定市场规模中选择模仿创新的企业可能会转而选择自主创新，这个结论实际上是耐人寻味的：为什么在既定规模的市场中，当自主创新变得相对更加困难的时候会有企业改变创新选择？易余胤、盛昭瀚、肖条军（2005）的研究也发现，创新风险大并不一定会导致市场中自主创新的企业比例减少，反而可能增大。这一方面可能是由于模仿创新的进入门槛不断降低，使得市场竞争更加激烈，企业之间可能采取“价格战”等恶性竞争方式使得生产利润不断下降，企业生存困难；另一方面可能是由于自主创新的门槛提升使得企业在自主创新中所能够获得的垄断利润也相应提升。这时，采用模仿创新方式但生产效率相对较高或具有企业家精神的企业可能会试图从恶性竞争中“脱身”，愿意承担较高的自主创新成本以期获得垄断利润；或者可能采用合作创新的方式来解决自主创新成本上升的问题，而在当前自主创新风险提高、创新成本不断增加的情况下，合作创新已经逐步成为发达国家创新的一种普遍模式。反之，当固定成本差异减少时，同理可得。

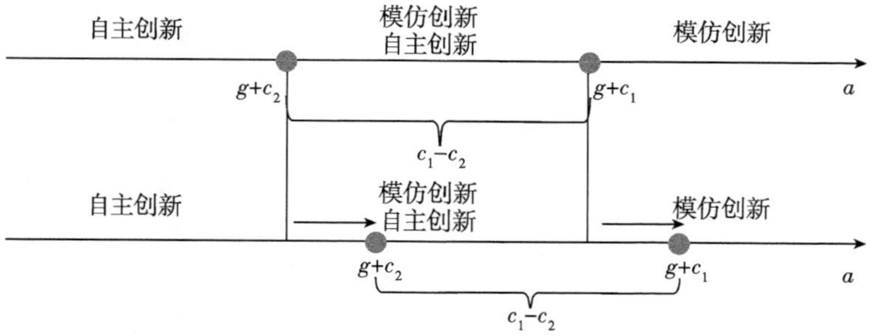

图 3－2　固定成本差异增加时的企业创新选择

当边际成本差异（$c_1 - c_2$）增加，即模仿创新相对于自主创新边际成本更高时，$g = \frac{9}{4}\frac{f_2 - f_1}{c_1 - c_2}$ 随之下降，带动临界点 $g + c_2$ 和 $g + c_1$ 左移①，同时模仿创新和自主创新同时存在的市场规模区间长度扩大（见图 3－3），而在现实中边际成本差异增加通常在模仿创新边际成本增加或自主创新极大减少了产品成本时出现。这意味着原来在既定市场规模中选择自主创新的企业可能会转而选择模仿创新，这可能是由于专利使用、技术改造等费用上升导致的模仿创新边际成本上升阻碍了一部分企业的进入，此时市场处于良性竞争中，商品价格处于合理的水平，企业只需承担较小的风险就能获得较为丰厚的收益，在这种情况下，部分企业就不愿意承担自主创新的风险而宁愿选择模仿创新技术进行生产。在中国，由于存在巨大的市场空间，企业往往更倾向于进行扩大生产规模的投资，以获取近期的经济回报（金碚，2004）。反之，当边际成本差异减少时，同理可得。

① 在此没有具体考虑由于 c_1 增加还是 c_2 减少引起的边际成本差异上升，因此考查临界点 $g + c_2$ 和 $g + c_1$ 时本章只关注 g 的变化对企业选择的影响。

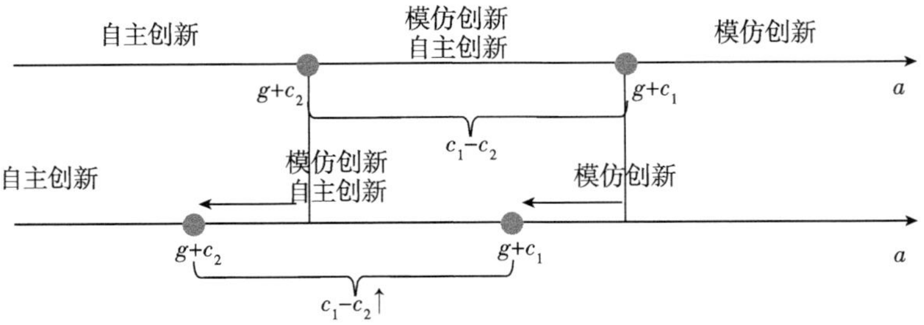

图 3-3　边际成本差异增加时的企业创新选择

实际上，创新成本差异的讨论离不开具体创新方式的成本变化，任何可能影响创新成本的因素（如企业生产率等内部因素，或知识产权保护、政府补贴等外部因素）都可能使得创新成本差异发生变化，从而对企业创新选择造成影响①。

三、模型的现实反应

从图 3-1 可以看出，企业创新选择组合根据市场规模的讨论范围存在于三个区间中：$(0,g+c_2)$、$[g+c_2,g+c_1)$ 和 $[g+c_1,+\infty)$。曼斯菲尔德对美国和日本企业的调查显示，模仿创新成本约为率先创新成本的 50%～65%，而在中国，模仿创新的人均研究开发投入仅为率先创新的 28%（袁红林、陈小锋，2002），即模仿创新与自主创新的成本存在较大差异，故 $g=\frac{9}{4}\frac{f_2-f_1}{c_1-c_2}$ 必然为一个固定的值而不会趋于 $+\infty$。因此，$(0,g+c_2)$ 和 $[g+c_2,g+c_1)$ 区间是有限区间，而 $[g+c_1,+\infty)$ 区间则趋于 $+\infty$。由于大部分的产业规模都可能落于 $[g+c_1,+\infty)$ 中，而一部分规模在 $[g+c_2,g+c_1)$ 区间的产业也存在模仿创新行为，就不难解释为何在实际经济生活中会发现大量的企业模仿创新行为，而这实际上也说明除自身因素外企业创新选择在很大程度上也受到市场的影响。

① 当两种创新方式的固定成本或边际成本以相同数量变化时，该种情况不存在。

本章的模型分析既可用于解释静态背景下不同产业中企业的创新选择和创新资源配置情况，也能够说明动态背景下同一产业在不同市场规模阶段中企业创新选择的变动。从静态背景来看，在同一时间点，不同产业的市场规模存在显著的差异。$(0,g+c_2)$ 区间就类似于现实经济中的新兴产业，少量企业通过自主创新实现技术突破从而开创新的市场需求，此时，新兴产业的产品需求是有限的且高度专业化的，自主创新构成该类市场的主流技术选择①。$[g+c_1,+\infty)$ 区间类似于现实经济中的类完全竞争市场，充分竞争市场结构中的小厂商更易采取技术追随中的“拿来主义”战略，它们往往不可能为研发支付大量费用（安同良，2003），因而会形成普遍的模仿创新行为。$[g+c_2,g+c_1)$ 区间与现实经济中的垄断竞争行业规模相吻合，企业自主创新与模仿创新并存，产业处于相对的竞争中。但有时，由于行业特性、政府行为等原因造成的市场垄断会阻止行业中新企业的进入。高度垄断性产业的企业缺乏技术能力高度化的动力，只凭其市场势力即可获取超额利润（安同良，2003），这时即使市场规模出现大幅增加，由于缺乏竞争，在市场中将以普遍的模仿创新替代普遍的自主创新，使产业技术进步陷入“困境”。从动态背景来看，模型分析基本符合产品生命周期理论的描述：在新产品出现的初始时期，产品需求有限，企业能够从垄断高价中获取较高的利润。随着产品需求扩大、模仿行为出现，产品生产出现自主创新和模仿创新并存的现象。当模仿技术成熟、成本降低后，产品需求规模达到相对较高的水平，原始创新企业可能会转入其他产品的自主创新过程，原产品市场中充斥着模仿创新行为。

---

① 此时存在一种例外情况，当某种产品市场被其他产品替代而逐步衰退时，虽然市场规模很小，但企业不会因市场规模减小而产生从模仿创新到自主创新的转变，这是一种非理性行为。可能的情况是企业通过自主创新进入新的产品领域，在高价、低量的市场环境中获得垄断利益。

四、模型对政府行为的启示

易余胤、盛昭瀚、肖条军（2005）的研究认为，市场中企业自主创新和模仿创新的具体比例取决于创新风险、创新成本以及模仿成本高低等因素。结合本章模型讨论过程，从国家自主创新能力培育的角度来看，任何鼓励新市场产生、增加固定成本差异和减少边际成本差异的行为都可能使得市场中的企业将创新资源更多地配置到自主创新方式上，对国家自主创新能力培育产生积极影响。

（一）技术补贴

企业技术补贴的出现通常产生于两种情况：一是用于调节市场结构，当企业模仿收益可观或创新成本过高时，企业将会逐步调整并倾向于模仿创新，最终进入不良锁定区域，整个社会的创新能力衰退（陆玉梅、田野，2008），此时政府部门应当补贴自主创新成本以达到调整社会创新结构的目的；二是遵循政府战略的企业可能存在企业的战略性政策负担（Policy Burden），政府必须通过政策补贴来弥补企业因遵循偏离比较优势的政府战略而带来的损失。技术补贴能够通过降低自主创新固定成本的方式使两种创新选择的固定成本差异增加（见图 3－2），使市场中的自主创新行为变得更加普遍。但这里可能存在的问题是，由于信息不对称，政府不能准确把握技术补贴的数量及补贴对象，在实际操作中可能会大大增加政府负担，当用于原始创新的专用性人力资本价格过于低廉时，原始创新补贴将产生“逆向”激励作用（安同良、周绍东、皮建才，2009）。

（二）知识产权保护

在一些法律不健全、知识产权保护不力的地方，自主创新成果有可能面临被侵犯的危险，“搭便车”现象难以避免（冯德连，2007），这一方面可能加大企业自主创新的市场风险，另一方面使得创新成果可获取垄断利润的时间大大缩短，企业投入大量人力、物力的创新成果可能会在很短的时间内被“山寨”，这将导致自主创新方式的预期利润下降，甚至出现亏损，同时模仿企业在生产中不需要因“山寨”行为支付专利使用费用，模仿创新的边际成本出现显著下降（见图3－3），模仿创新利润大幅提升。因此，在知识产权保护不足的地方，企业选择模仿创新是一种更为有利的市场行为。张真真、林晓言（2006）在总结美、日、韩三国知识产权与技术创新协同发展路径的基础上，得出知识产权制度的最终目的是提升自主创新能力的结论，但其中政府起到了关键的干预扶持作用。政府通过加强监督机制、强化知识产权保护的行为，能够使自主创新企业获取足够的垄断利润以保证自主创新的良性循环，同时使模仿创新行为必须付出一定的“代价”，使其边际成本提高、模仿利润下降，从而达到引导自主创新的目的。

第四节 模型结论

本章基于古诺模型对市场中的企业创新博弈进行了探讨，从理论上分析了企业创新资源配置受市场规模等因素变化可能产生的改变，模型分析结论显示：

第一，市场规模是影响企业创新选择的关键因素，市场规模越大，企业越倾向于将创新资源配置向模仿创新倾斜；市场规模越小，企业越倾向于选择自主创新；市场规模居中，市场中模仿创新与自主创新并存。

第二，企业创新成本差异变化能够改变企业创新选择的适宜市场规模区间，当自主创新相对于模仿创新的固定投入成本更高时，自主创新选择对应的市场规模区间扩大，企业将创新资源配置到自主创新方式上的可能性更高，模仿创新和自主创新同时存在的市场规模区间长度没有发生变化，模仿创新选择对应的市场规模区间相对缩小；当模仿创新相对于自主创新边际成本更高时，自主创新选择对应的市场规模区间缩小，模仿创新和自主创新同时存在的区间长度变大但对应的绝对市场规模变小，模仿创新对应的市场规模区间扩大，企业更倾向于将创新资源分配到模仿创新方式上。

第三，从企业创新选择的三个讨论区间来看，现实的大部分产业规模都处于自主创新与模仿创新并存以及全部选择模仿创新的市场规模区间，因此大量的企业模仿创新行为也就不足为奇，这表明了市场对企业创新资源配置的影响。

第四，该理论模型分析既可用于解释静态背景下不同产业中企业的创新资源配置情况，也能够说明动态背景下同一产业在不同市场规模阶段中企业创新资源配置的调整和变动。

第五，政府通过技术补贴、知识产权保护等任何鼓励新市场产生、增加固定成本差异和减少边际成本差异的行为都可能使市场中的企业自主创新选择增加，企业将会把更多的创新资源投入到自主创新方式上，从而对国家自主创新能力培育产生积极影响。

第四章

理论模型Ⅱ：有限开放经济下的企业创新

Helpman et al.（2004）观察到每个行业都由众多的异质性企业构成，企业生产率水平存在差异，由此产生不同的企业组织形式。其构建的国际贸易和投资模型证实，生产率最低的企业即使进入相应行业，无论其采用何种组织形式都无法盈利，因此这类企业将会选择退出产业，另一部分低生产率企业选择仅仅供应国内市场。剩余的其他企业既供应国内市场也供应国际市场，但在国际市场中的运作方式存在不同，最有效率的一部分企业选择在国外投资，而生产率略低的企业选择出口。因此从企业的角度来看，从内销到出口再到国外投资的战略选择与企业生产率存在密切关系。事实上，目前有大量文献对企业生产率和创新的关系进行了讨论，结果基本都显示创新对生产效率有显著的促进作用（Crepon et al.，1998；Criscuolo 和 Haskel，2003；Hall et al.，2008），这使得本章对开放经济下企业创新资源配置的讨论有了相应的文献支撑。在文献分析的基础上，本章及第五章将渐次放开对于开放经济的理论假设，对开放经济中的企业创新选择进行逐步分析。本章关注的重点是出口与创新选择的关系。

第一节　模型理论基础

一、出口与企业创新

Krugman 早在 1979 年就指出，出口贸易能够增加企业规模，从而增加技术创新所能获得的报酬。在考虑规模报酬的情况下，出口贸易还能够减少单位产品成本，进一步提高企业进行技术创新的动力。Feder（1980）认为由于出口部门的技术较为先进，在正外部经济效应的影响下，出口贸易的发展可能会增加非出口部门的技术创新行为。Bernard 和 Jensen（1999）以及 Helpman（2006）都强调企业出口过程中的“学习效应”，不同的是，Bernard 和 Jensen（1999）关注的是企业从竞争对手和合作伙伴的贸易过程中通过“干中学”而获取的知识，Helpman（2006）则肯定了出口对于企业生产率所具有的“出口中学习”效应是广泛存在的，但其主要表现为先进生产设备的引进和成本降低型生产效率的提升。Aghion et al.（2005）则在熊彼特的研究框架内对出口贸易的“竞争效应”进行了研究，结果表明，伴随出口贸易而来的激烈竞争压力将会迫使企业必须通过技术创新保持利润和维持生存。王华等（2010）采用中国 1998—2000 年北京、天津、上海、广州、成都 5 个城市 1548 家代表性企业面板数据的研究结果显示，国际贸易对中国企业自生能力的培育起到更为积极的作用。

二、模仿创新与自主创新

从国家长期战略发展的角度看，自主创新能力的培育至关重要，自主创新能力的强弱直接决定了未来国家技术水平的高度及国家在世界经济中的位置。Gemser 和 Wijnberg（2001）认为，只有当同行业中的其他企业没有在之前提出过同样或相似的观点时，才能称为自主创新。自主创新应被定义为主要依靠企业自身的力量完成技术创新全过程，关键技术上的突破由本企业实现。在创新经济学理论中，除了自主创新，还存在模仿创新和合作创新两种创新模式。模仿创新是指企业通过学习模仿率先创新者的创新思路和创新行为，汲取率先者成功的经验和失败的教训，引进购买或者破译率先者的核心技术和技术秘密，并在此基础上改进完善，进一步开发。由于合作创新在实际操作中存在诸多困难，在发展中国家合作创新模式出现较少，故在此不做讨论。

从概念上看，自主创新与模仿创新的最大区别在于关键技术是否由企业自行突破，有能力选择自主创新并且创新成功的企业通常能在市场中获得技术优势，保证一定时间段内的垄断利润。更为重要的是，通过自主创新在企业内部积累的经验、诀窍、人力资本等隐性知识会成为企业日后发展的重要资本。对于既定企业来说，无论是选择自主创新还是模仿创新，都涉及企业的创新资源如何配置问题，与其对应的风险和成本密切相关，自主创新意味着更高的风险和投资，而模仿创新意味着较低的风险和稳定的收益。因此，企业的创新资源配置必须综合考虑技术成本和产品收益。

第二节　模型设定与推导

第二章的文献综述已经对现有企业创新资源配置的分析方法进行了总结，结果显示，博弈论在分析企业外部因素对创新选择的影响方面具有较大的优势。从具体方法来看，“智猪博弈”适用于市场中存在领导者和追随者的状况，是一种特例；演化博弈对动态背景下企业创新选择互动具有较好的解释能力，但现有文献中主要使用模拟数据的方法进行验证，缺乏企业长期数据的实证支撑；两步古诺博弈模型能够说明静态背景下的企业创新选择与利润最大化的决定过程，相当于演化博弈模型的短期决策行为，且从该类模型中能够总结出类似于演化博弈模型的结果，易于被短期企业数据证实。因此，本章将在有限开放的经济背景下，基于两步古诺博弈模型对企业基于自主创新和模仿创新的创新选择进行讨论。

一、模型假设

本章以 Hansen 和 Nielsen（2007b）中的模型为基本分析框架，设置两步古诺均衡博弈模型：第一步，企业同时选择所使用的技术，确定企业创新资源配置方式；第二步，企业在所选技术的基础上同时给予利润最大化原则选择产量。假设某国处于有限开放的经济条件下，国内市场上只存在两家企业：企业 1 和企业 2，两家企业生产同质商品，同时进行生产决策，其决策变量为产量（q_1、q_2）。为简化模型，假定国内企业可以对外出口商品，而国外企业不能对内出口商品，即某国处于有限的单向开放经济中。为了简化消费者数量对模型分析的影响，假定国内消费者数量为整体 1，S 为国外消费者数量，可以用于衡量国外市场与国内市场的相对大小。此时，国内企业面临的产品需求包括两个方面：

国内需求：$$Q^H = a - b^H p = q_1^H + q_2^H \tag{4-1}$$

国外需求：$$Q^F = S(a - b^F p) = q_1^F + q_2^F \tag{4-2}$$

其中，$q_1 = q_1^H + q_1^F$，$q_2 = q_2^H + q_2^F$。因此，国内企业面临的产品总需求为 $Q = Q^H + Q^F$。

Hansen 和 Nielsen（2007b）使用产品生产过程中高固定成本、低边际成本和低固定成本、高边际成本两组成本函数代表不同的企业创新方式，但并未对创新选择的具体种类进行界定。从市场产品供给来看，企业生产产品时通常面临两种创新选择：模仿创新和自主创新。参照易余胤等（2005）关于自主创新和模仿创新中固定成本和人力资本的处理方法。由于模仿创新的一次性固定成本（f_1）较低，但需要支付持续的专利费用或技术改造费用，故边际成本（c_1）较高；自主创新的研发投入成本（f_2）较高，但成功后能够获取一定的技术优势，后期的边际成本（c_2）较低，因此，$f_1 < f_2$，$c_1 > c_2$。对美国和日本的创新调查也证明，模仿创新的企业成本是自主创新成本的50%～65%，而在我国企业中，这一比例不足30%（年志远，2004）。基于此，本章将Hansen和Nielsen（2007b）文章中提到的两类技术分别对应为模仿创新和自主创新，故两种创新选择的企业成本可以表示为：

$$C^1 = c_1 q_i + f_1 \quad (i = 1,2) \tag{4-3}$$

$$C^2 = c_2 q_i + f_2 \quad (i = 1,2) \tag{4-4}$$

企业在进行产品出口时存在贸易成本，包括固定贸易成本 m 和可变贸易成本 g。固定贸易成本 m 表示进入国外市场的参与成本，独立于企业出口量，主要包括在国外市场取得信息、建立销售网络的成本，调整商品包装、标签以使其适应国外标准和规则等的成本。可变贸易成本 g 表示每单位出口产品在国外市场销售时所耗费的成本，主要包括运输、贸易壁垒及其他制度因素等引起的成本，其与企业出口量呈正相关关系。假定企业进行产品出口的同时必然伴随产品国内销售。

二、古诺模型均衡解

由于在古诺模型中企业的生产决策是同时进行的，因此既定企业基于利润最大化进行决策时必须对另一企业的产品产量进行预期，这种预期被证明是一种理性预期，即对其他企业的产量预期最终必然等于其实际产量。同时考虑到两步双寡头垄断博弈中企业利润最大化的求解受到企业出口选择的影响，故此使用逆向归纳法对博弈模型的均衡解进行求解。

（一）假设企业 1 和企业 2 同时在国内和国外市场进行产品销售

1. 企业 1 和企业 2 都选择模仿创新

此时，企业 1 的生产成本为 $C_1^1 = c_1q_1 + f_1$，企业 2 的生产成本为 $C_2^1 = c_1q_2 + f_1$，对应的企业利润分别为：

$$\pi_1 = p^H q_1^H + p^F q_1^F - [c_1(q_1^H + q_1^F) + f_1] - (gq_1^F + m) \quad (4-5)$$

$$\pi_2 = p^H q_2^H + p^F q_2^F - [c_1(q_2^H + q_2^F) + f_1] - (gq_2^F + m) \quad (4-6)$$

利用利润最大化条件：

$$\begin{cases} \dfrac{\partial \pi_1}{\partial q_1^H} = 0 \\ \dfrac{\partial \pi_1}{\partial q_1^F} = 0 \end{cases} \quad and \quad \begin{cases} \dfrac{\partial \pi_2}{\partial q_2^H} = 0 \\ \dfrac{\partial \pi_2}{\partial q_2^F} = 0 \end{cases} \quad (4-7)$$

可得$\pi_1 = \pi_2 = \dfrac{(a - bc_1)^2}{9b} + \dfrac{S}{9b}(a - bc_1 - bg)^2 - f_1 - m \quad (4-8)$

2. 企业 1 选择模仿创新，企业 2 选择自主创新

此时，企业 1 生产成本为 $C_1^1 = c_1q_1 + f_1$，企业 2 生产成本为 $C_2^2 = c_2q_2 + f_2$，使用相同方法计算的企业最大化利润为：

$$\pi_1 = \frac{(a - 2bc_1 + bc_2)^2}{9b} + \frac{S}{9b}(a - 2bc_1 + bc_2 - bg)^2 - f_1 - m \quad (4-9)$$

$$\pi_2 = \frac{(a - 2bc_2 + bc_1)^2}{9b} + \frac{S}{9b}(a - 2bc_2 + bc_1 - bg)^2 - f_2 - m \quad (4-10)$$

3. 企业 1 选择自主创新，企业 2 选择模仿创新

此时与上一种情况恰好呈对称性，企业最大化利润对应为：

$$\pi_1 = \frac{(a - 2bc_2 + bc_1)^2}{9b} + \frac{S}{9b}(a - 2bc_2 + bc_1 - bg)^2 - f_2 - m \quad (4-11)$$

$$\pi_2 = \frac{(a-2bc_1+bc_2)^2}{9b} + \frac{S}{9b}(a-2bc_1+bc_2-bg)^2 - f_1 - m \tag{4-12}$$

4. 企业1和企业2都选择自主创新

此时，企业1的生产成本为 $C_1^2 = c_2q_1 + f_2$，企业2的生产成本为 $C_2^2 = c_2q_2 + f_2$，企业最大化利润为：

$$\pi_1 = \pi_2 = \frac{(a-bc_2)^2}{9b} + \frac{S}{9b}(a-bc_2-bg)^2 - f_2 - m \tag{4-13}$$

因此，假设企业1和企业2同时在国内和国外市场进行产品销售的情况下，可逆向归纳出企业创新选择博弈矩阵：

表4－1　企业创新选择利润矩阵

（企业1和企业2同时在国内外市场销售）

		企业1	
		模仿创新	自主创新
企业2	模仿创新	（Ⅰ） $\frac{(a-bc_1)^2}{9b} + \frac{S}{9b}(a-bc_1-bg)^2 - f_1 - m$； $\frac{(a-bc_1)^2}{9b} + \frac{S}{9b}(a-bc_1-bg)^2 - f_1 - m$	（Ⅲ） $\frac{(a-2bc_2+bc_1)^2}{9b} + \frac{S}{9b}(a-2bc_2+bc_1-bg)^2 - f_2 - m$； $\frac{(a-2bc_1+bc_2)^2}{9b} + \frac{S}{9b}(a-2bc_1+bc_2-bg)^2 - f_1 - m$
	自主创新	（Ⅱ） $\frac{(a-2bc_1+bc_2)^2}{9b} + \frac{S}{9b}(a-2bc_1+bc_2-bg)^2 - f_1 - m$； $\frac{(a-2bc_2+bc_1)^2}{9b} + \frac{S}{9b}(a-2bc_2+bc_1-bg)^2 - f_2 - m$	（Ⅳ） $\frac{(a-bc_2)^2}{9b} + \frac{S}{9b}(a-bc_2-bg)^2 - f_2 - m$； $\frac{(a-bc_2)^2}{9b} + \frac{S}{9b}(a-bc_2-bg)^2 - f_2 - m$

（二）假设企业1同时在国内和国外市场进行产品销售，企业2仅在国内市场进行产品销售

1. 企业1和企业2都选择模仿创新

此时，企业1的生产成本为 $C_1^1 = c_1q_1 + f_1$，企业2的生产成本为 $C_2^1 = c_1q_2 + f_1$，企业最大利润对应为：

$$\pi_1 = \frac{(a - bc_1)^2}{9b} + \frac{S}{4b}(a - bc_1 - bg)^2 - f_1 - m \tag{4-14}$$

$$\pi_2 = \frac{(a - bc_1)^2}{9b} - f_1 \tag{4-15}$$

2. 企业1选择模仿创新，企业2选择自主创新

此时，企业1的生产成本为 $C_1^1 = c_1q_1 + f_1$，企业2的生产成本为 $C_2^2 = c_2q_2 + f_2$，企业最大利润对应为：

$$\pi_1 = \frac{(a - 2bc_1 + bc_2)^2}{9b} + \frac{S}{4b}(a - bc_1 - bg)^2 - f_1 - m \tag{4-16}$$

$$\pi_2 = \frac{(a - 2bc_2 + bc_1)^2}{9b} - f_2 \tag{4-17}$$

3. 企业1选择自主创新，企业2选择模仿创新

此时，企业1的生产成本为 $C_1^2 = c_2q_1 + f_2$，企业2的生产成本为 $C_2^1 = c_1q_2 + f_1$，企业最大化利润对应为：

$$\pi_1 = \frac{(a - 2bc_2 + bc_1)^2}{9b} + \frac{S}{4b}(a - bc_2 - bg)^2 - f_2 - m \tag{4-18}$$

$$\pi_2 = \frac{(a - 2bc_1 + bc_2)^2}{9b} - f_1 \tag{4-19}$$

4. 企业1和企业2都选择自主创新

此时，企业1的生产成本为 $C_1^2 = c_2q_1 + f_2$，企业2的生产成本为 $C_2^2 = c_2q_2 + f_2$，企业最大化利润对应为：

$$\pi_1 = \frac{(a - bc_2)^2}{9b} + \frac{S}{4b}(a - bc_2 - bg)^2 - f_2 - m \qquad (4-20)$$

$$\pi_2 = \frac{(a - bc_2)^2}{9b} - f_2 \qquad (4-21)$$

因此，在假设企业1同时在国内和国外市场进行产品销售，企业2仅在国内市场进行产品销售的情况下，可逆向归纳出企业创新选择博弈矩阵：

表4-2 企业创新选择利润矩阵

（企业1在国内外市场销售，企业2仅在国内市场销售）

		企业1	
		模仿创新	自主创新
企业2	模仿创新	（Ⅰ） $\frac{(a - bc_1)^2}{9b} + \frac{S}{4b}(a - bc_1 - bg)^2 - f_1 - m$； $\frac{(a - bc_1)^2}{9b} - f_1$	（Ⅲ） $\frac{(a - 2bc_2 + bc_1)^2}{9b} + \frac{S}{4b}(a - bc_2 - bg)^2 - f_2 - m$； $\frac{(a - 2bc_1 + bc_2)^2}{9b} - f_1$
	自主创新	（Ⅱ） $\frac{(a - 2bc_1 + bc_2)^2}{9b} + \frac{S}{4b}(a - bc_1 - bg)^2 - f_1 - m$； $\frac{(a - 2bc_2 + bc_1)^2}{9b} - f_2$	（Ⅳ） $\frac{(a - bc_2)^2}{9b} + \frac{S}{4b}(a - bc_2 - bg)^2 - f_2 - m$； $\frac{(a - bc_2)^2}{9b} - f_2$

（三）假设企业1仅在国内市场进行产品销售，企业2同时在国内和国外市场进行产品销售

此时与企业1同时在国内和国外市场进行产品销售、企业2仅在国内市场进行产品销售的情形呈对称性，故可得此时的企业创新选择博弈矩阵为：

表 4－3　企业创新选择利润矩阵

（企业 1 仅在国内市场销售，企业 2 在国内外市场销售）

		企业 1	
		模仿创新	自主创新
企业 2	模仿创新	（Ⅰ） $\frac{(a-bc_1)^2}{9b}-f_1$； $\frac{(a-bc_1)^2}{9b}+\frac{S}{4b}(a-bc_1-bg)^2-f_1-m$	（Ⅲ） $\frac{(a-2bc_2+bc_1)^2}{9b}-f_2$； $\frac{(a-2bc_1+bc_2)^2}{9b}+\frac{S}{4b}(a-bc_1-bg)^2-f_1-m$
	自主创新	（Ⅱ） $\frac{(a-2bc_1+bc_2)^2}{9b}-f_1$； $\frac{(a-2bc_2+bc_1)^2}{9b}+\frac{S}{4b}(a-bc_2-bg)^2-f_2-m$	（Ⅳ） $\frac{(a-bc_2)^2}{9b}-f_2$； $\frac{(a-bc_2)^2}{9b}+\frac{S}{4b}(a-bc_2-bg)^2-f_2-m$

（四）假设企业 1 和企业 2 仅在国内市场进行产品销售

此时的企业创新选择博弈矩阵最为简单①，使用同样的方法直接可得：

表 4－4　企业创新选择利润矩阵

（企业 1 和企业 2 仅在国内市场销售）

		企业 1	
		模仿创新	自主创新
企业 2	模仿创新	（Ⅰ） $\frac{(a-bc_1)^2}{9b}-f_1$； $\frac{(a-bc_1)^2}{9b}-f_1$	（Ⅲ） $\frac{(a-2bc_2+bc_1)^2}{9b}-f_2$； $\frac{(a-2bc_1+bc_2)^2}{9b}-f_1$
	自主创新	（Ⅱ） $\frac{(a-2bc_1+bc_2)^2}{9b}-f_1$； $\frac{(a-2bc_2+bc_1)^2}{9b}-f_2$	（Ⅳ） $\frac{(a-bc_2)^2}{9b}-f_2$； $\frac{(a-bc_2)^2}{9b}-f_2$

① 具体可参考对封闭经济下企业技术选择的探讨。

从逆向归纳所得的各种出口选择组合中企业博弈后的利润组合来看，企业的出口选择确实会对利润产生影响。但在具体分析过程中发现，不同企业出口选择组合下的企业国内利润分配仅受到创新选择的影响，与出口选择无关。企业出口选择博弈实质是企业对国际市场利润瓜分的过程，并通过这一过程影响企业创新选择，并可能对国内利润分配产生影响。

第三节　出口与企业创新博弈

根据上节反向归纳方法的讨论结果，可知在不同出口选择组合下的企业创新选择利润矩阵，在完全信息情况下，企业必然会在已有利润矩阵的基础上基于利润最大化原则选择最有利于企业的创新资源配置，这意味着在既定的出口选择下，应当存在一个双寡头企业博弈均衡的状况。但由于企业面临的利润大小有时难以确定，在此首先对企业创新选择博弈纳什均衡的讨论区间进行确定。

一、讨论区间的确定

（一）企业 1 和企业 2 同时选择出口

假设企业 1 选择模仿创新，则当 $\frac{(a-2bc_2+bc_1)^2}{9b}+\frac{S}{9b}(a-2bc_2+bc_1-bg)^2-f_2-m>\frac{(a-bc_1)^2}{9b}+\frac{S}{9b}(a-bc_1-bg)^2-f_1-m$ 时，即 $g<g_{\max}=(\frac{1+S}{Sb})(a-bc_2)-\frac{9}{4Sb}\cdot\frac{f_2-f_1}{c_1-c_2}$ 时，企业 2 选择自主创新，否则选择模仿创新。

假设企业 1 选择自主创新，当 $\frac{(a-2bc_1+bc_2)^2}{9b}+\frac{S}{9b}$（$a-2bc_1+$

$bc_2 - bg)^2 - f_1 - m > \frac{(a - bc_2)^2}{9b} + \frac{S}{9b}(a - bc_2 - bg)^2 - f_2 - m$ 时，即 $g > g_{\min} = (\frac{1 + S}{Sb})(a - bc_1) - \frac{9}{4Sb} \cdot \frac{f_2 - f_1}{c_1 - c_2}$ 时，企业 2 选择模仿创新，否则选择自主创新。

同理，假设企业 2 选择模仿创新，当 $g < g_{\max} = (\frac{1 + S}{Sb})(a - bc_2) - \frac{9}{4Sb} \cdot \frac{f_2 - f_1}{c_1 - c_2}$ 时，企业 1 选择自主创新，否则选择模仿创新。

假设企业 2 选择自主创新，当 $g > g_{\min} = (\frac{1 + S}{Sb})(a - bc_1) - \frac{9}{4Sb} \cdot \frac{f_2 - f_1}{c_1 - c_2}$ 时，企业 1 选择模仿创新，否则选择自主创新。

（二）企业 1 选择出口，企业 2 选择内销

假设企业 1 选择模仿创新，则当 $\frac{(a - 2bc_2 + bc_1)^2}{9b} - f_2 > \frac{(a - bc_1)^2}{9b} - f_1$ 时，即 $Q^H > Q^H{}_{\min} = \frac{9}{4} \cdot \frac{f_2 - f_1}{c_1 - c_2} + b(c_2 - p^H)$ 时，企业 2 选择自主创新，反之，企业 2 选择模仿创新。

假设企业 1 选择自主创新，则当 $\frac{(a - 2bc_1 + bc_2)^2}{9b} - f_1 > \frac{(a - bc_2)^2}{9b} - f_2$ 时，即 $Q^H < Q^H{}_{\max} = \frac{9}{4} \cdot \frac{f_2 - f_1}{c_1 - c_2} + b(c_1 - p^H)$ 时，企业 2 选择模仿创新，反之，企业 2 选择自主创新。

假设企业 2 选择模仿创新，当 $\frac{(a - 2bc_2 + bc_1)^2}{9b} + \frac{S}{4b}(a - bc_2 - bg_1)^2 - f_2 - m > \frac{(a - bc_1)^2}{9b} + \frac{S}{4b}(a - bc_1 - bg_1)^2 - f_1 - m$ 时，即 $g_1 < g_{1\max} = \frac{8}{9Sb}(a - bc_2) + \frac{1}{2b}(2a - bc_1 - bc_2) - \frac{2}{Sb} \cdot \frac{f_2 - f_1}{c_1 - c_2}$ 时，企业 1 选择

自主创新，否则选择模仿创新。

假设企业 2 选择自主创新，当 $\frac{(a-2bc_1+bc_2)^2}{9b}+\frac{S}{4b}(a-bc_1-bg_1)^2-f_1-m>\frac{(a-bc_2)^2}{9b}+\frac{S}{4b}(a-bc_2-bg_1)^2-f_2-m$ 时，即 $g_1>g_{1\min}=\frac{8}{9Sb}(a-bc_1)+\frac{1}{2b}(2a-bc_1-bc_2)-\frac{2}{Sb}\cdot\frac{f_2-f_1}{c_1-c_2}$ 时，企业 1 选择模仿创新，否则选择自主创新。

（三）企业 1 选择内销，企业 2 选择出口

与第二种情况呈对称性。

（四）企业 1 和企业 2 都选择内销

假设企业 1 选择模仿创新，则当 $\frac{(a-2bc_2+bc_1)^2}{9b}-f_2>\frac{(a-bc_1)^2}{9b}-f_1$ 时，即 $Q^H>Q^H{}_{\min}=\frac{9}{4}\cdot\frac{f_2-f_1}{c_1-c_2}+b(c_2-p^H)$ 时，企业 2 选择自主创新，否则选择模仿创新。

假设企业 1 选择自主创新，当 $\frac{(a-2bc_1+bc_2)^2}{9b}-f_1>\frac{(a-bc_2)^2}{9b}-f_2$ 时，即 $Q^H<Q^H{}_{\max}=\frac{9}{4}\cdot\frac{f_2-f_1}{c_1-c_2}+b(c_1-p^H)$ 时，企业选择模仿创新，否则选择自主创新。

假设企业 2 选择模仿创新，当 $\frac{(a-2bc_2+bc_1)^2}{9b}-f_2>\frac{(a-bc_1)^2}{9b}-f_1$ 时，即 $Q^H>Q^H{}_{\min}=\frac{9}{4}\cdot\frac{f_2-f_1}{c_1-c_2}+b(c_2-p^H)$ 时，企业 1 选择自主创新，否则选择模仿创新。

假设企业 2 选择自主创新，当 $\frac{(a-2bc_1+bc_2)^2}{9b}-f_1>\frac{(a-bc_2)^2}{9b}-$

f_2 时，即 $Q^H < Q^H{}_{\max} = \frac{9}{4} \cdot \frac{f_2 - f_1}{c_1 - c_2} + b(c_1 - p^H)$ 时，企业 1 选择模仿创新，否则选择自主创新。

二、基于区间讨论的企业创新纳什均衡

（一）企业 1 和企业 2 同时选择出口

1. 当 $g < g_{\min}$ 时

当企业 1 选择模仿创新时，企业 2 选择自主创新，当企业 1 选择自主创新时，企业 2 选择自主创新；当企业 2 选择模仿创新时，企业 1 选择自主创新，当企业 2 选择自主创新时，企业 1 选择自主创新。使用划线法可知，$g < g_{\min}$ 区间的企业创新选择纳什均衡为企业 1 和企业 2 同时选择自主创新。

表 4－5　企业创新选择博弈的纳什均衡

（企业 1 和企业 2 都选择出口，$g < g_{\min}$）

		企业 1	
		模仿创新	自主创新
企业 2	模仿创新	1，2	1，2
	自主创新	1，2	1，2

2. 当 $g_{\min} \leqslant g < g_{\max}$ 时

当企业 1 选择模仿创新时，企业 2 选择自主创新，当企业 1 选择自主创新时，企业 2 选择模仿创新；当企业 2 选择模仿创新时，企业 1 选择自主创新，当企业 2 选择自主创新时，企业 1 选择模仿创新。划线法得到两个纳什均衡：企业 1 选择自主创新，企业 2 选择模仿创新；企业 1选择模仿创新，企业 2 选择自主创新，即两家企业使用异质技术。而两个纳什均衡意味着在该区间中企业的创新选择是不稳定的。

表 4－6 企业创新选择博弈的纳什均衡

（企业 1 和企业 2 都选择出口，$g_{min} \leqslant g < g_{max}$）

		企业 1	
		模仿创新	自主创新
企业 2	模仿创新	1，2	$\underline{1}$，2
	自主创新	1，$\underline{2}$	$\underline{1}$，$\underline{2}$

3. 当 $g \geqslant g_{max}$ 时

当企业 1 选择模仿创新时，企业 2 选择模仿创新，当企业 1 选择自主创新时，企业 2 选择模仿创新；当企业 2 选择模仿创新时，企业 1 选择模仿创新，当企业 2 选择自主创新时，企业 1 选择模仿创新。使用划线法得到唯一的纳什均衡：企业 1 和企业 2 同时选择自主创新。

表 4－7 企业创新选择博弈的纳什均衡

（企业 1 和企业 2 都选择出口，$g \geqslant g_{max}$）

		企业 1	
		模仿创新	自主创新
企业 2	模仿创新	$\underline{1}$，$\underline{2}$	1，$\underline{2}$
	自主创新	$\underline{1}$，$\underline{2}$	1，2

总结来看，当企业 1 和企业 2 都选择出口时，企业创新选择组合并不稳定。当可变贸易成本 g 处于不同区间时，企业可能会改变相应的创新选择以获取最大利润。

表 4－8 企业创新选择博弈的纳什均衡

（企业 1 和企业 2 都选择出口）

讨论区间	纳什均衡
$g < g_{min}$	自主创新，自主创新
$g_{min} \leqslant g < g_{max}$	自主创新，模仿创新； 模仿创新，自主创新
$g \geqslant g_{max}$	模仿创新，模仿创新

（二）企业 1 选择出口，企业 2 选择内销

在企业 1 选择内销，企业 2 选择出口的情况下，实际上并不存在明确的讨论区间，原因是企业 1 和企业 2 的创新选择决定是相对独立的。企业 1 选择不进入国际市场，仅在国内生产供应国内消费，这意味着其创新资源配置不会考虑国际市场中的任何因素，主要取决于企业在国内市场上能够供应的市场规模。当该规模足够大以至于采用自主创新相对于模仿创新的边际成本累计节约量能够充分弥补自主创新的固定成本，使得企业获得最大利润时，企业 1 将选择自主创新，反之，企业 2 将选择模仿创新①。

处于国际市场中的企业 2 除了受到国内因素的影响，可变贸易成本的变化对企业创新资源配置也起到较大的影响，当可变贸易成本相对较小时，在既定国外市场规模下企业能够获得更多的利润，企业选择自主创新所带来的边际成本的节约可能会形成规模效应，形成对自主创新固定成本的补偿，企业选择自主创新的可能性增加，相反，企业会将创新资源投入模仿创新。

（三）企业 1 选择内销，企业 2 选择出口

在企业同质性的假设下，该种情况的企业纳什均衡讨论与第二种情形呈对称性。

（四）企业 1 和企业 2 都选择内销

1. 当 $Q^H < Q^H{}_{\min}$ 时

当企业 1 选择模仿创新时，企业 2 选择模仿创新能够获得最大利润；企业 1 选择自主创新时，企业 2 选择模仿创新能够获得最大利润。企业 2 选择模仿创新时，企业 1 选择模仿创新能够获得最大利润；企业 2 选择自主创新时，企业 1 选择模仿创新能够获得最大利润。

① 该结论可参考附录中关于封闭经济中企业技术选择的讨论。

表 4－9　企业创新选择博弈的纳什均衡

（企业 1 和企业 2 都选择内销，$Q^H < Q^H{}_{\min}$）

		企业 1	
		模仿创新	自主创新
企业 2	模仿创新	$\underline{1}$，$\underline{2}$	1，$\underline{2}$
	自主创新	$\underline{1}$，2	1，2

2. 当 $Q^H{}_{\min} < Q^H < Q^H{}_{\max}$ 时

企业 1 选择模仿创新时，企业 2 选择模仿创新能够获得最大利润；企业 1 选择自主创新时，企业 2 选择自主创新能够获得最大利润。企业 2 选择模仿创新时，企业 1 选择模仿创新能够获得最大利润；企业 2 选择自主创新时，企业 1 选择自主创新能够获得最大利润。

表 4－10　企业创新选择博弈的纳什均衡

（企业 1 和企业 2 都选择内销，$Q^H{}_{\min} < Q^H < Q^H{}_{\max}$）

		企业 1	
		模仿创新	自主创新
企业 2	模仿创新	$\underline{1}$，$\underline{2}$	1，2
	自主创新	1，2	$\underline{1}$，$\underline{2}$

3. 当 $Q^H > Q^H{}_{\max}$ 时

企业 1 选择模仿创新时，企业 2 选择自主创新能够获得最大利润；企业 1 选择自主创新时，企业 2 选择自主创新能够获得最大利润。企业 2 选择模仿创新时，企业 1 选择自主创新能够获得最大利润；企业 2 选择自主创新时，企业 1 选择自主创新能够获得最大利润。

表 4－11　企业创新选择博弈的纳什均衡

（企业 1 和企业 2 都选择内销，$Q^H > Q^H{}_{\max}$）

		企业 1	
		模仿创新	自主创新
企业 2	模仿创新	1，2	$\underline{1}$，2
	自主创新	1，$\underline{2}$	$\underline{1}$，$\underline{2}$

总结来看，当企业1和企业2都选择内销时，企业创新选择组合并不稳定。当国内市场需求Q^H处于不同规模时，企业可能会改变相应的创新资源配置以获取最大利润。

表4-12　企业创新选择博弈的纳什均衡汇总

（企业1和企业2都选择内销）

讨论区间	纳什均衡
$Q^H < Q^H_{min}$	企业1选择模仿创新，企业2选择模仿创新
$Q^H_{min} < Q^H < Q^H_{max}$	企业1选择模仿创新，企业2选择模仿创新； 企业1选择自主创新，企业2选择自主创新
$Q^H > Q^H_{max}$	企业1选择自主创新，企业2选择自主创新

第四节　模型结论

从本章分析可以看出，在不同的出口选择组合中，对于企业创新选择纳什均衡的讨论存在较大的差异。总体来看，对于出口与企业创新选择讨论的结果可以总结为：

第一，当企业选择出口时，可变贸易成本对该企业的创新选择具有重要影响①。在两家企业同时选择出口时，当可变贸易成本g较小时，企业同时选择自主创新能够最小化国外生产的成本，以获取最大利润。当可变贸易成本g较大时②，企业同时选择模仿创新能够最大化企业的总体利润。在这两种情况下企业存在唯一的创新选择纳什均衡。当可变贸易成本g大小居中时，企业的最优化策略是使用异质性技术，即与竞争对手使用不同的技术以获取最大利润。这意味着企业创新资源配置同时存在两个纳什均衡，在同时决策的情况下，两个纳什均衡可能会导致

① 固定贸易成本只在企业考虑是否选择出口时起作用，当企业已处于出口状态时，唯一起作用的就是可变贸易成本。

② 可变贸易成本较大时，两家企业在同时使用模仿创新获得最大利润的情形只能是在国外市场规模足够大的情况下才能够实现。

创新选择组合偏离最优，即此时企业创新选择处于不稳定的状态。当只有一家企业选择出口时，该企业的创新选择既取决于可变贸易成本，又取决于受国内市场规模影响的另一企业的创新选择，此时，该企业的创新选择将受到国内市场和国外市场的双重影响。

第二，当企业选择内销时，国内市场需求 Q^H 对该企业的创新资源配置具有重要影响。当两家企业同时选择内销时，国内市场规模 Q^H 越大，企业越倾向于同时选择模仿创新以获取最大利润；相反，国内市场规模 Q^H 越小，企业越倾向于同时选择自主创新获取最大利润。当国内市场规模 Q^H 居中时，企业的创新选择受到竞争对手的影响，存在两个纳什均衡，企业创新选择组合处于不稳定的状态。当企业创新选择不一致时，两家企业都会因此遭受利润损失①，只有当市场中的两家企业选择异质技术时才能获取最大利润。当只有一家企业选择内销时，该企业的创新选择既取决于国内市场规模 Q^H，又取决于在国际市场中受可变贸易成本 g 影响的另一企业的创新选择，此时，该企业的创新资源配置将受到国内市场和国外市场的双重影响。

第三，在不同的出口组合下，从企业创新选择纳什均衡对应讨论区间的临界值来看，如 $g_{\max} = (\frac{1+S}{Sb})(a - bc_2) - \frac{9}{4Sb} \cdot \frac{f_1 - f_2}{c_2 - c_1}$、${Q^H}_{\min} = \frac{9}{4} \cdot \frac{f_2 - f_1}{c_1 - c_2} + b(c_2 - p^H)$ 等，临界值受到国外市场与国内市场的相对大小、技术固定成本相对差异、技术边际成本相对差异等因素的影响，这些因素的变动可能会引起既定创新选择纳什均衡所对应的区间位置和大

---

① 如企业 1 认为企业 2 可能选择模仿创新，但实际上企业 2 选择了自主创新，此时企业 1 的利润损失为 $\left[\frac{(a - bc_1)^2}{9b} - f_1\right] - \left[\frac{(a - 2bc_1 + b)^2}{9b} - f_1\right] > 0$；若企业 2 认为企业 1 可能选择自主创新，而实际企业 1 选择了模仿创新，此时企业 2 的利润损失为 $\left[\frac{(a - bc_2)^2}{9b} - f_2\right] - \left[\frac{(a - 2bc_2 + bc_1)^2}{9b} - f_2\right] > 0$；其余情况同理可得。

小发生改变，从而对企业创新资源配置产生影响。举例来看，假定其余系数不变的情况下，任何使固定成本差异（f_2-f_1）增加的情况（如f_2增大等），都将使$\frac{9}{4}\cdot\frac{f_2-f_1}{c_1-c_2}$随之增加，带动临界点$Q^H{}_{\min}$和$Q^H{}_{\max}$右移，企业同时选择模仿创新达到纳什均衡的市场规模区间扩大，企业同时选择自主创新达到纳什均衡的市场规模区间缩小，企业同时有两个纳什均衡的市场规模区间保持不变；任何使边际成本差异c_1-c_2增加的情况（如c_1增大等），都将使$\frac{9}{4}\cdot\frac{f_2-f_1}{c_1-c_2}$随之下降，带动临界点$Q^H{}_{\min}$和$Q^H{}_{\max}$左移，企业同时选择模仿创新达到纳什均衡的市场规模区间缩小，企业同时选择自主创新达到纳什均衡的市场规模区间扩大，企业同时有两个纳什均衡的市场规模区间也相应地扩大。

第五章
理论模型Ⅲ：开放经济下的企业创新

第四章的研究结论显示，在有限开放经济条件下企业基于内销和出口的选择确实能够对企业创新选择行为产生影响，根据 Helpman et al.（2004）研究中的思路，本章将在第四章的基础上进一步放开开放经济条件假设，对完全开放经济下的企业创新选择进行研究，探索企业完全处于国际市场时，对于不同国际化路径的选择是否会显著影响企业创新资源配置。

第一节　模型理论基础

一、国际化路径与企业成本

国内企业为国外消费者提供服务的渠道是多样化的，除了向国外出口商品，在国外设立分支机构进行生产也是最为常见的国际化路径。这些不同的企业国际化路径会产生不同的相对成本，出口方式的固定成本较低且 OFDI 方式的可变成本较低。正如 Horstmann 和 Markusen（1992）所说的那样，当建立一家新企业或者维持一家子公司的固定成本小于运输成本、贸易壁垒及运行企业时的固定成本时，跨国公司更易出现。另外，不同的创新选择同样会使企业的生产成本产生差异，当存在规模经济效用时，这种影响更为明显（Elverfeld，2003）。加之与国际化路径选择的共同作用，企业成本会呈现出一种更为复杂的规律，可能会使企业创新选择和国际化路径选择产生相互作用。

二、企业创新与国际化路径

早期对于 OFDI 的研究多集中于宏观技术溢出层面，自 Melitz（2003）系统提出企业异质性理论分析框架后，更多学者开始关注企业层面的国际化战略选择。Greenaway 和 Kneller（2005）对联系企业、国际贸易和跨国投资行为的文献进行总结后发现，出口企业通常比非出口企业规模更大、生产率更高，而且这一分析框架已经被扩展至跨国生产角度。Helpman et al.（2004）开创了异质性企业国际化路径选择的综合研究框架，证实了企业生产效率与国际化路径选择的相关关系。Nocke 和 Yeaple（2006）在考虑出口、绿地投资和跨国并购 3 种国际市场进入方式的基础上证明，企业异质性尤其是企业移动能力在国际市场进入方式的选择上起到重要作用。而后一些文献开始逐步摆脱以生产率差异作为企业异质性主要特征的假定，开始考虑技术在企业国际市场行为中的作用。Bustos（2005）基于企业异质性的假设研究发现，企业生产率差异、采纳技术的成本不同导致企业选择不同的技术；而贸易自由化通过扩大市场规模、消除技术转移的限制促使企业采纳新技术，最有效率的企业进入了出口市场，出口的高利润抵偿了采纳新技术的固定成本。Hansen 和 Nielsen（2007a，2007b）对企业面临专业性技术和非专业性技术选择时的国际化路径进行了研究，结果显示，使用专业性技术的企业具有更高的出口倾向。在第四章出口与企业创新选择的基础上，本章将进一步对选择进入开放经济中的国际化路径选择与企业创新选择进行分析。

第二节　模型设定与推导

一、模型假设

假设国内市场上只存在两家企业：企业 1 和企业 2，两家企业生产同质商品，同时进行生产决策，其决策变量为产量（q_1、q_2）。假设两家企业都进入国际市场，为简化分析，限定国外企业不能进入国内市场，即该国处于单向完全开放经济中。同时，为了简化消费者数量对模型分析的影响，假定国内消费者数量为整体 1，S 为国外消费者数量，可以用于衡量国外市场与国内市场的相对大小。此时，国内企业面临的产品需求包括两个方面：

国内需求：$$Q^H = a - b^H p = q_1^H + q_2^H \tag{5-1}$$

国外需求：$$Q^F = S(a - b^F p) = q_1^F + q_2^F \tag{5-2}$$

其中，$q_1 = q_1^H + q_1^F$，$q_2 = q_2^H + q_2^F$。因此，国内企业面临的产品总需求为 $Q = Q^H + Q^F$。企业进行创新资源配置时依旧面临两种创新选择：模仿创新和自主创新，其生产成本分别为：

$$C^1 = c_1 q_i + f_1 \qquad (i = 1,2) \tag{5-3}$$

$$C^2 = c_2 q_i + f_2 \qquad (i = 1,2) \tag{5-4}$$

企业在参与国外市场时存在两种国际化路径：

路径一：出口。此时企业存在贸易成本，包括固定贸易成本 m_1 和可变贸易成本 g_1。固定贸易成本 m_1 表示进入国外市场的参与成本，独立于企业出口量，主要包括在国外市场取得信息、建立销售网络的成本，调整商品包装、标签以使其适应国外标准和规则等的成本。可变贸

易成本 g_1 表示每单位出口产品在国外市场销售时所耗费的成本①，主要包括运输、贸易壁垒及其他制度因素等引起的成本，其与企业出口量呈正相关关系。

路径二：OFDI。此时企业存在投资成本，包括固定投资成本 m_2 和可变生产成本 g_2 。固定投资成本 m_2 表示企业到国外进行直接投资的成本，独立于企业国外产量，主要包括在国外建立厂房、购买租赁机器设备、建立销售网络的成本等。可变生产成本 g_2 表示每单位产品在国外进行生产时所耗费的成本，为简化模型分析，假设选择 OFDI 方式的国外可变生产成本与国内生产的边际成本一致，即 $g_2 = c_i(i = 1,2)$，则意味着选择 OFDI 路径时企业面临的主要是在国外启动生产时的固定成本投资，其可变生产成本取决于企业创新选择。

二、古诺模型均衡解

此处企业依旧进行的是两步双寡头垄断博弈：第一步，企业决定创新选择；第二步，企业根据利润最大化原则求解古诺模型。由于两家企业同时进入开放经济中，因此企业利润最大化求解过程中会受到企业国际化路径选择的影响，故此本章沿用第四章的逆向归纳法对古诺模型进行求解。

（一）假设企业 1 和企业 2 同时选择 OFDI

1. 企业 1 和企业 2 同时选择模仿创新

此时，企业 1 的生产成本为 $C_1^1 = c_1q_1 + f_1$，企业 2 的生产成本为 $C_2^1 = c_1q_2 + f_1$，对应的企业利润为：

$$\pi_1 = \pi_2 = \frac{1 + S}{9b}(a - bc_1)^2 - f_1 - m_2 \tag{5-5}$$

---

① 由于 OFDI 可变生产成本 g_2 和国内生产成本一致，因此后文只存在一个以符号 g 表示的可变贸易成本，在本章后文以 g 替代 g_1。

2. 企业 1 选择模仿创新，企业 2 选择自主创新

此时，企业 1 的生产成本为 $C_1^1 = c_1 q_1 + f_1$，企业 2 的生产成本为 $C_2^2 = c_2 q_2 + f_2$，计算的企业最大化利润分别为：

$$\pi_1 = \frac{1+S}{9b}(a - 2bc_1 + bc_2)^2 - f_1 - m_2 \tag{5-6}$$

$$\pi_2 = \frac{1+S}{9b}(a - 2bc_2 + bc_1)^2 - f_2 - m_2 \tag{5-7}$$

3. 企业 1 选择自主创新，企业 2 选择模仿创新

此时与上一种情况恰好呈对称性，企业最大化利润对应为：

$$\pi_1 = \frac{1+S}{9b}(a - 2bc_2 + bc_1)^2 - f_2 - m_2 \tag{5-8}$$

$$\pi_2 = \frac{1+S}{9b}(a - 2bc_1 + bc_2)^2 - f_1 - m_2 \tag{5-9}$$

4. 企业 1 和企业 2 同时选择自主创新

此时，企业 1 的生产成本为 $C_1^2 = c_2 q_1 + f_2$，企业 2 的生产成本为 $C_2^2 = c_2 q_2 + f_2$，企业最大化利润为：

$$\pi_1 = \pi_2 = \frac{1+S}{9b}(a - bc_2)^2 - f_2 - m_2 \tag{5-10}$$

因此，在假设企业 1 和企业 2 同时使用 OFDI 路径进入国际市场的情况下，可逆向归纳出企业创新选择博弈矩阵：

表 5－1　企业创新选择利润矩阵

（企业 1 和企业 2 同时选择 OFDI）

		企业 1	
		模仿创新	自主创新
企业 2	模仿创新	（Ⅰ） $\frac{1+S}{9b}(a - bc_1)^2 - f_1 - m_2$； $\frac{1+S}{9b}(a - bc_1)^2 - f_1 - m_2$	（Ⅲ） $\frac{1+S}{9b}(a - 2bc_2 + bc_1)^2 - f_2 - m_2$； $\frac{1+S}{9b}(a - 2bc_1 + bc_2)^2 - f_1 - m_2$

续表

		企业 1	
		模仿创新	自主创新
企业 2	自主创新	（Ⅱ） $\frac{1+S}{9b}(a-2bc_1+bc_2)^2-f_1-m_2$； $\frac{1+S}{9b}(a-2bc_2+bc_1)^2-f_2-m_2$	（Ⅳ） $\frac{1+S}{9b}(a-bc_2)^2-f_2-m_2$； $\frac{1+S}{9b}(a-bc_2)^2-f_2-m_2$

（二）假设企业 1 选择出口，企业 2 选择 OFDI

1. 企业 1 和企业 2 都选择模仿创新

此时，企业 1 的生产成本为 $C_1^1=c_1q_1+f_1$，企业 2 的生产成本为 $C_2^1=c_1q_2+f_1$。对应的企业利润表达式分别为：

$$\pi_1=p^Hq_1^H+p^Fq_1^F-(c_1q_1^H+f_1)-(c_1q_1^F+g_1q_1^F+m_1) \quad (5-11)$$

$$\pi_2=p^Hq_2^H+p^Fq_2^F-(c_1q_2^H+f_1)-(c_1q_2^F+m_2) \quad (5-12)$$

利用利润最大化条件：

$$\begin{cases}\frac{\partial \pi_1}{\partial q_1^H}=0\\ \frac{\partial \pi_1}{\partial q_1^F}=0\end{cases} \quad and \quad \begin{cases}\frac{\partial \pi_2}{\partial q_2^H}=0\\ \frac{\partial \pi_2}{\partial q_2^F}=0\end{cases} \quad (5-13)$$

可得企业最大利润分别为：

$$\pi_1=\frac{(a-bc_1)^2}{9b}+\frac{S}{9b}(a-bc_1-2bg_1)^2-f_1-m_1 \quad (5-14)$$

$$\pi_2=\frac{(a-bc_1)^2}{9b}+\frac{S}{9b}(a-bc_1+bg_1)^2-f_1-m_2 \quad (5-15)$$

2. 企业 1 选择模仿创新，企业 2 选择自主创新

此时，企业 1 的生产成本为 $C_1^1=c_1q_1+f_1$，企业 2 的生产成本为 $C_2^2=c_2q_2+f_2$，企业最大利润分别为：

$$\pi_1 = \frac{(a-2bc_1+bc_2)^2}{9b} + \frac{S}{9b}(a-2bc_1+bc_2-2bg_1)^2 - f_1 - m_1 \tag{5-16}$$

$$\pi_2 = \frac{(a-2bc_2+bc_1)^2}{9b} + \frac{S}{9b}(a-2bc_2+bc_1+bg_1)^2 - f_2 - m_2 \tag{5-17}$$

3. 企业 1 选择自主创新，企业 2 选择模仿创新

此时，企业 1 的生产成本为 $C_1^2 = c_2q_1 + f_2$，企业 2 的生产成本为 $C_2^1 = c_1q_2 + f_1$，企业最大化利润分别为：

$$\pi_1 = \frac{(a-2bc_2+bc_1)^2}{9b} + \frac{S}{9b}(a-2bc_2+bc_1-2bg_1)^2 - f_2 - m_1 \tag{5-18}$$

$$\pi_2 = \frac{(a-2bc_1+bc_2)^2}{9b} + \frac{S}{9b}(a-2bc_1+bc_2+bg_1)^2 - f_1 - m_2 \tag{5-19}$$

4. 企业 1 和企业 2 同时选择自主创新

此时，企业 1 的生产成本为 $C_1^2 = c_2q_1 + f_2$，企业 2 的生产成本为 $C_2^2 = c_2q_2 + f_2$，企业最大化利润分别为：

$$\pi_1 = \frac{(a-bc_2)^2}{9b} + \frac{S}{9b}(a-bc_2-2bg_1)^2 - f_2 - m_1 \tag{5-20}$$

$$\pi_2 = \frac{(a-bc_2)^2}{9b} + \frac{S}{9b}(a-bc_2+bg_1)^2 - f_2 - m_2 \tag{5-21}$$

总结来看，在假设企业 1 选择出口、企业 2 选择 OFDI 的情况下，使用逆向归纳可得企业创新选择利润矩阵：

表 5－2　企业创新选择利润矩阵

（企业 1 选择出口，企业 2 选择 OFDI）

		企业 1	
		模仿创新	自主创新
企业 2	模仿创新	（Ⅰ） $\frac{(a-bc_1)^2}{9b}+\frac{S}{9b}$ $(a-bc_1-2bg_1)^2-f_1-m_1$； $\frac{(a-bc_1)^2}{9b}+\frac{S}{9b}$ $(a-bc_1+bg_1)^2-f_1-m_2$	（Ⅲ） $\frac{(a-2bc_2+bc_1)^2}{9b}+\frac{S}{9b}$ $(a-2bc_2+bc_1-2bg_1)^2-f_2-m_1$； $\frac{(a-2bc_1+bc_2)^2}{9b}+\frac{S}{9b}$ $(a-2bc_1+bc_2+bg_1)^2-f_1-m_2$
	自主创新	（Ⅱ） $\frac{(a-2bc_1+bc_2)^2}{9b}+\frac{S}{9b}$ $(a-2bc_1+bc_2-2bg_1)^2-f_1-m_1$； $\frac{(a-2bc_2+bc_1)^2}{9b}+\frac{S}{9b}$ $(a-2bc_2+bc_1+bg_1)^2-f_2-m_2$	（Ⅳ） $\frac{(a-bc_2)^2}{9b}+\frac{S}{9b}$ $(a-bc_2-2bg_1)^2-f_2-m_1$； $\frac{(a-bc_2)^2}{9b}+\frac{S}{9b}$ $(a-bc_2+bg_1)^2-f_2-m_2$

（三）假设企业 1 选择 OFDI，企业 2 选择出口

此时与企业 1 选择出口、企业 2 选择 OFDI 的情形呈对称性，故直接可得企业创新选择利润矩阵为：

表 5－3　企业创新选择利润矩阵

（企业 1 选择 OFDI，企业 2 选择出口）

		企业 1	
		模仿创新	自主创新
企业 2	模仿创新	（Ⅰ） $\frac{(a-bc_1)^2}{9b}+\frac{S}{9b}$ $(a-bc_1+bg_1)^2-f_1-m_2$； $\frac{(a-bc_1)^2}{9b}+\frac{S}{9b}$ $(a-bc_1-2bg_1)^2-f_1-m_1$	（Ⅲ） $\frac{(a-2bc_2+bc_1)^2}{9b}+\frac{S}{9b}$ $(a-2bc_2+bc_1+bg_1)^2-f_2-m_2$； $\frac{(a-2bc_1+bc_2)^2}{9b}+\frac{S}{9b}$ $(a-2bc_1+bc_2-2bg_1)^2-f_1-m_1$

续表

		企业 1	
		模仿创新	自主创新
企业 2	自主创新	（Ⅱ） $\frac{(a-2bc_1+bc_2)^2}{9b}+\frac{S}{9b}$ $(a-2bc_1+bc_2+bg_1)^2-f_1-m_2$； $\frac{(a-2bc_2+bc_1)^2}{9b}+\frac{S}{9b}$ $(a-2bc_2+bc_1-2bg_1)^2-f_2-m_1$	（Ⅳ） $\frac{(a-bc_2)^2}{9b}+\frac{S}{9b}$ $(a-bc_2+bg_1)^2-f_2-m_2$； $\frac{(a-bc_2)^2}{9b}+\frac{S}{9b}$ $(a-bc_2-2bg_1)^2-f_2-m_1$

（四）假设企业 1 和企业 2 同时选择出口

此时，与第四章逆向归纳过程中的第一种情况（假设企业 1 和企业 2 同时在国内和国外市场进行产品销售）的分析过程完全一致，可直接得到企业创新选择利润矩阵：

表 5－4　企业创新选择利润矩阵

		企业 1	
		模仿创新	自主创新
企业 2	模仿创新	（Ⅰ） $\frac{(a-bc_1)^2}{9b}+\frac{S}{9b}$ $(a-bc_1-bg_1)^2-f_1-m_1$； $\frac{(a-bc_1)^2}{9b}+\frac{S}{9b}$ $(a-bc_1-bg_1)^2-f_1-m_1$	（Ⅲ） $\frac{(a-2bc_2+bc_1)^2}{9b}+\frac{S}{9b}$ $(a-2bc_2+bc_1-bg_1)^2-f_2-m_1$； $\frac{(a-2bc_1+bc_2)^2}{9b}+\frac{S}{9b}$ $(a-2bc_1+bc_2-bg_1)^2-f_1-m_1$
	自主创新	（Ⅱ） $\frac{(a-2bc_1+bc_2)^2}{9b}+\frac{S}{9b}$ $(a-2bc_1+bc_2-bg_1)^2-f_1-m_1$； $\frac{(a-2bc_2+bc_1)^2}{9b}+\frac{S}{9b}$ $(a-2bc_2+bc_1-bg_1)^2-f_2-m_1$	（Ⅳ） $\frac{(a-bc_2)^2}{9b}+\frac{S}{9b}$ $(a-bc_2-bg_1)^2-f_2-m_1$； $\frac{(a-bc_2)^2}{9b}+\frac{S}{9b}$ $(a-bc_2-bg_1)^2-f_2-m_1$

从逆向归纳的结果来看，国内市场的产量和利润分配受到企业创新资源配置和国际化路径选择的共同影响，企业国际化路径选择能够对国

外市场的产量和利润分配格局产生影响，从而对企业总利润产生影响。基于此，本章接下来对固定国际化路径组合下的企业创新选择进行讨论。

第三节　国际化路径与企业创新博弈

根据上节基于反向归纳方法的讨论结果可以发现，在不同的国际化路径组合下企业的创新选择利润矩阵，在静态完全信息博弈中，企业必然会根据已知的利润矩阵，做出使得企业获取最大化利润的创新选择。双寡头企业的这种选择意味着在既定国际化路径组合下应当存在一个企业创新选择博弈均衡的状况。由于在模型设定过程中部分系数的大小关系并不明确，使得企业面临的利润大小有时难以确定，在此首先对企业创新选择博弈纳什均衡的讨论区间进行确定。

一、讨论区间的确定

（一）企业1和企业2同时选择OFDI

假设企业1选择模仿创新，则当$\frac{1+S}{9b}(a-2bc_2+bc_1)^2-f_2-m_2>\frac{1+S}{9b}(a-bc_1)^2-f_1-m_2$时，即$S>S_1=\frac{9}{4(a-bc_2)}\cdot\frac{f_2-f_1}{c_1-c_2}-1$时，企业2选择自主创新，否则选择模仿创新。

假设企业1选择自主创新，则当$\frac{1+S}{9b}(a-2bc_1+bc_2)^2-f_1-m_2>\frac{1+S}{9b}(a-bc_2)^2-f_2-m_2$时，即$S<S_2=\frac{9}{4(a-bc_1)}\cdot\frac{f_2-f_1}{c_1-c_2}-1$时，企业2选择模仿创新，否则选择自主创新。

假设企业2选择模仿创新，则当$\frac{1+S}{9b}(a-2bc_2+bc_1)^2-f_2-m_2>$

$\frac{1+S}{9b}(a-bc_1)^2-f_1-m_2$时，即$S>S_1=\frac{9}{4(a-bc_2)}\cdot\frac{f_2-f_1}{c_1-c_2}-1$时，企业1选择自主创新，否则选择模仿创新。

假设企业2选择自主创新，则当$\frac{1+S}{9b}(a-2bc_1+bc_2)^2-f_1-m_2>\frac{1+S}{9b}(a-bc_2)^2-f_2-m_2$时，即$S<S_2=\frac{9}{4(a-bc_1)}\cdot\frac{f_2-f_1}{c_1-c_2}-1$时，企业1选择模仿创新，否则选择自主创新。

由于前文假定$c_1>c_2$，故$S_2>S_1$，因此该种情况下讨论区间可划分为：$S<S_1$、$S_1<S<S_2$和$S>S_2$。

（二）企业1选择OFDI，企业2选择出口

假设企业1选择模仿创新，则当$\frac{(a-2bc_2+bc_1)^2}{9b}+\frac{S}{9b}(a-2bc_2+bc_1-2bg_1)^2-f_2-m_1>\frac{(a-bc_1)^2}{9b}+\frac{S}{9b}(a-bc_1-2bg_1)^2-f_1-m_1$时，即$g_1<g_{1\max}=\frac{1+S}{2bS}\cdot(a-bc_2)-\frac{9}{8bS}\cdot\frac{f_2-f_1}{c_1-c_2}$时，企业2选择自主创新，否则选择模仿创新。

假设企业1选择自主创新，当$\frac{(a-2bc_1+bc_2)^2}{9b}+\frac{S}{9b}(a-2bc_1+bc_2-2bg_1)^2-f_1-m_1>\frac{(a-bc_2)^2}{9b}+\frac{S}{9b}(a-bc_2-2bg_1)^2-f_2-m_1$时，即$g_1>g_{1\min}=\frac{1+S}{2bS}\cdot(a-bc_1)-\frac{9}{8bS}\cdot\frac{f_2-f_1}{c_1-c_2}$时，企业2选择模仿创新，否则选择自主创新。

假设企业2选择模仿创新，则当$\frac{(a-2bc_2+bc_1)^2}{9b}+\frac{S}{9b}(a-2bc_2+bc_1+bg_1)^2-f_2-m_2>\frac{(a-bc_1)^2}{9b}+\frac{S}{9b}(a-bc_1+bg_1)^2-f_1-m_2$时，即

$g > g_{2\min} = \frac{9}{4bS} \cdot \frac{f_2 - f_1}{c_1 - c_2} - \frac{1+S}{bS} \cdot (a - bc_2)$ 时，企业 1 选择自主创新，否则选择模仿创新。

假设企业 2 选择自主创新，则当 $\frac{(a - 2bc_1 + bc_2)^2}{9b} + \frac{S}{9b}(a - 2bc_1 + bc_2 + bg_1)^2 - f_1 - m_2 > \frac{(a - bc_2)^2}{9b} + \frac{S}{9b}(a - bc_2 + bg_1)^2 - f_2 - m_2$ 时，即 $g < g_{2\max} = \frac{9}{4bS} \cdot \frac{f_2 - f_1}{c_1 - c_2} - \frac{1+S}{bS} \cdot (a - bc_1)$ 时，企业 1 选择模仿创新，否则选择自主创新。

由于 $g_{1\max} > g_{1\min}$、$g_{2\max} > g_{2\min}$，因此需判定 $g_{1\min}$ 和 $g_{2\max}$ 之间的大小关系。令 $g_{1\min} = \frac{1+S}{2bS} \cdot (a - bc_1) - \frac{9}{8bS} \cdot \frac{f_2 - f_1}{c_1 - c_2} > g_{2\max} = \frac{9}{4bS} \cdot \frac{f_2 - f_1}{c_1 - c_2} - \frac{1+S}{bS} \cdot (a - bc_1)$，则当 $S > S' = \frac{27}{12} \cdot \frac{f_2 - f_1}{(c_1 - c_2)(a - bc_1)} - 1$ 时，$g_{1\min} > g_{2\max}$，可以得到四个临界值之间的大小顺序排列为 $g_{1\max} > g_{1\min} > g_{2\max} > g_{2\min}$，故相应的讨论区间①为 $g < g_{2\min}$，$g_{2\min} < g < g_{2\max}$，$g_{2\max} < g < g_{1\min}$，$g_{1\min} < g < g_{1\max}$ 和 $g > g_{1\max}$。

（三）企业 1 选择出口，企业 2 选择 OFDI

该情况与第二种情况呈对称性。

（四）企业 1 和企业 2 同时选择出口

假设企业 1 选择模仿创新，则当 $\frac{(a - 2bc_2 + bc_1)^2}{9b} + \frac{S}{9b}(a - 2bc_2 + bc_1 - bg_1)^2 - f_2 - m > \frac{(a - bc_1)^2}{9b} + \frac{S}{9b}(a - bc_1 - bg_1)^2 - f_1 - m$ 时，即

---

① $g_{1\min} > g_{2\max}$ 时，还存在对四个临界值大小关系讨论的过程，但无论临界值排序如何，讨论区间都会被划分为 5 个区间，且主要讨论结果与文中所列明的讨论区间对应的纳什均衡结果一致，因此本章略去了该部分讨论。

$g_1 < g_{3\max} = (\frac{1+S}{Sb})(a-bc_2) - \frac{9}{4Sb} \cdot \frac{f_2 - f_1}{c_1 - c_2}$时，企业2选择自主创新，否则选择模仿创新。

假设企业1选择自主创新，当$\frac{(a-2bc_1+bc_2)^2}{9b} + \frac{S}{9b}(a-2bc_1+bc_2-bg_1)^2 - f_1 - m > \frac{(a-bc_2)^2}{9b} + \frac{S}{9b}(a-bc_2-bg_1)^2 - f_2 - m$时，即$g_1 > g_{3\min} = (\frac{1+S}{Sb})(a-bc_1) - \frac{9}{4Sb} \cdot \frac{f_2 - f_1}{c_1 - c_2}$时，企业2选择模仿创新，否则选择自主创新。

同理，假设企业2选择模仿创新，当$g_1 < g_{3\max} = (\frac{1+S}{Sb})(a-bc_2) - \frac{9}{4Sb} \cdot \frac{f_2 - f_1}{c_1 - c_2}$时，企业1选择自主创新，否则选择模仿创新。

假设企业2选择自主创新，当$g_1 > g_{3\min} = (\frac{1+S}{Sb})(a-bc_1) - \frac{9}{4Sb} \cdot \frac{f_2 - f_1}{c_1 - c_2}$时，企业1选择模仿创新，否则选择自主创新。

二、基于区间讨论的企业创新纳什均衡

（一）企业1和企业2同时选择OFDI

1. 当$S < S_1$时

当企业1选择模仿创新时，企业2选择模仿创新，当企业1选择自主创新时，企业2选择模仿创新；当企业2选择模仿创新时，企业1选择模仿创新，当企业2选择自主创新时，企业1选择模仿创新。使用划线法可知区间的企业创新选择纳什均衡为企业1和企业2同时选择模仿创新。

表5-5　企业创新选择博弈的纳什均衡

（企业1和企业2都选择出口，$S<S_1$）

		企业1	
		模仿创新	自主创新
企业2	模仿创新	$\underline{1}$，$\underline{2}$	1，$\underline{2}$
	自主创新	$\underline{1}$，2	1，2

2. 当 $S_1 < S < S_2$ 时

当企业1选择模仿创新时，企业2选择自主创新，当企业1选择自主创新时，企业2选择模仿创新；当企业2选择模仿创新时，企业1选择自主创新，当企业2选择自主创新时，企业1选择模仿创新。使用划线法可知，区间的企业创新选择纳什均衡有两个，分别为企业1选择模仿创新、企业2选择自主创新，企业1选择自主创新、企业2选择模仿创新。

表5-6　企业创新选择博弈的纳什均衡

（企业1和企业2都选择出口，$S_1<S<S_2$）

		企业1	
		模仿创新	自主创新
企业2	模仿创新	1，2	$\underline{1}$，$\underline{2}$
	自主创新	$\underline{1}$，$\underline{2}$	1，2

3. 当 $S > S_2$ 时

当企业1选择模仿创新时，企业2选择自主创新，当企业1选择自主创新时，企业2选择自主创新；当企业2选择模仿创新时，企业1选择自主创新，当企业2选择自主创新时，企业1选择自主创新。使用划线法可知，区间的企业创新选择纳什均衡为企业1和企业2同时选择自主创新。

表 5－7　企业创新选择博弈的纳什均衡

（企业 1 和企业 2 都选择出口，$S>S_2$）

		企业 1	
		模仿创新	自主创新
企业 2	模仿创新	1，2	$\underline{1}$，2
	自主创新	1，$\underline{2}$	$\underline{1}$，$\underline{2}$

总体来看，当企业 1 和企业 2 同时选择 OFDI 时，企业创新选择组合并不稳定，企业创新选择纳什均衡会随着国外市场相对规模的变化产生相应的变动。

表 5－8　企业创新选择博弈的纳什均衡

（企业 1 和企业 2 同时选择 OFDI）

讨论区间	纳什均衡
$S<S_1$	模仿创新，模仿创新
$S_1<S<S_2$	自主创新，模仿创新； 模仿创新，自主创新
$S>S_2$	自主创新，自主创新

（二）企业 1 选择 OFDI，企业 2 选择出口

1. 当 $g<g_{2\min}$ 时

当企业 1 选择模仿创新时，企业 2 选择自主创新，当企业 1 选择自主创新时，企业 2 选择自主创新；当企业 2 选择模仿创新时，企业 1 选择模仿创新，当企业 2 选择自主创新时，企业 1 选择模仿创新。使用划线法可知，区间的企业创新选择纳什均衡为企业 1 选择模仿创新、企业 2选择自主创新。

表 5-9 企业创新选择博弈的纳什均衡

（企业 1 选择 OFDI，企业 2 选择出口，$g < g_{2\min}$）

		企业 1	
		模仿创新	自主创新
企业 2	模仿创新	$\underline{1}$，2	1，2
	自主创新	$\underline{1}$，$\underline{2}$	1，$\underline{2}$

2. 当 $g_{2\min} < g < g_{2\max}$ 时

当企业 1 选择模仿创新时，企业 2 选择自主创新，当企业 1 选择自主创新时，企业 2 选择自主创新；当企业 2 选择模仿创新时，企业 1 选择自主创新，当企业 2 选择自主创新时，企业 1 选择模仿创新。使用划线法可知，区间的企业创新选择纳什均衡为企业 1 选择模仿创新、企业 2选择自主创新。

表 5-10 企业创新选择博弈的纳什均衡

（企业 1 选择 OFDI，企业 2 选择出口，$g_{2\min} < g < g_{2\max}$）

		企业 1	
		模仿创新	自主创新
企业 2	模仿创新	1，2	$\underline{1}$，2
	自主创新	$\underline{1}$，$\underline{2}$	1，$\underline{2}$

3. 当 $g_{2\max} < g < g_{1\min}$ 时

当企业 1 选择模仿创新时，企业 2 选择自主创新，当企业 1 选择自主创新时，企业 2 选择自主创新；当企业 2 选择模仿创新时，企业 1 选择自主创新，当企业 2 选择自主创新时，企业 1 选择自主创新。使用划线法可知，区间的企业创新选择纳什均衡为企业 1 和企业 2 同时选择自主创新。

表 5－11　企业创新选择博弈的纳什均衡

（企业 1 选择 OFDI，企业 2 选择出口，$g_{2\max}<g<g_{1\min}$）

		企业 1	
		模仿创新	自主创新
企业 2	模仿创新	1，2	$\underline{1}$，2
	自主创新	1，$\underline{2}$	$\underline{1}$，$\underline{2}$

4. 当 $g_{1\min}<g<g_{1\max}$ 时

当企业 1 选择模仿创新时，企业 2 选择自主创新，当企业 1 选择自主创新时，企业 2 选择模仿创新；当企业 2 选择模仿创新时，企业 1 选择自主创新，当企业 2 选择自主创新时，企业 1 选择自主创新。使用划线法可知，区间的企业创新选择纳什均衡为企业 1 选择自主创新、企业 2选择模仿创新。

表 5－12　企业创新选择博弈的纳什均衡

（企业 1 选择 OFDI，企业 2 选择出口，$g_{2\max}<g<g_{1\min}$）

		企业 1	
		模仿创新	自主创新
企业 2	模仿创新	1，2	$\underline{1}$，$\underline{2}$
	自主创新	1，$\underline{2}$	$\underline{1}$，2

5. 当 $g>g_{1\max}$ 时

当企业 1 选择模仿创新时，企业 2 选择模仿创新，当企业 1 选择自主创新时，企业 2 选择模仿创新；当企业 2 选择模仿创新时，企业 1 选择自主创新，当企业 2 选择自主创新时，企业 1 选择自主创新。使用划线法可知，区间的企业创新选择纳什均衡为企业 1 选择自主创新、企业 2选择模仿创新。

表 5－13　企业创新选择博弈的纳什均衡

（企业 1 选择 OFDI，企业 2 选择出口，$g>g_{1max}$）

		企业 1	
		模仿创新	自主创新
企业 2	模仿创新	1，$\underline{2}$	$\underline{1}$，$\underline{2}$
	自主创新	1，2	$\underline{1}$，2

总体来看，当企业 1 选择 OFDI、企业 2 选择出口时，企业创新选择组合同样不稳定，当可变贸易成本 g 处于不同区间时，企业可能会改变相应的创新选择以优化创新资源配置获取最大利润，不同可变贸易成本区间内的企业创新选择纳什均衡汇总如下：

表 5－14　企业创新选择博弈的纳什均衡

（企业 1 选择 OFDI，企业 2 选择出口）

讨论区间	纳什均衡
$g<g_{2min}$	模仿创新，自主创新
$g_{2min}<g<g_{2max}$	模仿创新，自主创新
$g_{2max}<g<g_{1min}$	自主创新，自主创新
$g_{1min}<g<g_{1max}$	自主创新，模仿创新
$g>g_{1max}$	自主创新，模仿创新

（三）企业 1 选择出口，企业 2 选择 OFDI

与第二种情况呈对称性。

（四）企业 1 和企业 2 同时选择出口

此时的情况对应第三章中的企业创新选择纳什均衡讨论结果，直接可得当企业 1 和企业 2 同时选择出口时的企业创新选择博弈纳什均衡结果汇总表：

表5－15 企业创新选择博弈的纳什均衡
（企业1和企业2同时选择出口）

讨论区间	纳什均衡
$g < g_{\min}$	自主创新，自主创新
$g_{\min} < g < g_{\max}$	自主创新，模仿创新； 模仿创新，自主创新
$g > g_{\max}$	模仿创新，模仿创新

第四节 模型结论

从本章分析可以看出，在不同的国际化路径组合中，企业创新选择纳什均衡的讨论存在一定的差异。但总体来看，对于国际化路径与企业创新选择的讨论，主要结论可以总结为：

第一，当企业选择OFDI时，根据竞争对手的国际化路径，企业创新选择可能受到可变贸易成本g或国外市场相对规模S的影响。当两家企业同时使用OFDI方式进入国际市场时，企业创新选择主要决定于国外市场相对规模S的影响。当国外市场相对规模S较小时，企业生产的规模效应不够弥补自主创新的固定成本，在企业同质性假定的前提下，企业将同时把创新资源配置到模仿创新方式上。当国外市场相对规模S较大时，企业生产所获取的利润能够弥补自主创新的固定成本，并且能够通过低边际成本获取更多的收益，在这种情况下，企业将同时把创新资源配置到自主创新方式上。当国外市场相对规模居中时，存在两家企业创新选择纳什均衡，两家企业的最优选择是使用异质性技术，但在同时决策的情况下，两家企业存在选择同质技术的可能，在该区间中企业纳什均衡处于不稳定的状态。当只有一家企业选择OFDI，另一家企业选择出口时，该企业的创新选择会受到可变贸易成本g的影响，随着可变贸易成本g的增加，使用OFDI方式进入国际市场的企业能够通过OFDI节约更多的贸易成本，企业创新资源配置由模仿创新逐步转向自主创新；使用出口方式进入国际市场的企业在贸易中获得的技术成本补偿减少，企业创新资源配置由自主创新向模仿创新转变。

第二，当企业选择出口时，企业创新选择主要受可变贸易成本 g 的影响。当两家企业同时选择出口时，可变贸易成本 g 越大，企业从贸易中可获取的用于补偿技术成本的利润减少，企业越倾向于同时将创新资源投入到模仿创新上以获得最大利润；相反，可变贸易成本 g 越小，企业从贸易中可获取的用于补偿技术成本的利润增加，企业越倾向于将创新资源配置到自主创新方式上以获得最大利润。当可变贸易成本 g 居中时，企业创新选择博弈同时存在两个纳什均衡，企业的最优选择是使用异质性技术，但企业的创新选择决策是同时进行的，企业在决策时并不知道竞争对手的创新决策，因此可能出现偏离最优选择的创新组合，使得企业利润均遭受损失，这意味着此时市场处于一种不稳定的状态。当只有一家企业选择出口，另一家企业选择 OFDI 时，企业创新选择虽然依旧受到可变贸易成本 g 的影响，但其讨论区间及企业创新选择纳什均衡与前者不同。可变贸易成本 g 越大，使用 OFDI 的企业越能够节约更多的贸易成本，这种国际化路径更具优势，企业也会更倾向于采用自主创新；而可变贸易成本 g 越小，使用出口方式的企业越能够获取更多的利润进行技术成本补偿，企业就会将创新资源配置向自主创新方式倾斜。

第三，从不同国际化路径组合下对应的企业创新选择纳什均衡讨论区间的临界值来看，如 $S_1 = \frac{9}{4(a - bc_2)} \cdot \frac{f_2 - f_1}{c_1 - c_2} - 1$，$g_{1\max} = \frac{1 + S}{2bS} \cdot (a - bc_2) - \frac{9}{8bS} \cdot \frac{f_2 - f_1}{c_1 - c_2}$ 等，其中所包含的因素包括国外市场相对规模 S、技术固定成本差异、技术边际成本差异等因素，这些因素的变动会使讨论区间的临界值大小发生变化，从而导致既定创新选择纳什均衡所对应的区间位置和大小发生改变，从而对企业创新资源配置产生影响。举例来看，假定在其余系数不变的情况下，任何使得固定成本差异

（f_2-f_1）增加的情况（如 f_2 增大等），都将使得 S_1 和 S_2 随之增加，企业 1 和企业 2 同时选择 OFDI 时的讨论区间右移，企业同时选择模仿创新达到纳什均衡的市场规模区间扩大，企业同时选择自主创新达到纳什均衡的市场规模区间缩小，企业同时有两个纳什均衡的市场规模区间保持不变。

第六章
国际化路径与企业创新资源配置

第四章和第五章的理论模型对开放经济下企业在不同国际路径状态下的创新资源配置问题进行了探讨，从模型结论可以看出，开放经济背景确实可能通过一定的方式对企业创新资源配置产生影响，但这些理论影响在现实经济中是否存在，必须通过数据进行验证。从现有文献来看，还未有学者使用微观数据对创新资源配置的理论结论进行验证。高技术产业代表一个国家最先进、最前沿的技术发展水平，其发展被认为是推动产业结构优化升级的关键步骤。管建成、陈凯华（2009）认为高技术产业作为目前知识经济活动中技术创新最为活跃的产业，对产业结构调整优化升级、转变经济发展方式产生了重大影响，有效地促进了中国粗放型经济模式向集约型经济模式的转变。因此，对于我国这样一个处于开放经济条件下的发展中大国，在模仿创新盛行的环境中，明确开放经济对高技术企业带来的创新选择影响，培育高技术企业自主创新能力，对于推动国家整体技术进步、促进经济发展具有重要意义。

第一节　基于理论模型结论的分析

一、市场需求与企业创新资源配置

在封闭经济中，国内市场需求规模的大小与企业创新博弈最终的纳什均衡结果密切相关，当市场规模过大或过小时，企业创新博弈的纳什均衡对应表现为企业同时选择模仿创新或同时选择自主创新，而当市场规模居中时，存在企业选择异质技术的两个对称的纳什均衡①。在企业全部采用出口路径进入国际市场时，国外市场与国内市场的相对大小会通过影响出口的可变贸易成本间接对企业创新选择产生影响。此时，国外市场相对规模的变化会使得不同创新组合的纳什均衡所对应的可变贸易成本区间的位置和大小发生变化。当企业同时在国际市场选择OFDI路径时，若国外市场相对规模较小，企业唯一的纳什均衡是同时选择模仿创新，若国外市场相对规模较大，企业唯一的纳什均衡为同时选择自主创新，若国外市场相对规模居中时，企业面对的两个对称纳什均衡为采用异质技术。总体来看，国内市场需求对企业创新资源配置的影响是直接的，如果企业经历了在国内销售成长并逐步走出国门的过程，那么其初始选择应当取决于国内市场需求，随着国际化步伐的推进，在适应国际市场过程中逐步调整其创新选择。有一点必须注意的是，理论模型结论中并没有出现国外市场绝对规模与国内企业创新选择的直接或间接联系，而基于国内市场需求规模的国外市场相对规模才是影响创新资源配置的重要因素，这意味着，对于不同国家的企业而言，行业的国内发展状况至关重要，即使是面对相同的国际市场、采用相同的国际化路径，不同的行业内部发展状况也可能导致企

---

① 具体分析过程见附录。

业创新资源配置处于不同的方向。更进一步的思考是，小国的企业技术发展更多地取决于国际需求方，而大国的企业技术发展还会受到国内需求的重大影响。

早在1999年，李纪珍对国内企业创新选择问题进行研究时就提出，企业自身的市场地位，加之对产业结构的判断，才能使企业创新选择与其目标、规模和能力相适应，其中市场需求是创新选择的主要考虑因素之一。金碚（2004）认为由于高技术研究开放需要巨大的投资成本，因此充分大的市场空间能够弥补投资的巨额成本和风险。He et al.（2012）对于双寡头垄断环境中的企业创新选择的研究发现，企业为技术柔性愿意支付的额外费用随着市场规模的增加而增加，随着产品可替代性的降低而增加。除市场需求之外，另外一个市场特征市场集中度实际上也能间接影响企业的市场需求。安同良（2003）认为，过高或过低的市场集中度都不利于新技术的采用，高度垄断性的企业缺乏技术能力高度化的动力，只凭借其市场势力即可获取超额利润。Tseng（2004）对柔性制造技术战略选择的研究也发现市场集中度与企业采用柔性生产技术的程度具有内在联系，当行业中的公司数量增加时，会降低企业采用柔性制造技术的激励。从现实经济中也可以观察到，通常企业数量众多的行业大都偏向于完全竞争的特征，企业能够从市场中获取的份额有限，而相反，通常企业数量较少的行业[①]通常偏向于垄断竞争的特征，虽然行业总体需求可能不如偏向完全竞争特征的行业，但处于其中的企业通常能够获得较大的市场份额，对应的市场需求也可能较大。因此，有理由判断，在双寡头垄断背景之外的情况下，当行业中存在众多企业时，此时企业考虑的市场需求可能会与行业集中度存在一定的联系。

① 此处不考虑处于产品周期衰退期的产业。

二、技术成本与企业创新资源配置

在封闭经济模型中，技术成本会通过纳什均衡对应的市场规模区间大小及位置的影响对企业创新选择结果产生间接影响①。当自主创新的固定成本增加或模仿创新的固定成本减少导致固定成本差异增加时，纳什均衡组合对应的区间临界点右移，企业同时选择模仿创新的市场规模区间扩大，企业同时选择自主创新的市场规模区间缩小，企业同时有两个纳什均衡的市场规模区间保持不变。当模仿创新的边际成本增加或自主创新的边际成本减小导致技术的边际成本差异增加时，区间临界点左移，企业同时选择模仿创新的市场规模区间缩小，企业同时选择自主创新的市场规模区间扩大，企业同时有两个纳什均衡的市场规模区间也相应扩大。

在企业同时选择出口路径进入国际市场时，技术成本会通过影响可变贸易成本讨论区间间接对企业创新资源配置产生影响。当自主创新的固定成本增加或模仿创新的固定成本减少导致固定成本差异增加时，纳什均衡组合对应的区间临界点左移，企业同时选择自主创新的市场规模区间缩小，企业同时选择模仿创新的市场规模区间扩大，企业同时有两个纳什均衡的市场规模区间保持不变。当模仿创新的边际成本增加或自主创新的边际成本减小导致技术的边际成本差异增加时，区间临界点左移，企业同时选择自主创新的市场规模区间缩小，企业同时选择模仿创新的市场规模区间扩大，企业同时有两个纳什均衡的市场规模区间扩大。

在企业同时选择 OFDI 路径参与国际市场时，技术成本会影响国外市场相对规模讨论区间的位置和大小，从而间接对企业创新选择产生影响。当自主创新的固定成本增加或模仿创新的固定成本减少导致固定成

---

① 具体分析过程见附录。

本差异增加时，纳什均衡组合对应的国外市场相对规模区间临界点右移，企业同时选择自主创新的市场规模区间扩大，企业同时选择模仿创新的市场规模区间缩小，企业同时有两个纳什均衡的市场规模区间保持不变。当模仿创新的边际成本增加或自主创新的边际成本减小导致技术的边际成本差异增加时，区间临界点右移，企业同时选择自主创新的市场规模区间扩大，企业同时选择模仿创新的市场规模区间缩小，企业同时有两个纳什均衡的市场规模区间扩大。

实际上，当企业进行投资决策时，通常面临具有不同成本函数的技术（Krysiak，2008）。自主创新一旦成功，企业将拥有独特的市场地位，享受创新成果带来的超额利润，伴随其使用过程中需要投入的边际投资也将逐渐减少。创新者的技术越独特、优越，就越能够获得更大的垄断权力和收益（Arrow，1962）。而一旦创新失败，企业将损失巨额的沉没成本，甚至可能在竞争中丧失优势，从这一点来看，模仿创新似乎更具优势。当企业可以从模仿创新中获益时，市场中的企业经过不断地学习、试错，将会逐步调整自己的创新策略，倾向于模仿创新，最终进入不良锁定区域，整个社会的创新能力衰退（陆玉梅、田野，2008）。而吴延兵、米增渝（2011）的研究认为，产品模仿虽然可能通过追随领先者的创新行为，或通过引进、购买先进核心技术并在此基础上对产品进行改进和完善，从而降低创新风险、节约研发投入，取得一定的低成本优势。但处于领先者地位的企业已占据了大部分市场份额，作为跟随者，模仿创新企业的产品会受到挤压，面临巨大的竞争压力，导致伴随模仿创新而来的边际投资较高。同时长期的技术投入不足，还会导致模仿创新企业陷入“引进—模仿—再引进—再模仿”的被动局面，加之知识产权保护逐步健全，模仿创新企业在市场中的地位更加被动。Zhou（2006）运用中国298家企业调研数据的研究结果也认为，随着中国经济的快速增长，中国消费者更渴望了解和体验创新性产品，并相信创新者的产品质量更高，因此创新产品更受消费者欢迎。Hansen和

Nielsen（2007a）在考虑规模经济的基础上对使用异质技术的企业出口行为进行了研究，使用低边际成本技术的企业具有更高的出口倾向，而当单位贸易成本下降时，市场中存在向低边际成本技术转变的倾向。这些研究关注的重点实际上在于创新选择本身或者创新选择对企业国际化路径的影响，并未对反向问题进行思考：处于国际市场的企业有没有动机改变现有技术？部分学者在对国内技术创新的研究中就企业外向型行为对国内企业的反向影响进行了研究。谢廷宇和刘德学（2011）运用1998—2008年的中国高技术产业数据检验发现，进出口贸易对创新绩效的影响最大。这与范红忠（2007）的思路基本一致，进出口规模或开放度的提高通过提升研发投入效率进而增强国家的自主创新能力。李平和田朔（2010）则特别关注了出口贸易对技术创新的影响，研究发现出口贸易的技术溢出效应与其溢出方式相关，出口贸易的水平溢出效应能够明显推动技术创新，而垂直溢出效应则不明显。近年来，伴随OFDI研究的深入，对于发展中国家OFDI的专门性研究逐步展开。蔡冬青和刘厚俊（2012）运用LP模型的研究结果显示，中国的OFDI能够显著促进技术创新，高效的公共治理、严格的知识产权保护以及完善的技术市场体制能与反向技术外溢产生协同作用。这意味着发展中国家企业能够通过在国际市场中的投资行为获取反向技术溢出，对企业技术行为产生积极影响。

三、可变贸易成本与企业创新资源配置

从第四章有限开放经济下的企业创新分析中可以看出，当企业全部使用出口方式进入国际市场时，可变贸易成本的变化将使企业存在改变创新资源配置的动机。当可变贸易成本较小时，企业选择同时使用自主创新；当可变贸易成本较大时，企业选择同时使用模仿创新；当可变贸易成本居中时，企业选择异质技术。现有对于贸易成本的研究主要集中于企业国际化路径选择方面，Horstmann和Markusen

（1992）认为，当建立一家新企业或者维持一家子公司的固定成本小于运输成本、贸易壁垒及运行企业时的固定成本时，跨国公司更容易出现。Helpman et al.（2004）则在研究中进一步考虑了企业规模经济效应，认为只有当贸易成本很大而企业规模经济效益较小时，企业才会倾向于采用 OFDI 方式，相反，如果企业规模经济效益很大，企业就可能会忽视一部分贸易成本的增加而采用集中生产出口的方式。也有少数文献关注了贸易成本与创新选择的关系，Choi（1995）对在歧视性关税制度和最惠国条款下最优关税对出口商技术选择的影响进行了研究，结果表明，在最惠国条款下出口商在均衡时将选择具有较低边际成本的技术。

四、其他影响因素与企业创新资源配置

从前面章节的结论中可以看出，除了以上提出的企业异质性、市场需求、技术成本和可变贸易成本要素，还包括市场需求对价格的反应程度 b、产品价格 p 等因素的影响。在实际经济中，由于市场需求对价格的反应程度测度较为困难，行业中的产品价格也因受到各种因素的影响而参差不齐，鉴于市场需求函数中已经包含了这两个因素，且前文也就市场需求变化对企业创新选择的影响进行了讨论，因此这两个因素将不会在实证部分体现。同时，除了每章分别讨论的模型结果，还需要看到在企业选择出口路径和 OFDI 路径时，影响企业创新资源配置的因素是存在差别的，因此有理由相信，企业国际化路径的差异可能也是导致企业创新资源配置差异化的重要原因。

第二节　实证研究设计

一、实证模型的设定与变量选取

（一）实证模型的设定

基于前文的主要理论结论，本章拟构建如下基本实证模型对开放经济下的企业创新资源配置情况进行考察：

$$InnoPath = c + \alpha Demand + \beta TechCost + \gamma TradeCost + \varphi Path + \lambda CV + \mu \tag{6-1}$$

式中，*InnoPath*——企业创新选择状态；*Demand*——市场需求；*TechCost*——技术成本；*TradeCost*——可变贸易成本；*Path*——企业的国际化路径，即内销、出口（*Path*1）还是 OFDI（*Path*2）；*CV*——控制变量集合；μ——随机扰动项。

（二）变量选取

1. 市场需求

在对市场需求和企业创新资源配置的结论进行总结和梳理时，本章关注了两个要点：一是市场需求的规模，二是市场集中度。本书在理论模型的推导中使用的是双寡头垄断模型，两个企业瓜分市场需求，企业需求与市场需求高度相关。因此可以推论，在现实经济中市场集中度高的行业，市场需求与企业需求密切相关。而对于市场集中度低的行业来说，当市场规模扩大时，一方面会吸引更多的企业进入该行业，另一方面，现有企业可能会瓜分市场需求增长的部分，这一过程可能是通过激烈的市场竞争甚至是恶性竞争获得的，企业在这一过程中的收益是无法确定的，甚至可能在这种情况下被竞争对手挤出市场。但此时可能会存在一种情形，采用模仿创新方式但生产效率相对较高或具有企业家精神的企业可能会试图从恶性竞争中“脱身”，愿意承担较高的自主创新成本以期获得垄断利润，此时决定企业创新选择的关键就是企业所面临的这部分市场需求是否能弥补自主创新的巨额投资成本，在此企业需求而不是市场需求才是企业关注的要素。因此总体来看，只要企业面对的市场需求足够大就能够对企业创新资源配置产生影响，而不仅仅局限于行业需求，故本章采用企业产品销售收入对企业市场需求进行测度。

2. 技术成本

技术成本的测度从实践角度来说是十分困难的，对不同技术成本的区分更加难以进行，在现实中对自主创新成本产生影响的因素，同时也可能对模仿创新成本产生影响。在理论分析中，技术成本对创新选择的影响主要体现在两种技术的成本差异上，与技术成本的绝对值并无明显的理论关联，当技术成本的影响因素发生变动时，可能会引起不同类型技术的成本变动产生差异，从而对创新选择产生影响。基于此，本章在测度技术成本时并不区分不同的技术成本，而是将可能对技术成本产生影响的因素作为技术成本测度的替代性因素。政府扶持力度在创新项目的计划和执行过程中起到重要作用，政府财政激励所产生的引导、模仿效应能够通过节约创新成本、增强创新能力的方式优化创新投资决策（李思慧和赵曙东，2012）。本章选取企业减免税总额 *TaxRedu* 和企业补贴收入 *Subsidy* 两个指标作为技术成本的政府影响部分。另外，企业获得的技术收入越高意味着企业的创新基础较好、拥有的创新相关的隐性知识更多，企业也可以通过出售技术或提供技术服务对创新成本进行补偿，这种特性可能使企业的技术成本产生明显的变化，故本章将企业技术收入 *TechIncome* 作为技术成本的自身影响部分。为了将技术成本对企业技术选择的影响进行整体测度，本章将企业减免税总额 *TaxRedu*、企业补贴收入 *Subsidy* 和企业技术收入 *TechIncome* 加总后取自然对数，作为企业技术成本的替代性指标，因为三个组成指标的增加意味着企业技术成本的减少，即技术成本变量的系数与实际技术成本对企业技术选择的影响正负相反。

3. 可变贸易成本

对于可变贸易成本的测度，Helpman et al.（2004）认为，由于出口和 OFDI 所产生的固定成本无法直接观察，故在实际中并没有对应的指标能够进行测度。而贸易成本通常是由跨境过程中的运输和保险成本以及关税等贸易壁垒所产生的，因此运费、关税、保险费和贸易税费应当是贸易成本适宜的代理变量。但在企业实际操作中，运费、关税、保险费和贸易税费与企业销售的具体产品、产品进口国的税费政策、距离远近等因素密切相关，而这些信息实际涉及商业机密，数据的获取存在困难。许统生等（2011）在对 1997—2007 年我国制造业贸易成本测度进行研究时发现，中国与主要贸易伙伴的贸易成本呈逐年下降趋势，其中高技术型制成品贸易成本最低，下降幅度最大。因此，可以认为在高新技术企业中其可变贸易成本相比于技术成本数量较小，对创新选择的影响可能有限，但在理论模型的分析中，可变贸易成本在诸多结论中却具有重要的影响，因此在实证模型中将其忽略并不合适。钱学峰（2008）在对中国出口增长二元边际的研究中将贸易成本的测度和研究进行了推进，认为企业出口固定成本等于门阀企业的利润率，而贸易自由度与贸易成本呈显著的负相关，能够用来替代企业贸易成本。贸易自由度的计算公式由 Head 和 Mayer（2004）推导所得：$\varphi_{od}=\sqrt{\frac{E_{od}E_{do}}{E_{oo}E_{dd}}}$，其中 E_{od} 表示从 o 国到 d 国的总出口，反之 E_{do} 表示从 d 国到 o 国的总出口，E_{oo} 和 E_{dd} 分别表示 o 国和 d 国的国内销售额。虽然在实际中无法获得企业对某个具体国家的出口数量，但仔细观察该公式可以发现，公式右边能够被拆分为 $\sqrt{\frac{E_{od}}{E_{oo}}}$ 和 $\sqrt{\frac{E_{do}}{E_{dd}}}$ 两个部分，经济意义上分别表示为 o 国出口额占国内销售额的比重和 d 国出口额占国内销售额的比重，这里实际上表示的是 o 国和 d 国的双边贸易成本。鉴于在企业贸易成本测度过程中可能不仅仅局限于双边贸易，企业的出口商品种类和出口国家也难以进行区分，因此需要对企业的贸易自由度做总体考虑，故本章选取 $TradeCost = \sqrt{\frac{Export}{Demandin}}$ 作为企业自由度的近似测度，用于替代测度企业贸易成本，其中 *Demandin* 表示企业市场需求的国内部分。这实际上是通过企业层面的贸易成本所导致的出口结果来反向替代贸易成本的测度，由图 6－1 能够观察到企业出口选择明显受到贸易成本的影响，贸易自由度与企业出口规模表现出较强的正相关关系，支持了本部分可变贸易成本指标的选择。这意味着实际的可变贸易成本与企业出口规模可能存在负相关关系，符合经济理论中的分析结论，即企业可变贸易成本越低，越有可能通过出口获取更多的利润。

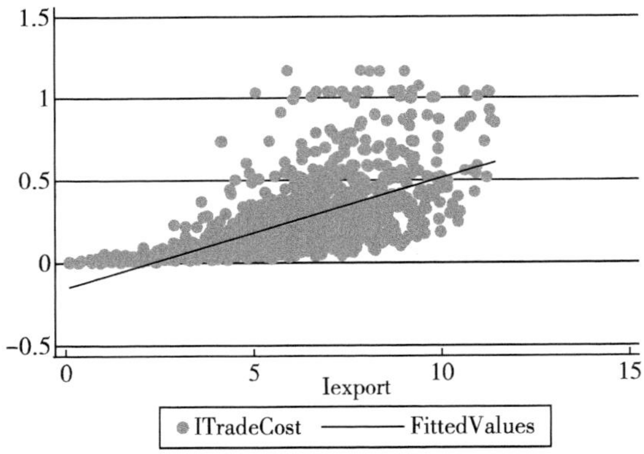

图 6－1　企业贸易成本与出口额散点

4. 国际化路径

对于企业国际化路径变量，在理论部分存在三种状态：内销、出口和 OFDI。在对微观数据的初步分析中发现，企业在国际化过程中基本保持了内销的状态，即无论其选择出口还是 OFDI，都必然在国内市场进行产品销售。故本章设置两组企业国际化路径虚拟变量 *Path*1 和 *Path*2，当企业存在出口行为时 *Path*1 = 1，否则 *Path*1 = 0；当企业存在 OFDI 行为时，*Path*2 = 1，否则 *Path*2 = 0。

5. 其他指标的选择

在控制变量集合中首先考虑的要素应当是行业要素。基本模型中设定的主要解释变量在不同的行业中都会具有不同的特征，鉴于这些特征很难以固定的指标进行测度，同时又具有行业差异，因此使用一个行业固定效应进行总体替代。根据《高新技术企业认定管理办法》的描述，我国重点支持的高新技术领域（详见附录1）包括电子信息技术、生物与新医药技术、航空航天技术、新材料技术、高技术服务业、新能源及节能技术、资源与环境技术、高新技术改造传统产业八大领域，企业所属领域以企业主营产品进行划分，这种方式比普通的行业划分方式更能体现同类产品的竞争。但八大领域的划分过于宽泛，因此本章以数据集中企业所属领域二级代码为标准，对样本企业进行归类，共涉及电子计算机、计算机外部设备、信息处理设备等42个行业领域，基于此本章设置行业变量 *Industry* 以固定行业效应。

在企业创新研究中，专利数是使用最为频繁的企业创新测度变量，企业拥有专利数量的多寡能够表征企业前期的创新投入程度、创新能力等，而这些都可能对创新选择产生影响，因此设置专利变量 *Patent*，用企业拥有有效专利数表示。当企业处于开放经济环境时，国际技术溢出是不得不考虑的企业创新选择影响因素。从第二章的分析中可以发现，国际技术溢出的主要途径是OFDI和进口，基于此设定企业外资比重为OFDI控制变量 *ForeignCap*，企业进口总额为进口控制变量 *Import*。国有企业由于与政府的“天然联系”，更易获取创新资金，但同时由于国有企业存在严重的委托—代理问题，容易造成一定程度的研发投入浪费，可能会制约自主创新效率的提高（张海洋和史晋川，2011），故本章设定国有资本比重控制变量 *NationalCap*。早在1986年Foster就对破坏性技术常由产业新进入企业开发和引进的现象进行了讨论，并提出了技术S形曲线理论。而事实上在很多情况下，企业技术创新是具有路径依赖性的，在新兴产业中很多新进公司反而能以其先进的技术独占鳌头，因此本章设定了企业年龄变量 Age 对企业创新选择进行控制。

6. 被解释变量的选择

鉴于本章的研究对象，被解释变量必须体现企业在创新选择上的偏向性。对微观数据的初步分析显示，由于高新技术企业的特殊性质，几乎全部企业都或多或少地存在自主创新行为，但创新投入的大小却存在较大的区别。对于江苏省高新技术企业的分析显示，组合技术相比于单独使用自主创新似乎更有利于企业创新规模的扩大，基于此本章设置一组虚拟变量 *InnoPath*，当企业选择组合技术时，$InnoPath=1$，当企业单独选择自主创新时，$InnoPath=0$。

根据本章对于相应指标的设置，基本模型可以细化为：

$$\begin{aligned} InnoPath &= c + \alpha Demand + \beta TechCost + \gamma TradeCost + \varphi_1 Path1 + \\ &\quad \varphi_2 Path2 + \lambda_1 Industry + \lambda_2 ForeignCap + \lambda_3 NationalCap + \\ &\quad \lambda_4 Import + \lambda_5 Age + \mu \end{aligned} \tag{6-2}$$

二、数据来源及描述性分析

本章微观数据来源于 2010 年江苏省高新技术企业抽样统计。在数据准备过程中，本章基于以下原则对数据进行了筛选：①对数据不完整和数据明显错误的企业进行删除；②对国内市场需求、产品销售收入、技术收入、高新技术企业减免税、补贴收入等主要变量值明显偏离数据集总体趋势的异常样本企业数据进行删除；③对数据初步运算整理过程中出现的显著偏离整体趋势的异常点进行删除。

经过整理，本章待分析数据集中共有高新技术企业 2387 家，从表 6-1能够看出大部分的企业（1375 家）使用了组合技术，使用组合技术的企业在绝大部分的变量指标均值中占有优势，包括拥有更多的绝对国内和国外需求、拥有有效专利数量多、减免税和补贴收入高于其他企业、贸易成本较低、选择出口和 OFDI 方式进入国际市场的企业比重较高。虽然自主创新组国外需求绝对量均值较低，但国外市场相对规模的比重较高，均值超过1，意味着绝大部分的企业国外需求高于国内需求，远大于组合技术组的0.6099。自主创新组的企业技术收入较高，这与企业所选择的技术种类有关，自主创新成果通常具有较大的市场前景，技术价格也更加高昂。

表6－1 主要变量均值的分组比较

变量	变量名	全样本（2387）	自主创新组（1012）	组合技术组（1375）
解释变量	*Demand*	32191.13	25775.05	36913.37
	Demandin	23238.48	16610.06	28117
	DemandOut	0.8163	1.0969	0.6099
	TechCost	462.1656	325.4553	562.7845
	TechIncome	166.92	170.97	163.93
	TaxRedu	147.94	81.20	197.06
	Subsidy	147.31	73.28	201.80
	TradeCost	0.1775	0.1983	0.1622
	Path1	0.5488	0.4872	0.5942
	Path2	0.1466	0.1196	0.1665
控制变量	*ForeignCap*	0.6789	0.7714	0.5805
	NationalCap	0.5614	0.5646	0.5599
	Import	4131.88	4605.19	3758.78
	Patent	15.04	11.99	17.28
	Age	15.65	14.25	16.67
	Industry	42	41	38

从控制变量来看，自主创新组中有32.81%的企业拥有外商资本，而组合技术组中只有22.69%的企业拥有外商资本，且拥有外商资本的企业其外商资本比重在自主创新组的比重明显高于组合技术组（表6－1）。自主创新组的企业进口量显著高于组合技术组，且企业年龄均值显著低于组合技术组，国有资本比重在各组中的均值差异不大。

从企业销售状况来看（表6－2），仅选择自主创新的企业产品销售收入均值为25775.05万元，选择组合技术的企业产品销售收入均值达到36913.37万元，是前者的143.21%，选择组合技术的企业获得更高的销售报酬。因此，从企业角度来看，通过自主创新获取技术优势和垄断利润，通过模仿创新保证企业运营为自主创新提供充足的资金保障、降低自主创新风险，同时利用已有的技术成果进行改造、拓展产品应用范围似乎是最佳选择。

表6－2　分组企业产品销售状况

sum income if innopath = 1					
Variable	Obs	Mean	Std. Dev.	Min	Max
income	1012	25775.05	65507.44	66.3	664730
sum income if innopath = 0					
Variable	Obs	Mean	Std. Dev.	Min	Max
income	1375	36913.37	72679.78	8.9	6574.11

第三节　实证模型处理及结论分析

在截面数据中，异方差是最为常见的问题之一，故本章首先对基本模型进行初步回归，采用BP检验和White检验分别对模型进行异方差检验，结果发现所得的F统计量都大于临界值，模型存在一定的异方差问题。目前解决异方差问题的方法主要有数据处理和模型处理两种，基于此，本章对模型中除比例变量、虚拟变量外的其他变量取自然对数，一方面能够平稳数据、统一数量级，另一方面在一定程度上减小截面数据的异方差问题；另外，在模型处理过程中常用的异方差处理方法包括在Stata回归过程中加入robust命令或者使用加权最小二乘法对模型进行回归，本章采用前一种方法。

内生性问题在各类数据中广泛存在，变量遗漏、测量误差、同时性问题等都是模型产生内生性问题的重要原因。由本章在理论部分的分析可知，企业创新的选择可以影响企业采用内销、出口和OFDI方式，而这些国际化路径也能反向使企业具有改变创新选择的动机，因此企业创新选择和国际化路径选择实际上可能存在因果关系，不可避免地存在一定程度的内生性问题。目前对于内生性问题的解决方法主要有两种：一是使用 GMM 模型，二是使用工具变量（IV）。对于本章的截面数据来说，GMM 模型的使用不具备基本条件，因此使用工具变量替代内生变量似乎是最好的选择。但在工具变量的使用过程中存在两个重要的问题，一是工具变量的选择，二是工具变量的效果。从理论上说，只有当工具变量外生［$Cov(Z,\mu)=0$］，且与被替代的内生变量相关时［$Cov(Z, X_i)\neq 0$］才能被选作工具变量。但事实是，在大部分的文献中所使用的工具变量并不能完全满足这两个基本条件，不合适的工具变量往往会导致由“旧”的内生性问题产生“新”的内生性问题，所设的模型结果甚至不如原模型。从本章使用的微观数据集来看，由于是统计数据，只能从现有指标中选择适宜的工具变量。笔者试探性地选择了如“留学归国人数”“引进外籍专家人数”、科技活动经费筹集总额中“来自国外的资金”等指标，试图用于国际化路径选择变量 Path1 和 Path2 的替代，结果发现部分指标的可用数据较少，大部分数据为 0；部分指标无法在满足内生变量相关的条件下外生于模型。因此，为避免不合适工具变量所导致的问题，本章在此没有选择工具变量方法。

但在实际中，除了 GMM 模型和 IV 方法，还有少数人通过设置滞后变量的方法对面板数据中的内生性问题进行调整（田巍和余淼杰，2011）①。虽然本章数据集为截面数据，但高新技术企业在申报过程中需要提交的是三年会计年份的平均状况，因此在实际指标数据中可能存在一定的时间跨度，能够在一定程度上减弱模型的内生性问题，加之 Helpman et al.（2004）在企业异质性背景下研究出口和 OFDI 问题时，采用截面数据时即使受到数据性质的限制，也未对内生性问题进行调

---

① 《企业生产率和企业“走出去”对外直接投资：基于企业层面数据的实证研究》，CTRG（China Trade Research Group）Working Paper Series，Working Paper，2011/15. http：//doc. mbalib. com/view/d5d13aeb4c19c71a3f7321b27c27fd87. html.

整，这种做法为本章研究提供了参考。由于因变量为虚拟变量，本章采用 Logit 模型进行回归分析。

一、全样本创新资源配置模型分析

模型结果显示，企业对外投资变量未能通过显著性检验，市场需求、技术成本、贸易成本、出口四个主要变量均通过了显著性检验，意味着当市场需求增加、技术成本降低、贸易成本增加或企业有出口行为时，企业将创新资源同时投入模仿创新和自主创新，即选择组合技术的可能性增加。控制变量中的外资比重对创新资源配置的影响显著为负，企业年龄变量的系数显著为正，国有资产比重、专利、进口变量对创新资源配置的影响不显著。

表 6－3　企业创新选择模型分析结果

InnoPath	模型Ⅰ	模型Ⅱ	模型Ⅲ	模型Ⅳ
Demand	0.3109*** (7.50)	0.2748*** (6.39)	0.2942*** (7.03)	0.3052*** (7.70)
TechCost	0.0848*** (4.66)	0.0854*** (4.69)		0.0864*** (4.80)
TechIncome			0.0097 (0.40)	
TaxRedu			0.0856*** (4.19)	
Subsidy			0.0587*** (2.88)	
TradeCost	−0.5004*** (−2.41)	−0.6587*** (−2.67)	−0.4782*** (−2.33)	−0.5403*** (−2.63)
Path1	0.5239*** (4.46)		0.5043*** (4.29)	0.5077*** (4.42)
Path2	0.1267 (0.95)		0.1119 (0.84)	

续表

InnoPath	模型Ⅰ	模型Ⅱ	模型Ⅲ	模型Ⅳ
Export		0.0900*** (3.81)		
OFDI		0.0204 (0.97)		
ForeignCap	-1.1527*** (-7.43)	-1.1676*** (-7.45)	-1.1080*** (-7.14)	-1.2267*** (-8.16)
NationalCap	0.1277 (0.49)	0.1265 (0.49)	0.1573 (0.60)	
Patent	0.0016 (1.01)	0.0015 (0.96)	0.0016 (1.01)	
Import	-0.0295 (-1.44)	-0.0330 (-1.57)	-0.0286 (-1.40)	
Age	0.0181*** (2.83)	0.0182*** (2.85)	0.0177*** (2.78)	0.0185*** (2.90)
Industry	控制	控制	控制	控制
N	2376	2376	2376	2376
Log *Pseudolikelihood*	-1434.9077	-1437.4045	-1430.8045	-1437.3658
Pseudo R^2	0.1133	0.1118	0.1159	0.1118

注：本表及后续表格中模型常数项均未列出；***、**和*分别表示1%、5%和10%的显著性水平；系数对应括号中的数字为z值。

（一）主要变量分析

市场需求系数为正，说明当市场需求提高时，企业使用组合技术的可能性增加，系数方向和大小基本保持稳定。这里存在的问题是，为什么当市场需求提高时企业并没有单独采用自主创新而是更倾向于使用组合技术？主要原因可能是市场需求的变化。在理论模型中，本章讨论的市场需求是企业所对应的某一具体产品的需求，市场需求对创新选择的影响实际是通过企业利润的改变来实现的。但在现实中，企业的产品范围通常不是单一的，其对应的市场需求也不仅仅在自主创新成果所在的领域。王毅（2013）认为，满足企业首次需求、需求升级和创新需求带来的实践机会是持续创新实践的前提——需求导向。在需求导向满足了企业的创新实践后，后续的创新核心过程（产品设计、自主品牌等）的持续和核心技术能力的培育实际上将面临更多失败的风险，创新维度的增多也使企业创新投资需求不断扩大，将企业生产维系于某一具体产品上变得不切实际。因此，对于已经采用自主创新的企业来说，模仿创新更能充分利用现有技术，一方面能够尽可能发挥现有技术的经济价值，另一方面能够使企业生产涵盖更多的产品需求，以便为企业自主创新提供充足的资金来源。因此，在现实的企业数据里，在使用组合技术的企业中能够观察到较大的市场需求规模，而这其中相当一部分对应的是使用模仿创新的产品需求。

技术成本变量的系数表明，企业技术收入、高新技术企业减免税或企业补贴收入的增加对应的是企业创新成本的降低，此时企业创新资源同时配置于自主创新和模仿创新，即选择组合技术的可能性增加。当将三个组合变量拆分后，各变量对应的系数和显著性便存在一定差异。高新技术企业减免税和企业补贴收入实际上都是政府行为，代表了同一种技术成本影响倾向。高新技术企业减免税和企业补贴收入的增加会显著降低企业的创新成本，但对于自主创新成本和模仿创新成本的影响可能存在差异①。高新技术企业减免税和企业补贴收入的增加只能在一定程度上降低企业的自主创新成本，而创新过程中的风险和创新结果的不确定性依旧存在。而高新技术企业减免税和企业补贴收入的增加对模仿创新成本的降低是确定的，政府行为对技术的“逆向”选择作用也被认为是存在的，在政府信息掌握不完全的情况下，这种作用更为明显。在该种情况下，模仿创新的使用成本下降，加之模仿创新对自主创新的资金支撑作用，企业使用模仿创新的意愿会上升，使用组合技术的可能性

① 此结论能够从第七章中对企业技术投入的分组讨论中得出。

加大。企业技术收入对创新选择影响的系数不显著，这可能是由于企业技术收入具有一定不确定性。模仿创新相关的技术虽然也可能进行转移或者通过为其他企业提供相关技术服务的方式获取一定收入，但由于模仿创新技术通常处于较为成熟的阶段，因此所能获得的收入十分有限。而自主创新技术虽然可以通过转移或技术服务获取较高的收益，但其一方面具有不确定性，如是否能够获得自主创新成果，创新成果的前沿性如何都属未知；另一方面，即使企业通过自主创新获得了前沿技术，但此时大部分企业都不愿意通过转移或者接包的方式加快技术溢出速度，因此自主创新技术的收入也不能确定。考虑到时间因素在技术收入和创新选择过程中可能存在的影响，技术收入作为过去技术的成本抵消，对未来创新选择的影响不显著也就不言而喻了。

企业可变贸易成本变量在主要模型中的系数显著为负，且系数方向和大小保持稳定，企业开放程度的降低意味着实际可变贸易成本的增加，这种变化将使企业选择组合技术的可能性增加。在企业进入国际市场的过程中，实际可变贸易成本的增加意味着企业从出口中获得的利润减少，通过出口实现的对技术成本的弥补程度减小，企业在国际市场中的运行风险加大，因此企业在创新选择上更倾向于组合技术，一方面保证自主创新方式的使用，另一方面通过模仿创新降低企业国际化运行的风险。

企业出口虚拟变量 *Path*1 对企业创新选择呈现出稳定而显著的正相关关系，将其替换成具体的出口额 *Export* 时，这一关系依旧显著成立。这意味着企业的出口行为可能对创新选择存在一种“触发”作用，面临出口决策的企业可能会考虑出口所带来的规模经济效益，但事实上，出口商品结构与国内商品结构存在差异，出口商品与内销商品并不一定形成规模经济效益，加之出口决策通常意味着企业面临更加激烈的国际市场竞争，使得企业在创新选择时可能会倾向于有利于自身发展的、创新活跃的组合技术模式，而后期出口额的增加和扩展可能只能增加企业创新收益，并不能对创新选择产生影响。江苏省2010年国内工业销售结构及出口结构（图6－2）也佐证了这一观点，江苏省国内工业各具体行业的销售值相对均衡，而出口交货值主要集中于通信设备、计算机及其他电子设备制造业（占全部工业出口交货值的近一半），这意味着大部分企业可能在内销和出口产品上存在差异，企业因出口行为而产生的规模效应可能只在部分企业中存在，进行出口决策时考虑到运行风险，企业更倾向于选择组合技术。

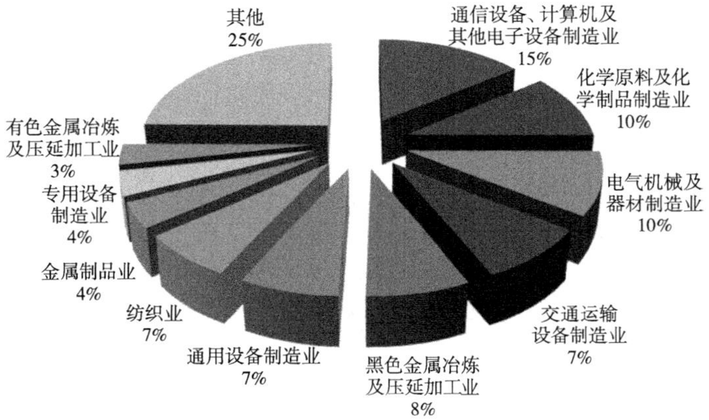

（a）

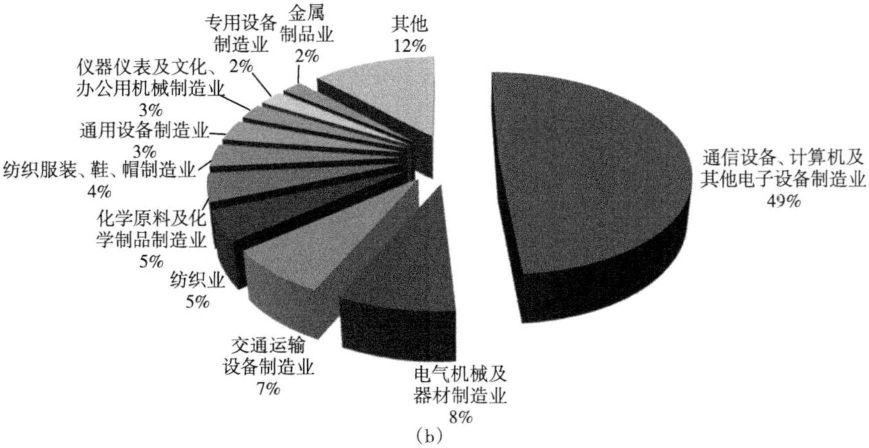

（b）

图6－2　2010年江苏省国内工业销售结构及出口结构

企业对外投资变量 *Path*2 对创新选择的影响并不显著，替换成具体的对外投资额 OFDI 时，该影响依旧不显著，说明企业通过 OFDI 参与国际市场的方式并不能显著对企业创新选择产生影响。从样本企业来看，仅有 14.66% 的企业选择了对外投资，且其 OFDI 金额普遍较小（图 6－3），说明企业在对外投资过程中采用合资的形式居多，企业从 OFDI 中获得的利润补偿可能不足以对企业创新选择产生影响。

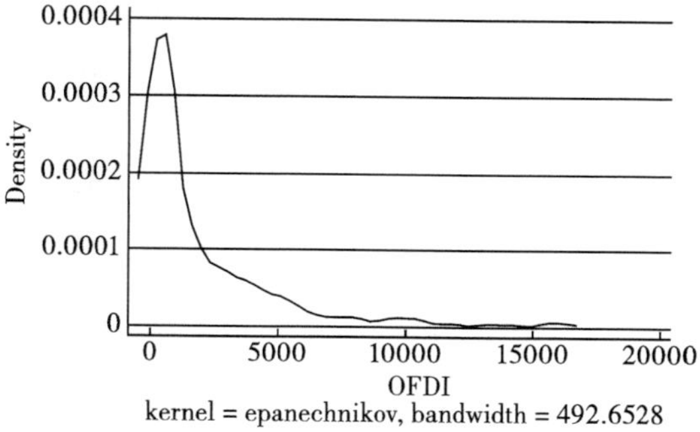

图 6－3　企业对外投资金额的核密度

（二）控制变量分析

从控制变量来看，外资比重变量对企业创新选择产生了显著而强烈的负向影响，当企业中外资比重升高时，企业单独采用自主创新的倾向会提高。这一方面可能是由于外资企业的知识产权意识较强，使企业在使用模仿创新时较为注意知识产权纠纷问题，对应的模仿创新成本也较高；另一方面可能是由于外资企业的创新成果能够实现公司内部的共享，在全球形成较大的规模优势，有效降低产品技术成本、获取垄断利润，在自主创新过程中所获得的收益更多。从这个角度来看，外资比重越高的企业越倾向于单独选择自主创新的这种倾向就可以理解了。

国有产权未对企业创新选择产生显著影响，说明国有产权较高的企业在创新选择时并没有明显的倾向性，笔者通过国有产权和非国有产权分组，以及国有产权主导（国有产权超过 50%）、国有产权非主导和非国有产权分组的讨论发现，国有产权基于不同分组的系数结果依旧不显著，国有产权对创新选择无明显倾向性的结论保持稳健。事实上在样本企业中，只有7.50%（179家）的企业拥有国有产权，从国有产权分组创新投入状况（表6－4）来看，虽然拥有国有资本的企业在自主创新投入和模仿创新投入上都明显高于其他企业，但从企业自身来看，自主创新投入均值与模仿创新投入均值相差不大，这也从另一个侧面表明拥有国有产权的企业可能在创新选择上没有明显的倾向。

表6－4 创新投入均值（国有产权分组）

	创新投入	自主创新投入	模仿创新投入
国有产权组	3889.101 （179）	2434.406 （179）	2169.92 （120）
非国有产权组	1673.307 （2208）	1170.353 （2208）	883.47 （1257）
全样本	1839.468 （2387）	1265.144 （2387）	995.5789 （1377）

注：括号内为组内企业数量。

通常有效专利数越多意味着企业在前期创新过程中的成果越显著，但企业拥有有效专利数并未像预期那样对企业创新选择产生影响。这意味着样本企业中的有效专利一方面可能是由他处购买的，并不能反映企业前期创新的真实状况和企业创新能力；另一方面，伴随工艺创新、流程创新等创新形式的出现，有效专利只能反映企业创新能力中可以物化的部分，而伴随创新过程中企业所累积的技术诀窍、商业秘密等隐性知识并不能通过有效专利进行反映，因此导致企业拥有有效专利数未能对企业创新选择产生影响。

企业进口量的增加也未对创新选择产生显著影响，在存在进口行为的企业中，其进口量与自主创新投入存在显著的正相关关系，如图6－4（a）所示，但与模仿创新投入之间的关系并不明显，见图6－4（b），因此企业进口量增加并不一定会增加企业模仿创新投入，企业由单纯自主创新向组合技术的转变倾向不明显。

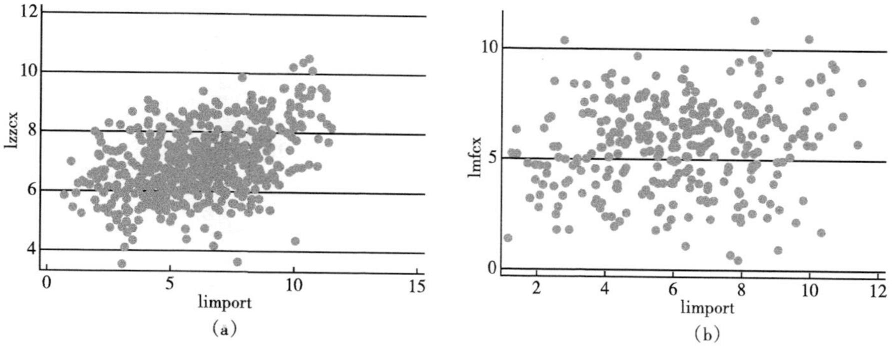

图 6-4　进口量与自主创新和模仿创新投入散点（有进口行为组）

企业年龄对创新选择产生了显著的正向影响，意味着企业成立年限越长就越倾向于选择组合技术。事实上现有新产业中的很多突破性技术都是由中小企业完成的，中小企业具备创新的灵活性，企业成立时间越久其路径依赖性越强。企业可能会在已有自主创新成果的基础上通过小规模的模仿创新投入进一步挖掘技术潜力，充分弥补前期自主创新投入。另外，一部分企业可能会试图进行更为前沿的技术研究，而从目前的趋势来看，前沿技术所要求的创新投入规模越来越大，因此采用组合技术对于企业来说更能够通过模仿创新弥补自主创新的资金需求。

本部分对样本企业中存在的两种企业创新选择状态进行了研究，虽然能在一定程度上对企业创新选择进行解释，但当企业处于不同国际化状态时主要变量与创新选择之间的关系会不会出现改变？企业中外商资本是否会对这种创新选择状态产生显著影响？基于此，下文将分组对企业创新选择进行研究。

二、企业创新资源配置的分组讨论

本章分三种情况对样本企业进行了分组讨论，并将原始模型列入表 6-5 以供比较。从分组讨论情况来看，基本能够支撑全样本条件下的实证模型结论，但也存在一些细节上的差异。

表 6－5　企业创新选择模型分析结果

InnoPath	模型Ⅰ（全样本）	模型Ⅴ（内销组）	模型Ⅵ（出口组）	模型Ⅶ（OFDI 组）
Demand	0.3109*** (7.50)	0.3218*** (5.15)	0.3230*** (4.97)	0.1397 (0.65)
TechCost	0.0848*** (4.66)	0.0892*** (3.01)	0.0683*** (2.50)	0.1734*** (1.94)
TradeCost	-0.5004*** (-2.41)		-0.4444*** (-2.01)	
*Path*1	0.5239*** (4.46)			
*Path*2	0.1267 (0.95)			
ForeignCap	-1.1527*** (-7.43)	-1.2297*** (-3.75)	-1.3095*** (-6.72)	-1.0426 (-1.03)
NationalCap	0.1277 (0.49)	0.2815 (0.74)	-0.3822 (-0.84)	0.9493 (0.98)
Patent	0.0016 (1.01)	0.0136 (1.37)	0.0007 (0.50)	0.0019 (0.49)
Import	-0.0295 (-1.44)	-0.0874 (-1.41)	-0.0275 (-1.11)	0.3868 (1.00)
Age	0.0181*** (2.83)	0.0016 (0.15)	0.0381*** (3.59)	0.0144 (0.51)
Industry	控制	控制	控制	控制
N	2376	917	1094	130
Log *Pseudolikelihood*	-1434.9077	-572.9639	-630.1199	-73.1795
Pseudo R^2	0.1133	0.0983	0.1378	0.1737

注：本表及后续表格中模型常数项均未列出；＊＊＊、＊＊和＊分别表示1%、5%和10%的显著性水平；系数对应括号中的数字为z值。

OFDI组的模型回归整体未通过显著性检验（Prob > chi2 = 0.4301），具体来看，大部分模型变量未通过显著性检验，只有高新技术企业减免税额通过了5%的显著性检验。这种情况可能是由于OFDI

方式通常是企业在发展到一定阶段才会采用的一种出于规避贸易壁垒、贴近市场需求等目的的风险较高的产品生产方式，在这种情况下，企业的创新选择通常已经相对固定或者创新已经达到相对较高的水平才会采取 OFDI 方式进入国际市场，加之《中华人民共和国企业所得税法》中明确规定："企业对外投资期间，投资资产的成本在计算应纳税所得额时不得扣除""企业在汇总计算缴纳企业所得税时，其境外营业机构的亏损不得抵减境内营业机构的盈利"，这都使企业在采用 OFDI 方式时需要承担较高的投资成本，无法对企业创新成本形成补偿，因此企业 OFDI 方式本身的采用不会反向对企业创新选择产生影响。从另一个角度来看，企业进行 OFDI 的目的可能也会对企业创新选择产生影响。现有不少观点认为，中国企业对外进行 OFDI 的主要目的并不是获取技术，而是获取自然资源或利用廉价劳动力。由于本章数据的局限性，在此并不能对样本企业的 OFDI 去向及分布行业进行分析，但能够通过对江苏省整体 OFDI 投资的把握来帮助理解。

2010 年，江苏省境外投资协议金额突破 21.76 亿美元，同比增长 128.89%。其中，参股并购类项目投资 4.67 亿美元，同比增长 391.57%，占投资总额的 21.46%；贸易型项目投资 6.11 亿美元，同比增长 324.31%，占投资总额的 28.08%；非贸易型项目投资 15.65 亿美元，同比增长 70.29%，占投资总额的 71.29%。可见，目前江苏省对外投资中非贸易型项目投资占据主导地位，但贸易型项目和参股并购类项目投资增长迅猛，可能成为日后 OFDI 发展的主要方向。从江苏省境外投资地区和国别来看（表 6－6），主要集中于亚洲、欧洲和北美洲地区，其中在亚洲地区的投资额占全省境外投资额的接近一半，而亚洲地区显然不是以技术获取为目的的境外投资的理想区域，中国香港虽然是亚洲地区获取江苏省境外投资最为集中的区域，但限于其土地资源、劳动力成本等，其投资可能主要流向于贸易和服务等领域。综合推断，江苏省的境外投资目前可能处于起步阶段，以技术获取为导向的境外投资占比偏小且其技术效应可能尚未显现，因而导致采用 OFDI 路径的企业对企业创新选择的整体影响不显著。

表 6－6　2010 年江苏省境外投资主要地区情况

地区		投资额（万美元）	地区占比（%）	总投资占比（%）
亚洲	总计	105722	100	45.58
	中国香港	72695	68.76	31.34
	新加坡	6965	6.59	3.00
	泰国	4847	4.58	2.09
非洲	总计	11229	100	5.16
	埃塞俄比亚	4982	44.37	2.29
	埃及	1485	13.22	0.68
	利比亚	975	8.68	0.45
欧洲	总计	39628	100	18.21
	意大利	20649	52.11	9.49
	德国	7230	18.24	3.32
	西班牙	2800	7.07	1.29
拉丁美洲	总计	11459	100	5.27
	开曼群岛	8057	70.31	3.71
	巴拉圭	1980	17.28	0.91
	英属维尔京群岛	1262	11.01	0.58
北美洲	总计	36173	100	16.62
	美国	29467	81.46	13.54
	加拿大	6256	17.29	2.87
	百慕大群岛	450	1.24	0.21
大洋洲	总计	13401	100	6.16
	澳大利亚	12901	96.26	5.93
	新西兰	500	3.73	0.23
全部		217613	100	100

内销组和出口组的模型整体显著，通过显著性检验的变量系数的方向与全样本组一致，且系数大小相近，只有内销组在企业年龄变量上未通过显著性检验。这说明本书理论部分及本章前述部分对企业创新选择

和市场需求、技术成本、贸易成本之间关系的描述在不同国际化路径的企业中具有普遍性。对各组企业年龄的进一步研究显示，内销组中的企业年龄均值显著小于出口组和 OFDI 组，且标准差表明内销组中的企业年龄相对于其他组别集中程度更高。由此对应的内销组企业市场需求量相对较小（图 6－7），内销企业在创新选择时受到的资本限制较大，推断内销企业的现实创新选择可能主要取决于在企业成立初期的企业特征或偶然性因素的影响，总体来看并没有随着企业年龄的变化呈现规律性的倾向。

表 6－7 企业年龄变量分组描述

	全样本	内销组	出口组	OFDI 组
Obs	2387	931	1106	146
Mean	15. 6468	14. 6735	16. 1004	15. 5685
Std. Dev.	8. 2270	7. 3863	8. 5611	7. 7414
Min	5	5	5	5
Max	78	60	78	56

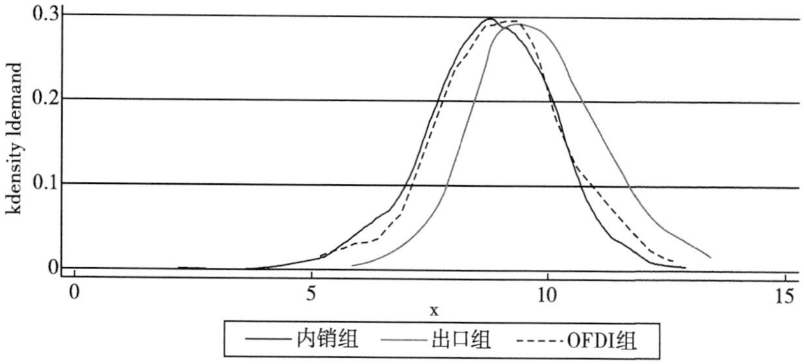

图 6－5 分组企业市场需求核密度

总体来看，虽然微观数据从特征上与第五章理论模型中单一的企业创新选择不完全匹配，但其能够验证企业在发展过程中采用单一技术和组合技术的影响因素，并纠正了一个普遍的观点，即自主创新并不一定是最好的，组合技术下自主创新与模仿创新的相伴相生或许更有利于企业创新规模的扩大和健康成长。在研究过程中发现，虽然企业使用相同的创新选择，但其自主创新和模仿创新规模相差巨大，从广义的企业创新选择来看，企业的创新选择可能不仅仅包括具体技术方式的选择，技术投入规模也是企业创新选择的重要内容，本书将在下一章对此进行研究。

第七章

国际化路径与企业创新投入

由于企业创新资源配置实际上是一个从量变到质变的过程，在既定的创新选择中企业创新投入也可能存在变化，单纯的虚拟变量设置有可能导致分析过程中忽略了解释变量对既定创新选择下投资数量的影响，导致对企业创新选择的偏误。从自主创新的投入程度来看，2010 年中国企业研发经费支出占主营业务收入的平均比重为 0.93%。而国际经验显示，企业研发投入应不低于销售收入的 3%，高新技术企业的研发投入甚至应占到 10%①。但随着技术创新的难度增大、成本增高，创新投入的资金需求量迅速增长（杨宇和沈坤荣，2010）②，技术成本对创新投入的影响加大，企业在创新选择时也有可能会对一组或者更多的技术同时进行投入，对企业创新选择的研究应当从单纯的技术类型选择向创新投入选择进行扩展，因此本章将在第六章的基础上对企业创新投入进行持续地微观验证。

---

① 高帆．什么黏住了中国企业自主创新能力提升的翅膀［J］．当代经济科学，2008（2）：1－10.

② 杨宇，沈坤荣．社会资本对技术创新的影响——基于中国省级面板数据的实证研究［J］．当代财经，2010（8）：5－13.

第一节　高新技术行业与企业创新投入状况

一、全国高新技术行业创新投入状况

近年来随着企业自主创新意识的觉醒，R&D 经费内部支出持续增长。2011 年，我国高新技术行业 R&D 经费内部支出达到 1237.81 亿元，同比增长 27.90%。相比来看，高新技术行业的模仿创新支出自 2002 年起开始围绕 300 亿元的规模呈现相对稳定的波动，但 R&D 经费内部支出与模仿创新支出的比例持续扩大，企业创新资源配置已经出现了明显的自主创新的倾向。

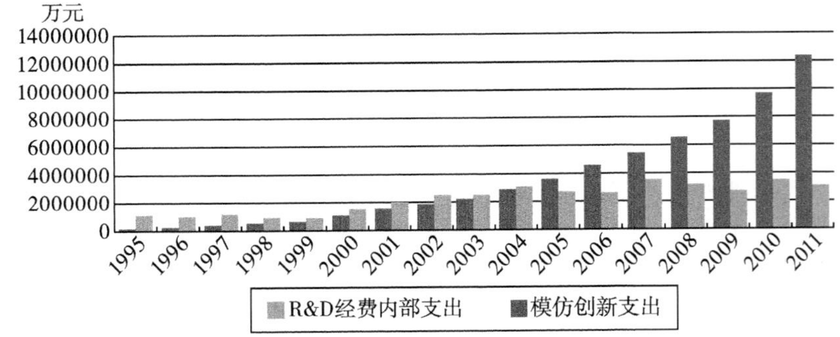

图 7－1　全国高新技术行业创新相关支出情况

注：模仿创新支出＝技术引进经费支出＋技术改造经费支出＋消化吸收经费支出；由于统计口径差异，2009 年及以后 R&D 经费内部支出及模仿创新支出均为大中型企业部分。

资料来源：历年《中国高技术产业统计年鉴》。

从具体行业来看，电子及通信设备制造业 R&D 经费内部支出占高新技术行业的总量最高，由 1995 年的 28.74% 上升至 2011 年的 56.60%，其间在 2001 年达到最高点 67.12%，近年来稳定在 60% 左右。其中，通信设备制造行业 2011 年 R&D 经费内部支出达到 353.23 亿元，占电子及通信设备制造业 R&D 经费内部支出总量的 50.42%；

电子器件制造、电子元件制造和家用视听设备制造行业 R&D 经费内部支出规模相当，占比约为 15%；雷达及配套设备制造、广播电视设备制造和其他电子设备制造行业 R&D 经费内部支出相对较小。

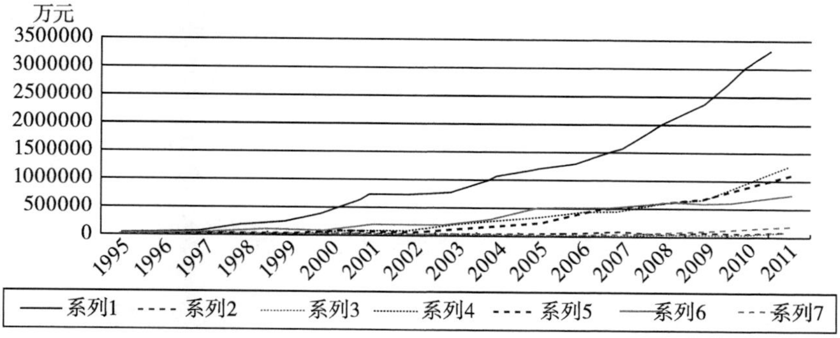

图 7－2　电子及通信设备制造业内部 R&D 经费内部支出情况

注：图中系列 1～系列 7 分别为通信设备制造、雷达及配套设备制造、广播电视设备制造、电子器件制造、电子元件制造、家用视听设备制造、其他电子设备制造行业，均为电子及通信设备制造业内部细分行业。

资料来源：历年《中国高技术产业统计年鉴》。

医疗设备及仪器仪表制造业中模仿创新投入增加趋势较为明显，2009 年后呈现较快增长的势头。医药制造业和电子计算机及办公设备制造业模仿创新投入呈现小幅波动走势，并有下降的趋势。电子及通信设备制造业模仿创新投入自 2003 年急剧增加后开始呈现大起大落的状态，但基本围绕在 150 亿元的规模上下波动，近年来有小幅下降的趋势。

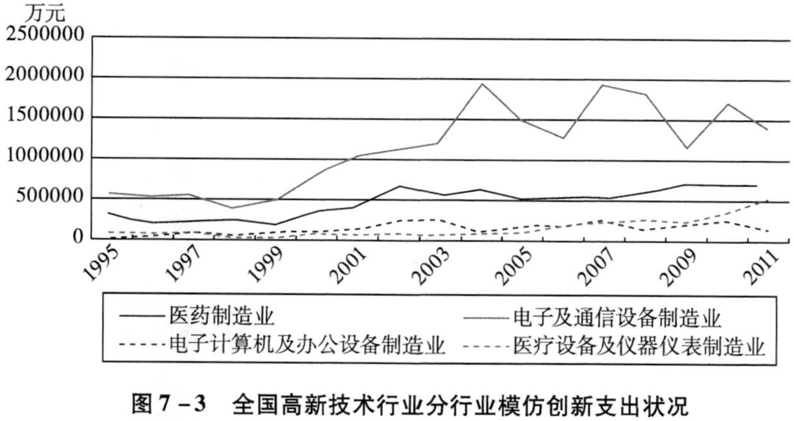

图 7－3　全国高新技术行业分行业模仿创新支出状况

资料来源：历年《中国高技术产业统计年鉴》。

从我国高新技术行业分布状况来看，东部地区的创新企业分布和创新强度遥遥领先于中西部地区，而江苏省2011年高新技术企业数量占东部地区的24.94%，R&D经费内部支出占东部地区总量的16.72%。因此，在微观数据获取受限的情况下，针对国内代表性地区企业创新选择的研究对于全国范围内企业创新选择的研究具有一定的参考意义。

二、江苏省高新技术企业创新投入状况

对江苏省获得国家高新技术企业资格的抽样企业数据①进行微观分析显示，由于在国家高新技术企业申报过程中对R&D投入有严格要求，因此所有抽样企业均有R&D支出，样本均值为1265.44万元，其中57.69%的企业存在模仿创新支出，模仿创新支出均值为995.58万元。由于使用模仿创新的企业必然存在R&D支出，因此该类企业应当被归为组合技术使用企业。进一步研究发现，使用组合技术的企业研发支出均值为1470.48万元，而单独使用自主创新的企业R&D支出均值仅为986.15万元，低于组合技术企业32.94%，使用组合技术似乎更加有利于企业自主创新投入的增加。从图7-4中也能够看出，在这部分企业中模仿创新支出与自主创新支出呈现出显著的正相关关系，究其原因，一种可能是这类企业中存在一部分特殊的因素能够同时带动自主创新和模仿创新支出的增长；另一种可能是一方面通过自主创新获取技术优势和垄断利润。另外，通过模仿创新保证企业运营为自主创新提供充足的资金保障、降低自主创新风险，同时利用已有的技术成果进行改造拓展产品应用范围，在这种情况下模仿创新可能对自主创新投入规模的扩大有显著的促进作用。进一步来看，使用组合技术的企业规模更大（图7-5）、企业成立年限更长，说明这部分企业可能是创新规模较大、

① 抽样年份为2010年。

创新流程较为成熟的企业。对企业拥有有效专利数的统计也验证了这一点，使用组合技术的企业拥有的有效专利数均值为17.28件，比自主创新企业的均值高出近6件。

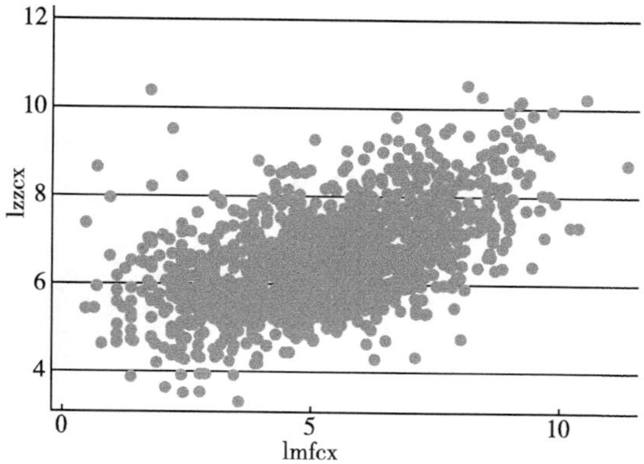

图7-4　组合技术企业自主创新与模仿创新支出散点

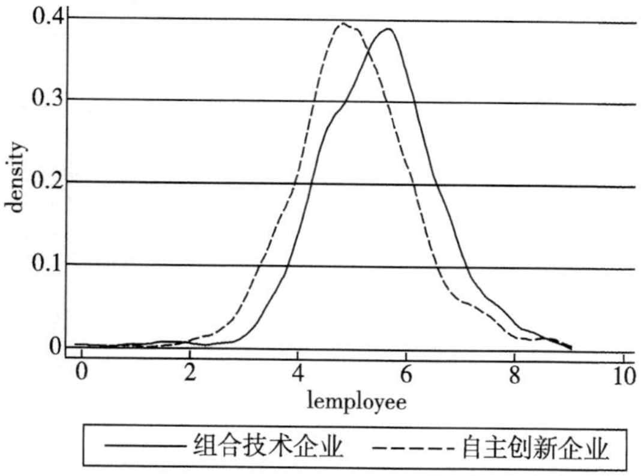

图7-5　组合技术企业与自主创新企业规模的核密度（以年平均从业人员表示）

因此，从高新技术企业本身来看，并不存在第三章、第四章理论部分中所涉及的单纯的模仿创新行为，从上文的分析中能够对高新技术企业的创新选择进行一种规律性的总结，新进入的、小型的高新技术企业愿意将创新资源投入自主创新进行尝试，并期待通过自主创新行为获得市场的垄断优势，但这种自主创新规模受企业自身条件限制通常较小。随着高新技术企业在各个领域的不断发展，其愿意尝试更多尖端的自主创新，但为了增加创新资本来源，同时发挥已有自主创新成果的最大效用，这些企业可能会通过模仿创新为自主创新行为做出铺垫，使我们看到现有的高新技术企业创新资源配置的特征。

第二节　实证研究设计

一、模型的设定与变量选取

（一）实证模型的设定

本章依然沿用第六章的基本模型设定，但对被解释变量进行替换：

$$Innovation = c + \alpha Demand + \beta TechCost + \gamma TradeCost + \varphi Path + \lambda CV + \mu \quad (7-1)$$

式中，*Innovation*——企业创新选择状态，包含两个被解释变量 *zzcx* 和 *mfcx*；*Demand*——市场需求；*TechCost*——技术成本；*TradeCost*——可变贸易成本；*Path*——企业的国际化路径，即内销、出口（*Path*1）还是 OFDI（*Path*2）；*CV*——控制变量集合；μ ——随机扰动项。

（二）变量选取

1. 被解释变量的选取

根据理论模型中对模仿创新和自主创新的界定，结合采用的数据特征，本章将“委托外单位开展科技活动的经费支出”“技术改造经费支出”和“引进技术的消化吸收经费支出”之和视为模仿创新投入 *mfcx*；由于大部分文献都会使用“R&D 支出”对企业创新强度进行测度，因此在研究创新效率时“R&D 支出”通常会作为资本要素出现在知识生产函数中成为创新投入的一部分。我国在对高新技术企业的认定过程中，对企业研究开发费用总额占销售收入总额的比例有着严格的要求①，然而一旦高新技术企业申报成功，企业在接下来的3年中就能够按相应规定获得税收减免，获取政府创新补贴和奖励的概率也相应提升。因此从这个角度来看，企业存在虚报R&D支出的动机。从微观数据具体指标来看，一定数量的企业在“企业内部用于科技活动的经费支出”和“R&D经费支出”指标上的数据是一致的，但前者所包括的“折旧费用与长期费用摊销”和“无形资产摊销”两个指标的数据显然不属于企业研发经费，由于“折旧费用与长期费用摊销”和“无形资产摊销”在企业保税过程中是较为重要的抵扣项目，可信度较高，经扣减后的企业R&D支出更为可信，因此本章将这两个指标所涉及的成本部分从“企业内部用于科技活动的经费支出”中扣除作为自主创新投入*zzcx*，这里所包括的项目主要有自主创新过程中的原材料费用、仪器和设备原价、人员人工费用等。

2. 其他变量设置方法

根据第六章相关基本指标的设定，加之本章对被解释变量和企业异质性的设定，所有变量汇总如表7－1所示。

表7－1　模型变量汇总

变量	变量名		测度方法
被解释变量	*zzcx*	自主创新投入	企业内部用于科技活动的经费支出－折旧费用与长期费用摊销－无形资产摊销
	mfcx	模仿创新投入	委托外单位开展科技活动的经费支出＋技术改造经费支出＋引进技术的消化吸收经费支出

① 《高新技术企业认定管理办法》中对企业近三个会计年度的研发费用总额占销售收入总额的比例明确要求：“最近一年销售收入小于5000万元的企业，比例不低于6%；最近一年销售收入在5000万元至20000万元的企业，比例不低于4%；最近一年销售收入在20000万元以上的企业，比例不低于3%。其中，企业在中国境内发生的研究开发费用总额占全部研究开发费用总额的比例不低于60%。”

续表

变量	变量名		测度方法
解释变量	*Demand*	市场需求	企业产品销售收入
	TechCost	技术成本	Log（企业技术收入＋高新技术企业减免税＋政府补贴收入＋1）
	TradeCost	贸易成本	$\sqrt{企业出口/企业国内需求}$
	*Path*1	出口变量	当出口大于0时，*Path*1＝1，当出口等于0时，*Path*1＝0
	*Path*2	OFDI变量	当OFDI大于0时，*Path*2＝1，当OFDI等于0时，*Path*2＝0
控制变量	*ForeignCap*	外资比重	（港澳台资本＋外商资本）/企业实收资本
	NationalCap	国有资本比重	国家资本/企业实收资本
	Patent	专利数	企业拥有有效专利数
	Import	进口变量	企业进口总额
	Age	企业年龄	2010－企业注册时间＋1
	Industry	行业变量	按企业所属领域代码对企业进行归类，对42个行业设置41组虚拟变量（分组测度时若企业存在于N个行业，则设置N－1组虚拟变量）

根据以上对模型变量的设置，基本模型可以细化为：

$$Innovation = c + \alpha Demand + \beta TechCost + \gamma TradeCost + \varphi_1 Path1 + \varphi_2 Path2 + \lambda_1 Industry + \lambda_2 ForeignCap + \lambda_3 NationalCap + \lambda_4 Import + \lambda_5 Age + \mu \quad (7-2)$$

二、数据来源与描述性分析

本章微观企业数据依旧来源于2010年江苏省高新技术企业抽样统计数据，使用同样的原则对企业进行筛选后剩余2387家企业。从具体行业来看，高新技术企业在国家重点支持的全部高新技术领域中占有42个细分领域，其中机电一体化机械设备领域企业所占比重最高，达到13.87%，先进制造技术设备领域和其他新材料技术领域企业数量分列第二位和第三位，占比分别为6.41%和6.20%，其余企业数量比重超过5%的行业如表7－2所示。抽样企业中存在外商资本的企业达到26.98%，外资比重均值达到67.89%，其中59.94%的外商资本比重超过50%，这意味着在高新技术产业中绝大部分的外商投资企业倾向于主导企业生产销售行为。23.00%的样本企业存在不同程度的进口行为，进口额均值为4131.88万元，其中57.38%的企业都有外商资本介入，在这部分企业中的进口均值达到5401.28万元，进一步分析发现，在外商资本主导的企业中企业进口均值达到6469.67万元，高于进口企业全样本进口均值56.58%。样本企业中超过半数的企业有出口行为，达到54.88%，出口均值为2509.69万美元，其中外商企业部分的出口均值达到4892.71万元，进一步地，外商主导的企业出口均值达到6387.55万元，为出口企业全样本出口均值的2.55倍。有350家企业有对外直接投资行为，占抽样企业总量的14.66%，对外投资均值为1954.40万元，最大值达到1.62亿元，企业中的外资比重对OFDI行为影响不大。

表7－2　江苏高新技术企业抽样领域分布（比重超过5%部分）

领域名称	频数（家）	占比（%）
高效节能	124	5.19
机电一体化机械设备	331	13.87
先进制造技术设备	153	6.41
其他新材料技术	148	6.20
有机高分子材料及制品	137	5.74
金属材料	130	5.45
微电子、电子元器件	136	5.70
其他高新技术	171	7.16

从图7－6、图7－7和图7－8对应的企业创新总投入、自主创新投入和模仿创新投入的核密度图来看，基本服从正态分布，自主创新的整体投入水平高于模仿创新。370家企业能够通过技术转让、技术承包等

方式获取技术收入，占样本总量的15.50%，技术收入均值为1076.83万元；2110家企业或多或少地拥有有效知识产权，占样本总量的88.40%，平均每家企业拥有有效知识产权17.01项；1056家企业获得高新技术企业减免税①，占样本总量的44.24%，平均减免税额为334.41万元，其中含国有资本的企业平均减免税额达到721.50万元，是全部减免税均值的2.16倍②，含外商资本的企业平均减免税额为569.61万元，而外商资本主导的企业平均减免税额能够提高到648.11万元，但仍小于含国有资本的企业平均减免税额，政府减免税总额达到35.31亿元；1122家企业获得政府补贴收入，占样本总量的47.00%，补贴收入均值达到313.42万元，其中含国有资本的企业平均补贴收入达到686.94万元，是全部补贴收入均值的2.19倍，外商资本在补贴收入中的影响不明显，政府补贴总额达到35.16亿元。

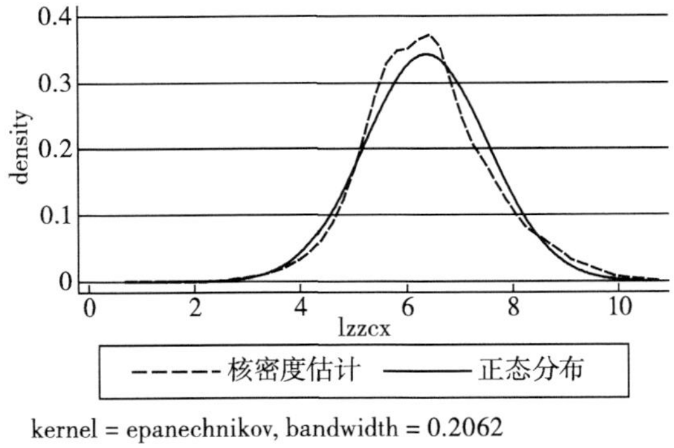

图7-6　企业创新总投入（取自然对数）的核密度

① 由于高新技术企业申请过程中要求企业提供的是前三年的平均状况，且我国高新技术企业认定启动时间较短，因此如果企业是首次申请高新技术企业，以前未享受高新技术企业减免税也就不足为奇了。

② 在这里，国有资本是否占主导地位对平均减免税额的影响不大。

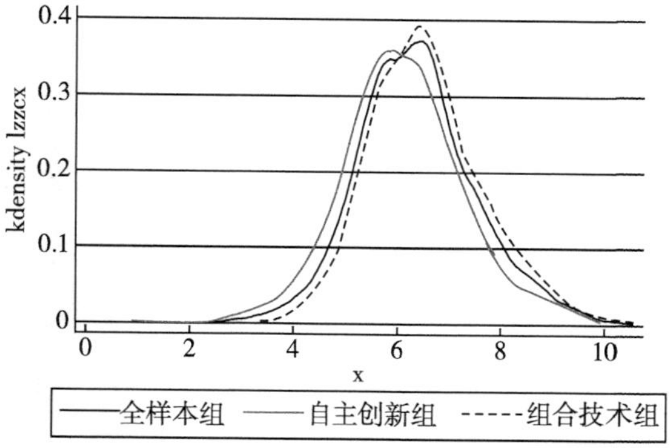

图 7-7　企业自主创新投入（取自然对数）的核密度

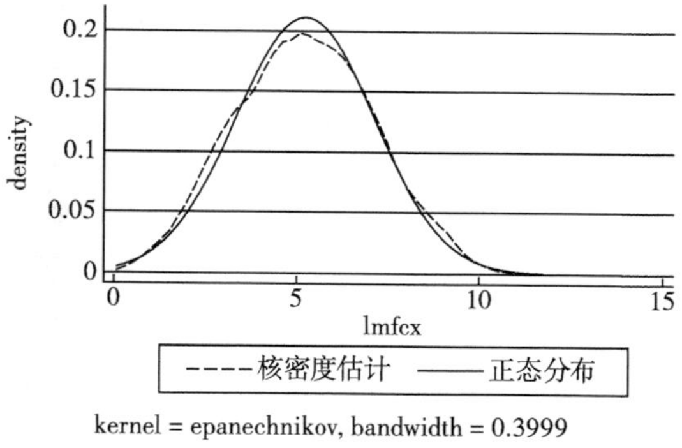

图 7-8　企业模仿创新投入（取自然对数）的核密度

第三节　实证模型处理及结论分析

本章实证过程采用的依旧是截面数据，实证模型回归过程中遇到的问题主要是异方差和内生性问题。与上一章类似，在此对除比例变量、虚拟变量外的其他变量取自然对数，同时在 STATA 回归过程中加入 robust命令以处理异方差问题。结合 IV 方法的使用原则和数据本身特征做出直接回归的决定，并未使用 IV 方法对数据内生性进行进一步处理。本章中，被解释变量为正常的数值，因此选择 OLS 方法对模型进行回归。

一、全样本创新投入模型分析

本章分五种情况对企业创新总投入、自主创新投入和模仿创新投入进行了讨论（模型Ⅰ～模型Ⅴ），实证结果表明，企业创新投入分析结果基本能够支撑前文创新资源配置的分析结果，并能对企业创新资源配置过程中的量变过程进行一定的解释。所有模型的F值均通过显著性检验，说明本章模型中所选取的主要变量确实能对自主创新、模仿创新或创新总投入进行清晰的解释，但在不同的组别中，各变量对自主创新投入和模仿创新投入的影响存在差异；控制变量中的两个产权变量及专利变量均能对创新总投入产生影响，也同样存在组别差异，进口和年龄变量在所有的组别中影响均不显著。

表7－3　企业自主创新投入模型分析结果

变量	模型Ⅰ	模型Ⅱ	模型Ⅲ	模型Ⅳ	模型Ⅴ
	Innovation（全样本）	ZZCX（全样本）	ZZCX（自主创新组）	ZZCX（组合技术组）	MFCX（组合技术组）
Demand	0.7322 *** (50.42)	0.6921 *** (50.84)	0.6553 *** (31.60)	0.7208 *** (40.38)	0.7398 *** (18.04)
TechCost	0.0390 *** (6.81)	0.0290 *** (5.63)	0.0445 *** (4.89)	0.0150 ** (2.44)	0.0429 ** (2.33)
TradeCost	0.0167 (0.28)	0.0974 * (1.72)	0.1778 ** (2.20)	0.0269 (0.37)	－0.3889 * (－1.66)
Path1	0.0213 (0.62)	－0.0681 ** (－2.31)	－0.1098 ** (－2.11)	－0.0377 (－1.08)	0.2532 ** (2.29)
Path2	0.0776 * (1.89)	0.0535 (1.49)	0.0551 (0.83)	0.0560 (1.35)	0.1615 (1.48)
ForeignCap	－0.1599 *** (－3.24)	－0.0153 (－0.33)	0.0256 (0.36)	－0.0030 (－0.05)	－0.5556 *** (－3.18)
NationalCap	0.3493 *** (3.84)	0.2636 *** (3.19)	0.1994 (1.48)	0.2538 ** (2.49)	0.5014 ** (2.20)

续表

变量	模型Ⅰ	模型Ⅱ	模型Ⅲ	模型Ⅳ	模型Ⅴ
	Innovation（全样本）	ZZCX（全样本）	ZZCX（自主创新组）	ZZCX（组合技术组）	MFCX（组合技术组）
Patent	0.0010 ** (2.38)	0.0009 ** (2.52)	0.0006 (1.01)	0.0009 ** (2.48)	0.0013 (0.94)
Import	-0.0070 (-1.15)	-0.0014 (-0.25)	-0.0066 (-0.66)	0.0029 (0.44)	-0.0114 (-0.59)
Age	0.0017 (0.99)	-0.0004 (-0.28)	-0.0022 (-0.81)	-0.0002 (-0.13)	0.0018 (0.38)
Industry	控制	控制	控制	控制	控制
N	2385	2385	1010	1375	1375
F	459.85	478.59	187.83	315.65	61.18
Prob > *F*	0.0000	0.0000	0.0000	0.0000	0.0000
Adj. R^2	0.7199	0.7436	0.6876	0.7794	0.3367

注：***、**和*分别表示1%、5%和10%的显著性水平，括号中的数字为 t 值。

（一）主要变量分析

市场需求对各类创新投入均有显著的正向影响，且在所有变量中其系数的绝对值最大，在一定程度上佐证了理论部分和前文关于企业创新选择的研究，说明市场需求无论是在企业创新选择还是投入方面都占据着重要的位置。将市场需求按国内市场需求和国外市场相对规模区别对待后的实证模型结果保持稳定，国内市场与国外市场绝对规模的增长和国外市场相对规模的增长都对创新投入产生显著的促进作用。进一步研究发现，样本企业中出口样本组的企业国外市场相对规模分布范围较广[图7-9（a）]，但主要集中于0~0.4阶段[图7-9（b）]，因此企业出口需求对创新选择的影响有限。同时，国外需求相对规模对创新投入的影响显著小于国内市场需求，国外需求相对规模的影响系数仅为国内需求系数的1/12~1/7，这说明对于中国企业来说，国内需求对于企业创新投入的影响最为重要。同时，由于国外需求相对规模对组合技术组中的自主创新投入提升作用显著高于其他组别，因此相对于单独采用自主创新的企业来说，扩大出口对使用组合技术的企业的自主创新能力提升效果最佳。

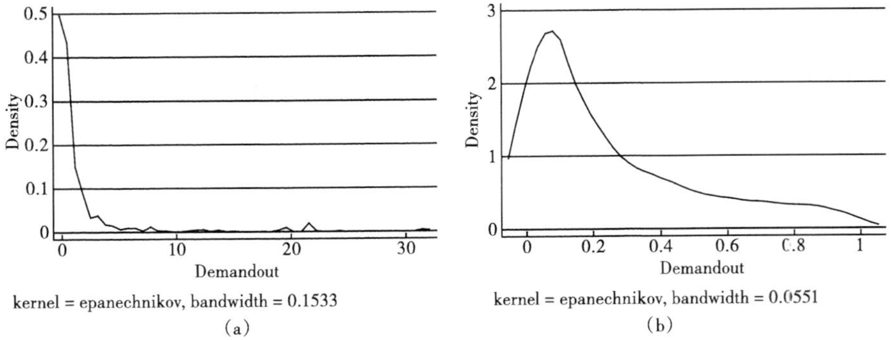

图 7-9　国外市场相对规模核密度及局部放大

企业技术成本变量在所有组别中对创新投入都起到显著的正向影响，根据技术成本变量的设定，这意味着随着企业创新成本的降低，企业的创新投入逐步增加。从技术成本变量构成来看，企业技术收入与自主创新投入和创新总投入均呈现显著的正相关关系，对模仿创新投入的影响不显著①。这就能够说明在企业创新选择中企业技术收入为何无法影响创新选择组合，因为所有的企业都有自主创新行为，企业技术收入的任何变动都只能对自主创新投入产生影响，无法使模仿创新收入减少甚至消失，因此企业创新选择不会有明显改变。企业技术收入越高，总体创新能力越强，从自主创新成果中获得的成本弥补就越多，而模仿创新成果的特征决定了企业很难从中获取利润，这意味着企业技术收入主要来源于自主创新。基于此，当企业技术收入提高时，企业主要增加的是自主创新投入，与模仿创新投入关系不大。

高新技术企业减免税的增加仅能对自主创新组中的自主创新投入产生显著影响，这意味着当企业仅选择自主创新时，企业的减税政策能够

① 企业技术成本变量拆分后的具体实证回归结果未具表列出。

有效提升企业的创新投入，与李思慧、赵曙东（2012）的研究结果一致。但减税政策带来的效果是有选择的，或者说与企业现有技术状况密切相关，当企业使用组合技术时，减税政策无论是对自主创新还是模仿创新投入的促进作用均不显著。同样地，政府补贴政策的效果也具有选择性，当企业单独选择自主创新时，补贴收入的增加能够显著提升自主创新投入，而当企业使用组合技术时，补贴收入的增加带动的是模仿创新投入的提升。因此，在企业使用组合技术时，政府补贴对技术的“逆向”选择就会显现。这两种政府行为对企业创新投入的影响表明，虽然在指标设置中将其作为技术成本替代性变量的组成部分出现，但在实际中政府大多根据企业实际的创新强度和创新成果等明显的指标来确定对企业的减免税和补贴，因此导致在模型回归过程中政府行为对技术投入的影响存在一定的条件性。

可变贸易成本变量与全样本和自主创新组中的自主创新投入呈显著正相关，与组合技术组中的模仿创新投入呈显著负相关，考虑到可变贸易成本变量与实际可变贸易成本的负相关关系，模型结论可以理解为实际可变贸易成本越低越能促进全样本和自主创新组中的自主创新投入增加，同时能够减少组合技术组中的模仿创新投入。这说明实际可变贸易成本的降低通常能够使企业在出口中获得更多的利润，使企业获得的技术成本补偿增加，使企业增加自主创新投入的意愿增强。而在组合技术组中，企业出口规模相对较小，贸易成本的节约有限且模仿创新投入的变动较快，使实际可变贸易成本的变化主要通过模仿创新成本的变化来体现。由于实际可变贸易成本对自主创新投入和模仿创新投入的影响方向不一致，使可变贸易成本变量对全样本的创新总投入影响不显著。

在国际化路径中，出口变量对企业创新投入的影响与可变贸易成本变量一致。但是，企业选择出口的行为对全样本和自主创新组中的自主创新投入产生负向影响，对组合技术组中的模仿创新产生正向影响。这说明在样本企业中，企业的出口决策可能会使其在出口的初始阶段选择稳妥型的技术投入，通过低创新性、低价格的产品输出使国外市场逐步接受。随着企业出口规模的增加，这种出口决策对自主创新投入的反向影响会发生改变。将 *Path*1 变量使用 *Export* 变量替换后，只有全样本中的企业创新总投入通过了显著性检验，但当将国外市场相对规模引入模型时，所有的出口变量系数都变得极为显著①，这说明在出口对创新投入的影响中，国外市场相对规模是一个非常重要的影响因子。对外投资变量对全样本中的总创新投入有正向影响，并通过了 10% 的显著性检验。这说明对外投资变量对创新投入的影响可能处于一种不稳定的状态，与其对创新选择的影响类似，企业在进入国际市场之前就已经确定了其创新选择和创新投入规模，当进行 OFDI 时由于置身于更加激烈的国际市场竞争中，企业就不会轻易改变与创新相关的各种决策。

（二）控制变量分析

在控制变量中，外资比重变量能够对模仿创新投入产生显著的负向影响，即外资比重越高，企业对于模仿创新的投入越少，支撑了创新选择部分的结论：外资比重越高，企业单独选择自主创新的可能性越大。国有产权变量在企业使用组合技术时能够显著影响自主创新和模仿创新投入，但对单独使用自主创新企业的创新投入影响不显著。从国有产权具体系数来看，国有产权对模仿创新投入的正向影响显著高于其他企业，加之在大部分文献中，国有产权给人以低效、低风险的印象，从样本数据特征来看，67.03% 的具有国有资本的企业都选择了组合技术，而在不具有国有资本的企业中，这一比例为 56.84%。因此，国有资本比重的提高会使企业中具有保证的创新投入增加，而仅使用自主创新的创新选择可能因为新投入的巨大风险而被国有资本企业所忽略。进口变量、企业年龄对各组中各类创新投入的影响均不显著，说明进口变量几乎与创新

① 具体实证回归结果未具表列出。

“绝缘”，既无法增加创新投入也无法改变创新选择；而企业年龄对企业创新来说可能仅仅起到“触发”作用，对创新投入绝对量的影响不大。企业拥有有效专利数对创新投入的影响主要体现在组合技术组中的自主创新投入上，并随之对全样本组别中的自主创新投入和创新总投入产生影响。但是，有效专利数并没有对自主创新组内企业的自主创新投入产生显著影响。从表7-4中可以看出，自主创新组中企业拥有有效专利数均值明显小于组合技术组，这说明企业在基于有效专利数考虑自主创新投入增加时可能会有一个“阈值”，当企业自身有效专利较少时，自主创新投入的增加可能风险较大；而当企业自身有效专利较多时，自主创新投入的风险较小，且企业同时存在的模仿创新行为能够保障创新投资的稳定性，故在组合技术组中企业拥有有效专利数的增加能够显著提高企业自主创新投入。需要注意的是，有效专利数对创新投入的影响系数是极小的，因此总体来看，有效专利对创新选择的影响更为明显。

表7-4 分组企业拥有有效专利数

sum patent if innopath = 1（自主创新组）					
Variable	obs	Mean	Std. Dev.	Min	Max
patent	1012	11.98617	35.27582	0	636
sum patent if innopath = 0（组合技术组）					
Variable	obs	Mean	Std. Dev.	Min	Max
patent	1375	17.28145	38.96189	0	580

为了测度企业使用不同创新选择时其国际化状态是否会使主要变量对创新投入的影响产生差异，本章将在下面部分对企业创新投入进行分组研究。

二、分组创新投入模型分析

本章对单独使用自主创新组的企业自主创新投入、使用组合技术的企业自主创新投入和模仿创新投入分别在内销、出口和OFDI状态受主要解释变量的影响程度进行了分组讨论，共计 9 组，主要回归结果如表 7－5和表 7－6 所示。从模型估计结果来看，大部分变量的系数和方向与全样本估计下一致，少量变量显著性存在组别差异。

从自主创新组的估计结果来看（表 7－5），除了 OFDI 组的创新成本变量系数不显著，其余变量结论与全样本结论一致。出口组和 OFDI 组的自主创新投入受市场需求的影响明显高于内销组，考虑到内销企业的成立年限较短，意味着在企业初始阶段其创新投入受企业可支配资金影响较大，当可获得的用以支撑创新投入的产品销售收入增加时，企业才考虑扩大创新投入。随着企业国际化路径的进化，技术成本对自主创新投入的影响是逐步减小的，说明随着企业国际化路径的提升，企业在技术方面考虑的更多的是技术战略布局，这在数据上表现为企业的创新选择可能会发生改变，但其创新投入量的大小受技术成本的影响逐步降低，在 OFDI 路径下，技术成本对创新投入的显著影响消失。受变量设定影响，可变贸易成本仅在出口组中出现，其系数方向和大小与全样本基本一致。

表 7－5　企业自主创新投入模型分析结果（自主创新组）

变量	模型Ⅰ	模型Ⅱ	模型Ⅲ
	内销组	出口组	OFDI 组
Demand	0.6306 *** (21.78)	0.7180 *** (22.97)	0.7025 *** (4.30)
TechCost	0.0585 *** (3.82)	0.0271 ** (2.33)	－0.0134 (－0.25)
TradeCost		0.2072 ** (2.31)	
ForeignCap	0.1750 (1.13)	－0.0926 (－1.09)	－0.0054 (－0.02)
NationalCap	0.2649 (1.15)	0.29119 (1.60)	－0.4173 (－0.76)

续表

变量	模型Ⅰ	模型Ⅱ	模型Ⅲ
	内销组	出口组	OFDI 组
Patent	0.0008 (0.46)	0.0007 (0.67)	0.0001 (0.28)
Import	-0.0166 (-0.61)	-0.0075 (-0.62)	-0.0082 (-0.16)
Age	0.0018 (0.43)	-0.0044 (-0.81)	-0.0157 (-0.88)
Industry	控制	控制	控制
N	460	429	59
F	100.83	128.82	25.68
Prob > *F*	0.0000	0.0000	0.0000
Adj. R^2	0.6002	0.7516	0.6423

注：***、**和*分别表示1%、5%和10%的显著性水平，括号中的数字为 *t* 值。

在组合技术组中，各主要变量系数和显著性的组间差异较为明显。技术成本对组合技术组自主创新投入和模仿创新投入的影响仅局限于内销组，从系数来看不到市场需求影响的1/10，但对模仿创新投入的影响最大。这意味着在使用组合技术的企业中，由于创新资本的充裕，技术成本对企业创新投入的影响下降，技术成本的上升会导致企业模仿创新投入更快地上升，创新资本规模进一步扩大，因此企业在自主创新方向和投入的选择上对成本的顾虑更少。可变贸易成本对创新投入的影响与全样本结果一致，但区分国际化路径后，由于排除了数据组中不相关企业，可变贸易成本的减少对模仿创新投入增加的影响更大。

表 7-6　企业创新投入模型分析结果（组合技术组）

变量	zzcx			mfcx		
	模型Ⅰ	模型Ⅱ	模型Ⅲ	模型Ⅰ	模型Ⅱ	模型Ⅲ
	内销组	出口组	OFDI 组	内销组	出口组	OFDI 组
Demand	0.6877*** (18.76)	0.7599*** (38.25)	0.6249*** (6.95)	0.6402*** (9.02)	0.7780*** (11.50)	0.7108*** (5.18)
TechCost	0.0281*** (2.66)	0.0046 (0.59)	-0.0150 (-0.47)	0.0464* (1.65)	0.0274 (0.90)	0.0720 (1.18)
TradeCost		0.0970 (1.27)			-0.5033* (-1.87)	
ForeignCap	0.0562 (0.24)	-0.0929 (-1.52)	0.5007 (1.06)	-0.0986 (-0.23)	-0.6756*** (-3.08)	-1.6667** (-2.34)
NationalCap	0.3614* (1.68)	0.1454 (1.22)	0.8405*** (3.39)	0.3486 (0.82)	0.7539** (2.54)	-0.1377 (-0.17)
Patent	-0.0001 (-0.07)	0.0008** (2.05)	0.0029 (0.63)	0.0008 (0.16)	0.0001 (0.63)	0.0163* (1.95)
Import	-0.0087 (-0.38)	-0.00001 (-0.00)	-0.1014*** (-2.89)	-0.0372 (-0.37)	-0.0178 (-0.78)	0.0265 (0.17)
Age	-0.0032 (-1.02)	0.0012 (0.58)	0.0035 (0.46)	-0.0009 (-0.09)	0.0044 (0.68)	0.0056 (0.31)
Industry	控制	控制	控制	控制	控制	控制
N	471	675	87	471	675	87
F	85.73	253.34	12.02	16.29	33.77	5.96
Prob > *F*	0.0000	0.0000	0.0000	0.0000	0.0000	0.0000
Adj. R^2	0.7079	0.8140	0.6966	0.2694	0.2933	0.4070

注：***、** 和 * 分别表示 1%、5% 和 10% 的显著性水平，括号中的数字为 *t* 值。

在控制变量中，外资变量对企业模仿创新投入的影响主要体现在出口组和 OFDI 组中，其中在 OFDI 组中，企业外资比重变量对模仿创新投入的影响尤为明显，其系数是出口组的近 3 倍，进一步辅证了外资企业对单独使用自主创新的偏好性。国有资本变量对创新投入的影响存在显著的条件性，当企业处于内销组和 OFDI 组时，国有资本增加会带动企业自主创新投入的增加，当企业处于出口组时，国有资本的增加会促进模仿创新投入，且随着国际化路径的进化，这种影响将逐步增大。从表 7 - 7 来看，出口组中的国有资本比重均值最低，值得注意的是，这一均值未超过 50%，意味着在出口组内含有国有资本的企业中，大部分企业并不是由国有资本主导，其他类型的资本尤其是私有资本在创新投入时通常十分慎重，极有可能通过国有资本与政府的“天然联系”获取政府政策以降低创新成本，并利用这一成本优势进一步降低模仿创新成本、加大模仿创新投入，这从技术成本对模仿创新的显著系数中可见一斑，此时，这种减免税和补贴实际处于对技术的“逆向选择”状态，不利于企业自主创新能力的提升。而内销组和 OFDI 组中，由于国有资本均值过半，大部分含有国有资本的企业能够控制企业创新投入的方向，使得自主创新投入的增加成为可能 。

表 7 - 7　组合技术企业分国际化路径国有资本比重情况

内销组					
Variable	obs	Mean	Std. Dev.	Min	Max
NationalCap	38	0. 6475	0. 3539	0	1
出口组					
Variable	obs	Mean	Std. Dev.	Min	Max
NationalCap	57	0. 4963	0. 3697	0	1
OFDI 组					
Variable	obs	Mean	Std. Dev.	Min	Max
NationalCap	11	0. 5303	0. 4308	0	1

注：本表中只显示含国有资本企业的国有资本比重均值，故其包含的样本数量与模型回归时有所差异。

在出口组中，专利数量对自主创新投入产生显著的正向影响，与专利数量对组合技术企业的自主创新投入影响一致。在 OFDI 组中，专利数量对模仿创新投入产生显著的正向影响，但专利数量对组合技术中的模仿创新投入却不显著。这种差异主要是由不同国际路径组别的样本数量差异导致的，在组合技术企业中，出口企业占比达到 54. 74%，其组别特征能够在组合技术企业中占据主导地位，而 OFDI 企业占比仅为 7.06%，因此即使专利数量能够对模仿创新投入产生显著影响，在整体组合技术企业中这一特征也将变得不显著。同理也使得进口变量对 OFDI组中自主创新投入的负向影响在组合技术企业中变得不显著。

总体来看，主要解释变量对企业创新投入影响的结论在大多数情况下能够保持一致，对第六章企业创新选择的分析进行了进一步扩充，使得对企业创新选择种类和投入数量的研究逐步深入。市场需求、技术成本和可变贸易成本三个主要变量对企业创新的影响在理论模型和实证分析中均得到了验证，细分组别回归结果的差异实际上为政府政策的修改和完善提供了参考。

第八章

对外直接投资与企业创新效率

自2000年我国正式提出“走出去”战略以来，中国对外直接投资呈现快速增长，2005年首次突破百亿美元，截至2013年投资金额已突破千亿大关，连续两年位列全球第三大对外投资国。从企业境外投资的目的来看，资源寻求和市场拓展是早期投资的主要目标。而随着中国技术追赶步伐的加快，近年来，制造业领域的技术寻求动机更为明显，越来越多的企业通过OFDI嵌入国外研发密集地区，利用当地研发与技术资源提升自身技术实力，OFDI成为企业提升创新能力的重要途径之一。然而，企业究竟能否从对外直接投资中获益，带动创新能力的提升？本章尝试以OFDI的重要力量——高新技术企业为样本，在考察对外直接投资通过企业创新资源配置影响企业创新效率的同时，明确其内部影响机理，为我国“走出去”战略的政策制定和实施提供参考。

第一节　对外直接投资与逆向技术溢出

对于跨国公司为什么进行对外投资，产品生命周期理论、垄断优势理论、内部化理论、国际生产折中理论、边际产业扩张理论、交易成本理论等经典理论从不同角度出发对其进行了解释（Vernon，1966；Hymer，1976；Buckley 和 Casson，1976；Dunning，1975；Kojima，1978；Hennart，1988）。由于跨国公司最早出现于发达国家，这些理论无一例外解释的是发达国家跨国公司的投资行为。而发展中国家跨国公司的发展具有显著区别于发达国家跨国公司的宏观背景和微观行为，因此这些理论对解释发展中国家的对外投资行为具有局限性。发展中国家跨国公司大多规模较小、技术水平偏低，在向发展中国家进行境外投资时，具有本土化改造灵活的优势，更容易通过规模经济获取盈利（Wells，1983；Lall，1983；Erdener 和 Shapiro，2005）。同时，发展中国家跨国公司在处理国家直接干预、知识产权市场保护和公司管理等制度性失调上更具经验（Lecraw，1993；Khanna 和 Palepu，2006），在发展中国家投资中更具有竞争力。伴随发展中国家制造业的发展，一些优秀的发展中国家企业能够在国外设立技术密集型海外子公司（Morck，Yeung 和 Zhao，2008），不具备特定竞争优势的企业也能够在技术先进国家进行投资（Jaffe，Trajtenberg 和 Henderson，1993），通过技术扩散效应、演示—模仿效应、产业关联效应、人员培训效应等提升企业的技术水平（Fosfuri 和 Motta，1999）。Kogut 和 Chang（1991）对日本跨国企业早期对美国的投资行为研究也发现，获取东道国逆向技术溢出已成为对外直接投资的重要动因。

目前，对于 OFDI 的逆向技术溢出效应是否存在，学术界依然存在争论。王英和刘思峰（2008）基于国际 R&D 溢出回归框架的研究认为，OFDI 作为国际技术溢出的一种传导机制，并未对我国技术进步产生促进作用。而大部分学者认为，OFDI 逆向技术溢出效应的存在具有条件性，地区差异、国别差异、行业差异、投资方式差异等都会对逆向技术溢出效果产生影响。对国外数据的研究表明，OFDI 的逆向技术溢出总体来看不具有普遍性。Bitzer 和 Kerekes（2008）对 17 个 OECD 国家的研究发现，法国、日本、波兰、瑞典、捷克、英国从 OFDI 中获益，而加拿大、芬兰、德国、西班牙、丹麦、韩国等国的 OFDI 都对本国生产率产生了不利影响，不同国家之间获取 OFDI 逆向技术溢出的差异明显，这种国别差异在发展中国家对外投资中也普遍存在（Herzer，2010）。Pradhan 和 Singh（2009）对印度汽车行业的研究结果也支持了 OFDI 逆向技术溢出的存在。Vahter 和 Masso（2006）对爱沙尼亚企业微观层面数据的分析显示，OFDI 会对投资公司自身产生明显的逆向溢出，但不能证明对其他企业也存在外溢效应。对中国数据的研究也发现，OFDI 的逆向技术溢出仍然存在不确定性。从宏观角度来看，蔡冬青和刘厚俊（2012）认为我国 OFDI 显著促进了技术创新，但其效果受到东道国制度、知识产权保护等因素的影响。我国 OFDI 逆向技术溢出效应的地区差异近年来被许多文献所证实，东部地区成为 OFDI 积极逆向技术溢出的主要受益地区，而中西部地区受地区吸收能力影响，技术创新能力的提升并不明显（陈岩，2011；李梅和柳士昌，2012；陈菲琼等，2013），而造成这一现象的主要原因是积极逆向技术溢出效应的发生存在“门槛”（Borenztein，1998；Xu，2000；李梅和柳士昌，2012）。在境外投资形式上，逆向技术溢出主要通过海外研发、制造和营运机构等渠道对国内创新产生影响，非经营性机构和原料获取机构的逆向溢出效应不明显（董有德和孟醒，2014）。

自 Melitz（2003）提出企业异质性理论后，企业国际化行为也成为异质性理论的重要研究领域之一。学者将境外投资企业内部的逆向技术溢出视为国家创新能力提升的基础，开始从微观企业内部出发探索OFDI逆向技术溢出。Navaretti 和 Venables（2004）的研究认为，如果 OFDI 优化了公司内部资源配置，提升了资源使用效率，那么母国公司将从中受益。Yang 等（2013）对台湾地区制造企业、付永萍和马永（2012）对中国战略性新兴产业上市公司的研究都表明，企业创新绩效与其 OFDI 行为有显著正相关关系。而部分学者却认为，OFDI 对母国企业创新的影响取决于 OFDI 和国内研发的相互关系，研发互补显然会进一步强化母国企业的创新行为，而研发替代则会使母国企业的国内研发投入减少，从而对企业创新产生不利影响。Li 和 Hu（2004）观察到了 OFDI 对地区研发的替代，得出台湾对大陆投资不利于企业创新效率的结论。董有德和孟醒（2014）

的研究也显示了OFDI逆向技术溢出与国内资本研发效率之间存在替代。而OFDI过程中企业之间的逆向技术转移能带来更大的外部性，更利于国内行业整体技术水平的提升（陈菲琼和虞旭丹，2009）。也有学者注意到了OFDI对企业创新影响的时滞性，李泳（2009）认为对不发达国家的投资存在短期成本，对发达国家投资的前期效应与国内投资无异，而从第三年开始，境外投资对产出增长和技术提升的效应逐步显现。毛其淋和许家云（2014）的研究结果显示了OFDI对企业创新的持续性促进作用，认为OFDI总体上起到了延长企业创新期的作用。

现有文献对OFDI逆向技术溢出做了大量卓有成效的工作，基本厘清了逆向技术溢出的主要作用机制和影响因素，在宏观和中观层面进行了有效的验证。然而受客观因素影响，企业层面的研究偏少，度量企业创新能力、创新绩效的指标存在局限性，对企业受OFDI影响的创新行为研究不够全面，逆向技术溢出的微观传导机制尚待进一步发掘。因此，研究对外直接投资对企业创新的全面影响是判断OFDI逆向技术溢出的关键点，对我国企业“走出去”政策的制定和调整具有重要的现实意义。本章在现有研究的基础上，进一步利用微观高新技术企业数据，对OFDI行为对企业创新的影响进行实证分析，比较OFDI企业和非OFDI企业在创新效率上的差异，拓宽了研究视角，为国家“走出去”战略成效提供微观支撑。

第二节　模型设定与变量选取

一、模型设定

从企业内部来看，创新的过程实际上就是创新生产部门利用现有的研发资金、人力资本等各类创新资源要素通过不同路径投入创新生产过程并创造出能够实现经济效益的创新产品的过程。企业对外直接投资能够通过并购境外企业、跨国公司人员流动、境外研发合作等方式为母国公司提供各种吸收境外技术的渠道。陈菲琼和虞旭丹（2009）以发达国家境外投资为研究对象，将其对企业自主创新的影响系统总结为四个方面：海外研发反馈机制、收益反馈机制、子公司本土化反馈机制、对外投资的公共效应。由此可见，跨国公司在 OFDI 过程中会通过多种渠道主动或被动地接受逆向技术溢出，无论企业如何在全球范围内配置创新资源，OFDI 对跨国企业的创新影响都是整体性的。Li 和 Hu（2004）认为，大企业能够通过在国际市场提高商品价格对技术效率进行弥补，而中小企业更倾向于通过 OFDI 提升企业技术效率。Kohn's（1997）对美国中小企业的研究表明，企业境外投资国家数量的增加将提高研发密度，提升技术效率。从发展中国家跨国公司的特征来看，绝大多数企业不具备市场价格控制能力，其 OFDI 行为具有强烈的技术意图，目的是提高企业技术水平和创新效率。发展中国家的对外直接投资发展历程也表明，在国内创新缺乏人力资本、研发设备和先进信息等资源时，可以通过在发达国家的直接投资，直接或间接地获得先进技术，有效利用发达国家的创新资源，实现企业创新能力的提升。基于此，本章拟从创新效率视角，实证研究对外直接投资对企业创新效率的影响。

综合以上分析，本章设定如下经济计量模型：

$$efficiency_i = c + \alpha OFDI_i + \beta CV_i + \varepsilon_i \tag{8-1}$$

被解释变量为 *efficiency*，解释变量为 *OFDI*，*CV* 为控制变量集合，c 为常数项，ε 为随机干扰项。其中，i 代表第 i 个企业。

二、变量说明

（一）被解释变量

被解释变量表示企业创新效率，目前文献中对企业创新效率的度量主要分为两类：第一类是从企业生产角度出发，借助企业 TFP 计算过程，将生产效率增长中无法用要素投入解释的部分视作创新绩效。第二类是将创新过程看作知识的生产过程，从知识生产函数角度解读创新效率。近年来，基于生产函数视角的数据包络分析（DEA）和随机前沿模型（SFA）在创新效率的测算中成为主流。从企业角度来看，创新效率的实际意义在于如何用最小的创新投入获得最大的经济效益，这也是本章企业创新效率关注的重点。结合样本数据特征，本章采用数据包络分析（DEA）对高新技术企业创新效率进行测度。

1978 年，Charnes、Cooper 和 Rhodes 提出了数据包络分析（DEA），采用线性规划方法对决策单元的生产进行有效性评价。本章中，每个样本企业都被视为一个决策单元（DMU），目标是对每个样本企业的创新生产进行有效性评价，以反映各样本企业之间进行创新的相对效率。假设存在 k 个进行创新决策的企业（$DUM_j, j = 1,2,\cdots,k$），每个企业的创新生产存在 m 种创新资源投入和 n 种创新产出，则决策企业的创新投入和创新产出集合为：

$$
\begin{aligned}
X_j &= (x_{1j}, x_{2j}, \cdots, x_{rj})^T \qquad (r = 1,2,\cdots,m;\ x_{rj} > 0) \\
Y_j &= (y_{1j}, y_{2j}, \cdots, y_{sj})^T \qquad (s = 1,2,\cdots,n;\ y_{sj} > 0)
\end{aligned} \tag{8-2}
$$

则评价第 j_0 个企业创新生产有效性的 C^2R 模型可表示为：

$$
\begin{cases}
\min\theta = V_D \\
\sum_{j=1}^{k} \lambda_j X_j + S^- = \theta X_0 \\
\sum_{j=1}^{k} \lambda_j Y_j - S^+ = Y_0 \\
\lambda_j \geqslant 0,\ j = 1,2,\cdots,k \\
S^- \geqslant 0,\ S^+ \geqslant 0
\end{cases} \tag{8-3}
$$

式中，θ 表示在 C^2R 模型中计算出的创新生产相对效率值；λ_j 表示单位组合系数；S^- 和 S^+ 为松弛变量。θ、S^- 和 S^+ 共同构成对企业创新生产相对有效性的判断标准，当 $\theta = 1$，且 S^- 和 S^+ 同时为0 时，被评价的决策企业就被认为是 DEA 有效的；当 $\theta < 1$，且 S^- 和 S^+ 不同时为 0 时，此时被评价的决策企业被认为是 DEA 无效的。基于此原理，本章选择 DEA 方法对企业创新效率进行测算，创新投入包括资金投入（*rdcapital*）和人力资本投入（*rdhuman*），分别使用企业内部用于科技活动的经费支出和科技活动人员合计两个指标表示，创新产出指标使用新产品产值（*newproduct*）表示。同时，考虑到企业创新生产的时滞性问题，本章在创新投入变量中增加了企业拥有的有效专利数指标（*ownedrights*），使得本期创新生产的计算充分考虑到企业前期创新的累积。

（二）解释变量

OFDI 是本章重点关注的变量，重点分析企业通过 OFDI 进入国际市场对其创新效率产生的整体影响。在具体的 OFDI 行为中，企业面临两个具体决策：一是是否进行对外直接投资，二是对外直接投资的具体金额。前者对于企业来说是一个突破，在实际中具有决策“黏性”，因此本章围绕 OFDI 设置两个相关变量：决策变量 $OFDI\_D$，设置为虚拟变量，当企业进行 OFDI 时，$OFDI\_D = 1$，反之为 0；规模变量 $OFDI\_C$，用企业对外投资金额指标表示。

（三）控制变量

综合以往文献中对企业创新影响因素的研究，设置变量 *industry* 固定行业效应，根据所属领域老代码（三位码）样本企业进行行业归类；国有企业更容易获取创新资源投入，但同时也存在较大的创新资源损失，可能会对自主创新效率有所制约，因此设置国有企业虚拟变量（*state*）；开放经济环境中，外资是国际技术溢出的重要途径，设置外资控制变量（*foreigncap*），用企业外资比重表示；企业规模越大就会拥有越多的创新经验积累，这种积累可能会在知识生产过程中起到重要的“催化剂”作用，从而对创新效率产生影响，因此设置企业规模变量

(*scale*)。

基于以上变量设置，式（8－1）细化为：

$$efficiency_i = c + \alpha OFDI_i + \beta_1 industry_i + \beta_2 state_i + \beta_3 foreigncap_i + \beta_4 scale_i + \varepsilon_i \quad (8-4)$$

三、数据来源和描述性分析

（一）数据来源

本章研究所使用的样本数据为2013年江苏省在库高新技术企业，鉴于高新技术行业特性及高新技术企业申报需要，样本数据在企业创新行为方面的统计指标是目前国内可获得的最为详尽的地区微观企业数据库，能够较为准确地测度企业创新效率状况。由于各种原因，统计样本中存在关键信息缺失或明显异常的情况，异常样本可能导致后文回归分析出现偏差。为使样本数据更为可信，基于以下原则对样本数据进行了筛选和处理：①删除样本数量较少的认定时间为2009年及以前的高新技术企业，保留认定时间为2010—2012年的企业；②删除企业内部用于科技活动的经费支出、科技活动人员合计、拥有有效专利数、新产品产值、对外直接投资额等主要指标缺失或明显异常的企业样本；③删除原始数据中明显偏离整体趋势的异常样本点。

（二）描述性分析

经过筛选和处理，本章样本数据总量为3638家企业，其中有455家企业有OFDI行为，占样本总量的12.51%，远高于毛其淋和许家云（2014）研究中的中国工业企业OFDI比重（由2005年的0.11%到2009年的0.47%），说明高新技术企业是我国OFDI的有生力量，加之其活跃的研发创新行为，以其为样本研究OFDI对企业创新效率的影响具有代表性意义。表8－1具体报告了OFDI和非OFDI企业在创新行为方面的对比情况。总体来看，OFDI企业无论是在创新投入还是在创新产出变量的均值上均较非 OFDI 企业有显著优势。其中，OFDI 企业内部用于科技活动的经费投入（*rdcapital*）、拥有有效专利（*ownedrights*）、参加科技人员合计（*rdhuman*）、新产品产值指标（*newproduct*）的均值较非 OFDI 企业分别高出 47.51%、22.22%、39.66% 和 36.38%。值得注意的是，两组企业在创新投入指标极值上的差异相对较小，而在所有指标的最大值中，OFDI 企业的指标数值并没有显著领先于非 OFDI 企业，甚至出现了相对的落后。

表 8－1　样本企业的组别描述性对比

变量	OFDI 选择	均值	最小值	最大值	标准差
rdcapital（万元）	非 OFDI	8979	328	102366	11018
	OFDI	13245	491	103684	14869
rdhuman（人）	非 OFDI	58	8	423	58
	OFDI	81	8	442	74
ownedrights（项）	非 OFDI	18	1	148	19
	OFDI	22	1	144	22
newproduct（万元）	非 OFDI	95979	385	948995	146558
	OFDI	130901	700	932855	162448

第三节　实证模型处理及结论分析

一、全样本企业创新效率模型分析

使用 DEA 方法对企业创新效率进行估计时，由于效率数值是一个相对值，其大小受极值企业的影响较大。为避免异常值对创新效率估算的影响，在计算过程中，本章删除了第一次 DEA 测算创新效率值前后 1% 的样本，剩余样本再次进行 DEA 回归，以得到相对较为准确的企业创新效率数值，此时企业创新效率均值为 0.1926。*t* 检验显示，在 10% 的显著性水平下 OFDI 组的样本均值高于非 OFDI 组，即两组企业的创新效率均值存在显著差异。根据式（8－2），本章进行了全样本回归，同时为了对比 OFDI 行为对企业创新的全面影响，模型 3 至模型 6 中分别使用创新资本投入（*inno_i*）和新产品产值（*inno_o*）作为被解释变量进行回归，回归结果如表 8－2 所示。

表 8－2　全样本回归结果

变量	模型 1	模型 2	模型 3	模型 4	模型 5	模型 6
	efficiency	*efficiency*	*inno_i*	*inno_i*	*inno_o*	*inno_o*
OFDI_D	－0.0193 * （－2.34）		0.1060 *** （4.24）		0.0505 （0.92）	
OFDI_C		－0.0021 * （－2.33）		0.0117 *** （4.32）		0.0067 （1.13）
state	－0.0235 （－1.32）	－0.0235 （－1.33）	0.1640 ** （3.04）	0.1640 ** （3.05）	－0.0242 （－0.20）	－0.0239 （－0.20）
foreigncap	0.0001 （0.98）	0.0001 （0.97）	0.0002 （0.51）	0.0002 （0.52）	－0.0009 （－1.29）	－0.0009 （－1.28）
scale	0.0659 *** （29.50）	0.0660 *** （29.45）	0.6940 *** （102.44）	0.6930 *** （101.93）	0.8930 *** （60.20）	0.8920 *** （59.91）
cons	－0.3780 * （－2.31）	－0.3800 * （－2.32）	0.4740 （0.95）	0.4840 （0.97）	1.2770 （1.17）	1.2880 （1.18）
industry	控制	控制	控制	控制	控制	控制
N	3638	3638	3638	3638	3638	3638
Adj. R^2	0.23	0.23	0.77	0.77	0.53	0.53
F 值	23.16	23.16	242.20	242.20	83.96	83.98

注：＊＊＊、＊＊和＊分别表示 1%、5%和 10%的显著性水平；括号中的数值为 *t* 值。

总体来看，OFDI 行为对企业创新的投入、产出和效率产生了不同方向和程度的影响，呈现出较为复杂的关系。OFDI 变量对企业创新效率产生了显著的负向影响，即企业的对外直接投资行为不仅未能促进创新效率的提高，反而使企业创新效率出现下降。进一步剖析该现象发现，从创新投入来看，回归结果验证了以往大多数的研究结论，即企业对外直接投资行为显著促进了企业研发支出的增加，活跃了企业创新行为。而当关注点转移到创新产出时，结论显示 OFDI 对企业创新产出的影响并不显著，企业进行对外投资并不能带来新产品销售收入的显著增加。OFDI 行为对创新投入的显著提升和对创新产出的不确定性影响在企业创新中共同作用，使在实证结论中观察到了企业对外直接投资行为对创新效率的显著负向影响。综合前文对企业创新的描述性分析可以得出结论，对外直接投资会使企业拥有更大规模的创新活动，但却可能导致创新效率的下降。这实际上说明进行对外直接投资的企业确实具有更强的创新动机，但这种投资可能使企业市场环境、组织结构等发生变化从而引致创新路径的调整和改变，进而影响创新产出。由此，我们可以思考这样一种可能性，在创新导向强烈的高新技术企业对外直接投资进程中，在行业前沿技术研发的投入成本不断增加和国际市场中的运营风险不断增加的双重压力下，绝大部分企业在投资前期阶段会更倾向于采用规避风险、降低成本的创新路径，可能导致部分创新资源被用到较为低效的路径中去，从而对创新产出产生影响。

二、内部机理：基于企业创新选择的分析

基于以上分析，本章进一步将企业内部支出细分为自主创新部分和模仿创新部分，模仿创新指标（$inrd\_m$）使用企业技术改造经费支出与引进技术的消化吸收经费支出之和表示，自主创新指标（$inrd\_s$）使用企业内部用于科技活动的经费支出扣除模仿创新相关支出后的部分表示。为全面考虑对外直接投资对企业创新行为的影响，本章同时对企业外部科技经费支出（*outrd*）进行考察，回归过程中对相关变量依然进行自然对数处理。模型结果进一步揭示了对外直接投资对企业创新效率的影响机理，即 OFDI 通过改变企业内部科技经费支出的配置对企业创新效率产生了负向影响。具体来看，企业的 OFDI 决策会立刻使内部科技经费向模仿创新倾斜，可以观察到在模型 9 中决策变量系数通过了

10%水平下的显著性检验，且其变量系数显著大于其他变量，说明OFDI决策行为是影响企业模仿创新投入的一个主要因素，进行 OFDI 的企业会显著增加模仿创新的投入规模。从规模变量来看，对外直接投资的规模对企业内部的自主创新投入和模仿创新投入均产生了显著的促进作用。而规模变量对模仿创新的影响系数远大于对自主创新的影响系数，这就使得对外直接投资规模对创新投入的综合影响受到模仿创新的主导。从综合决策变量和规模变量的回归结果来看，企业 OFDI 对模仿创新投入的影响决定了对外直接投资对创新行为的总体影响。从企业外部研发支出来看，企业对外直接投资并未对其总体技术收购行为产生显著影响，国际化行为也没有使企业对国外技术收购产生明显的偏好。

表 8－3　内部机理：基于企业创新选择的分析

变量	模型 7	模型 8	模型 9	模型 10	模型 11	模型 12
	inrd_s	*inrd_s*	*inrd_m*	*inrd_m*	*outrd*	*outrd*
OFDI_D	0.0725 (1.82)		0.4330 * (2.27)		0.0421 (0.45)	
OFDI_C		0.0085 * (1.96)		0.0570 ** (2.76)		0.0080 (0.78)
state	0.2170 ** (2.58)	0.2170 ** (2.58)	0.0270 (0.07)	0.0295 (0.07)	-0.0339 (-0.17)	-0.0333 (-0.16)
foreigncap	0.0012 * (2.43)	0.0012 * (2.45)	-0.0203 *** (-8.08)	-0.0202 *** (-8.05)	0.0001 (0.10)	0.0001 (0.12)
scale	0.6530 *** (60.97)	0.6530 *** (60.70)	0.7710 *** (14.89)	0.7640 *** (14.71)	0.1860 *** (7.29)	0.1840 *** (7.20)
cons	0.9860 (1.32)	0.9950 (1.33)	-9.6760 * (-2.55)	-9.5880 * (-2.52)	-2.3320 (-1.25)	-2.3110 (-1.24)
industry	控制	控制	控制	控制	控制	控制
N	3275	3275	3638	3638	3638	3638
Adj. R^2	0.57	0.57	0.10	0.10	0.03	0.03
F 值	88.49	88.52	8.80	8.85	3.33	3.34

注：＊＊＊、＊＊和＊分别表示1%、5%和10%的显著性水平；括号中的数值为 *t* 值。

归纳起来，实证结果主要说明了两个问题：首先，企业的对外投资行为在活跃了创新的同时，却并不利于创新效率的提高，无论是 OFDI 的决策变量还是规模变量都对创新效率产生了显著的负向影响；其次，企业在进行对外投资的同时改变了企业内部的创新资源配置路径，将更多的创新资源向模仿创新倾斜。这里存在一个关键点，为什么当进行对外直接投资的企业将创新资源向模仿创新倾斜时就会造成创新效率的下降？这需要从两方面来进行解释：第一，企业创新效率的构成。创新效率的升降实际上取决于创新投入和创新产出的相对比例，在本章中，当对外直接投资带来企业创新投入的大幅增加而创新产出却没有相应大幅增长时，就会观察到企业创新效率的下降，即存在创新产出不足的问题。结合前文的描述性分析可以发现，这种创新产出不足是相对的，即相对于 OFDI 企业的创新投入来说，其创新产出偏少，而从绝对量来看，选择 OFDI 的企业无论是从创新投入还是创新产出上来说，其规模都远高于非 OFDI 企业。因此，对于创新行为活跃的 OFDI 企业来说，创新产出与创新投入的不匹配很大程度上源于企业内部具体创新路径的变化。第二，对外直接投资企业更倾向于模仿创新的原因。对外直接投资企业直接参与激烈的国际市场竞争，面对更大的创新压力和运营风险，即使高新技术企业的对外投资具有强烈的技术导向，其在强化自主创新的同时也必须考虑到模仿创新对企业整体运营的保障作用。而模仿创新与自主创新的最大区别在于是否进行技术突破，模仿创新更关注于对现有技术的模仿、改造和完善，因此相对于自主创新，其创新产出相对有限，但其具有投入少、风险小的特征，能够最大化企业既有知识产权收益，因而更受企业青睐。当有对外直接投资行为的企业相对更多地倾向于模仿创新时，就会出现创新投入增加而创新产出相对不足的现象，从而导致企业总体创新效率的下降。

三、基于内生性处理的稳健性检验

考虑到创新效率和 OFDI 可能存在的内生性关系，为了保证本章主要研究结论的稳健性，借鉴张杰等（2013）的方法，构造对外直接投资金额在行业—地区层面的平均值作为其工具变量，来解决可能存在的内生性问题。表 8－4 显示了采用对外直接投资金额变量行业—地区均值作为工具变量计算的回归结果。各模型对应的 Kleibergen－Paap rk LM 统计量均在 1% 的显著性水平上拒绝了原假设，表明工具变量不存在识别不足的问题，对应的 Kleibergen－Paap Wald rk F 统计量均显著大于 10% 水平上的 Stock－Yogo 检验临界值 16. 38，拒绝弱工具变量假定，工具变量的选取是合理的。对比原回归结果，主要研究变量的影响方向和显著性均未出现实质性变化，与原结论保持一致，表明原研究结论具有稳健性。

表 8－4　基于内生性处理的稳健性检验结果

变量	模型 13	模型 14	模型 15	模型 16	模型 17	模型 18
OFDI_C	－0. 0023 ** （－2. 59）	0. 0114 *** （4. 15）	0. 0050 （0. 82）	0. 0079 （1. 79）	0. 0505 * （2. 42）	0. 0058 （0. 57）
state	－0. 0236 （－1. 34）	0. 1640 ** （3. 07）	－0. 0241 （－0. 21）	0. 2170 ** （2. 60）	0. 0287 （0. 07）	－0. 0336 （－0. 17）
foreigncap	0. 0001 （0. 96）	0. 0002 （0. 52）	－0. 0009 （－1. 30）	0. 0012 * （2. 46）	－0. 0202 *** （－8. 12）	0. 0001 （0. 11）
scale	0. 0661 *** （29. 68）	0. 6930 *** （102. 60）	0. 8930 *** （60. 34）	0. 6530 *** （61. 15）	0. 7660 *** （14. 85）	0. 1850 *** （7. 28）
cons	－0. 5300 *** （－8. 64）	1. 4510 *** （7. 81）	0. 5090 （1. 25）	1. 8510 *** （6. 58）	－7. 2610 *** （－5. 12）	－1. 9480 ** （－2. 79）
N	3638	3638	3638	3274	3638	3638
Adj. R^2	0. 23	0. 77	0. 53	0. 57	0. 10	0. 03
F 值	23. 61	247. 2	85. 65	90. 33	8. 98	3. 97

注：＊＊＊、＊＊和＊分别表示 1%、5% 和 10% 的显著性水平；括号中的数值为 *z* 值。

综合来看，第一，企业的对外直接投资行为对创新投入有较强的促进作用，能活跃企业整体创新行为。第二，对外直接投资对创新投入和创新产出的不均衡影响使企业出现创新产出相对不足的现象，对企业创新效率产生了负向影响。第三，对外直接投资改变了企业内部的创新资源配置路径，投资金额的增加会带动企业自主创新投入的提升，而投资决策和规模变量能够同时对企业模仿创新产生强烈影响，使模仿创新在企业创新行为中的地位得到提升，对创新效率的变化起到主导作用。

第九章
融资约束与企业创新

现阶段中国经济处于由计划经济体制向市场经济体制转轨的过渡时期，金融市场化已成为中国金融体制改革的主要方向。现阶段，中国金融市场领域的改革相对滞后（林毅夫、孙希芳，2008，张杰等，2013），融资难成为中国多数企业的共性特征（李宏兵等，2016）。而资本是企业创新资源配置的核心要素之一，企业融资来源可以分为内源融资（现金流）、债券融资（银行贷款为主）和权益融资（股票发行为主），这三种渠道都可以为企业创新提供资金支持（马光荣等，2014）。由于企业创新具有周期长、风险高、信息不对称等特征，而内源融资因受企业运营状况的影响存在很大的波动性，权益融资具有较高的门槛且成本高昂，这就使以银行贷款为主的外源性融资成为企业创新的主要资金来源。鞠晓生（2013）研究发现，近年来中国企业创新投资支出的快速增加，主要得益于内部资金的积累，企业自筹成为中国企业创新投资的主要资金来源（唐清泉和肖海莲，2012），而正规金融所起的作用有限。Banerjee 和 Duflo（2010）认为，对于中国这样的发展中国家来说，由于金融发展水平相对滞后，企业面临的一个重要障碍是外部融资困难，即创新项目会遭受外源融资约束（Hall 和 Lerner，2010）。在资本市场不发达的情况下，中国企业会选择通过内部资金积累和营运资本管理持续进行创新活动（鞠晓生等，2013）。融资约束的存在在导致企业投资不足的同时会迫使企业利用现有资金谨慎投资，对于企业创新来说，在有限的资本要素条件下，企业会被迫优先投资低风险项目以降低经营风险（顾群和翟淑萍，2012），从而对其技术创新产生负面影响，且这种影响在中小型企业中表现得更为突出（Beck，Demirguc - Kunt 和 Maksimovic，2005）。作为中国等发展中国家普遍存在的问题（饶华春，2009），融资约束是制约企业持续发展的关键因素（盛丹和王永进，2014）。因此，系统考察融资约束对企业创新的影响，厘清这一问题，对活跃企业创新行为，明确中国金融体制改革方向和目标具有重要的理论意义和现实意义。

第一节 文献综述

一、融资约束与企业创新

关于融资约束对企业创新的影响，目前学术界已经形成了较为一致的观点。鞠晓生等（2013）的研究表明融资约束严重阻碍了企业创新活动，与他的研究结论相一致，卢馨等（2013）发现中国高新技术企业的融资约束显著阻碍了企业的研发投资。张璇等（2017）利用 2005 年世界银行的中国企业调查数据的研究结果发现，信贷约束能够显著抑制企业创新，当企业遭遇信贷寻租时，融资约束对企业创新的制约作用更强。康志勇（2013）基于中国企业的研究也发现，融资约束对中国本土企业的研发活动产生了显著阻碍。谢家智等（2014）的研究表明，企业必须持续地进行外部融资，以保证研发项目的持续进行，外部信贷约束显著地抑制了企业的研发投入。李宏亮和谢建国（2018）将企业研发与融资决策纳入 M - O 模型的研究发现，迟滞企业提高创新产出和降低边际成本是融资约束抑制企业成本加成的可能渠道。基于其他国家的研究也得出了相似的结论。以美国制造业企业为对象的研究发现，面临较高融资约束的企业，其研发创新活动显著降低（Hall，1992；Brown et al.，2009），经验证据表明，美国州际银行贷款管制的放开有助于培育企业创新（Amore et al.，2013）。对意大利企业的研究发现，银行信贷约束与企业 R&D 投入显著负相关，即企业创新确实面临着流动性约束（Mancusi 和 Vezzulli，2010），企业创新与周围银行的分布密度呈正向相关，银行业管制的放松使其愿意承担更高的风险，有利于引导信贷资金流入新兴科技的行业和企业（Benfratello et al.，2008）。Brown 和 Petersen（2012）发现，在内部资金和股权融资遭受负面冲击的情况下，企业会使用现金储蓄来平滑研发活动。

有部分学者基于企业资金的不同来源对企业创新的影响进行了探讨。研发活动需要大量资金，且研发投资具有较长的回收周期，需要持续地追加资金，研发的这种特征给企业融资带来了巨大压力，使企业的融资约束程度更为明显（顾群和翟淑萍，2014）。Brown et al.（2012）的研究表明，企业研发投资强度与企业获得的融资额度正相关，资本市场的发展会增加企业的创新活动。1994 年，Himmelberg 和 Petersen 对美国 179 家小型企业的研究显示，美国早期企业在受到严重融资约束的情况下，将内部资金作为企业研发投资的主要资金来源。世界银行 2005 年针对 1.2 万余家中国企业的调查数据显示，有 28% 的中国企业获得了银行授信，但是中小型企业中只有 15.7% 能获得银行授信（马光荣等，2014）。而在金融发展水平较高的发达国家，由于银行业的高度市场化，银行为竞争企业客户，会给企业提供大量的授信额度。在美国，上市公司中 80% 的银行融资是通过银行授信获得的（Sufi，2009），小型企业中 70% 的银行贷款也是通过银行授信获得的（Kashyap 等，2002）。Brown 等（2009）使用美国高新技术企业数据对企业融资渠道进行研究发现，除了内部融资，股市是企业创新投资的重要融资渠道。汪炜和李甫伟（2010）利用中国 A 股市场数据，验证了股票市场发展对上市公司的产业转型升级有显著促进作用，尤其是资本市场对于高技术、创新型行业企业的促进作用更为明显。周方召等（2014）通过对微观层面的2007—2010年中国A股上市公司数据的实证研究认为，更为便利的外部融资对于上市公司技术创新有显著的积极影响，而企业规模和技术创新之间则呈现“倒U”形关系，金融发展和外部融资对较小规模公司的技术创新有更为明显的正向影响。

二、融资约束与企业成本加成

产品创新能够增加市场份额以降低产品需求弹性，使企业获得更高的加成率，产生“市场份额效应”；另外，产品创新提升了企业生产率，使边际成本降低，进而提高加成率，产生“成本效应”（刘啟仁和黄建忠，2016）。这两个效应表明，创新能够提升企业成本加成以获得创新垄断租金，企业成本加成反映了企业市场势力（罗长远等，2015；祝树金和张鹏辉，2015；钱学峰和范冬梅，2015）和贸易利得（钱学峰和范冬梅，2015），是企业动态竞争能力的重要标志之一（任曙明和张静，2013；毛其淋和许家云，2016），这使企业成本加成成为度量企业创新绩效的良好指标。

对融资约束如何影响企业成本加成的研究近年来逐步展开，李科和徐龙炳（2011）研究发现，融资约束的改善对企业经营业绩产生了显著的正面影响，相应地，融资约束阻碍了企业经营业绩提升。李宏亮和谢建国（2018）利用1998—2007年工业企业微观数据的检验发现，从总体来看，融资约束显著抑制了企业成本加成。融资约束对民营、外资和集体企业的成本加成产生了显著的负向作用，但对国有企业的影响并不明显。此外，Bernini et al.（2015）基于法国企业样本的研究表明，企业高财务杠杆导致的融资约束抑制了企业产品质量的提升。张杰等（2016）基于中国制造业企业的研究则发现，融资约束制约了中国制造业企业资本劳动比的提高。特别地，江伟等（2015）基于中国工业企业数据的研究结果证明，企业融资约束越强，其成本黏性越弱。我们发现，现阶段直接探究融资约束对企业成本加成影响的文献较为欠缺，且多为负面影响。

金融市场化对融资约束与企业成本加成关系构成何种影响的相关研究中，现有文献对这一问题进行的探讨同样欠缺。Rajan 和 Zingales（1998）的研究认为，金融市场的发展有助于降低内部融资和外部融资的成本差异，显然他们倾向于认为金融市场的发展可以缓解企业融资约束的问题，而 Love（2003）基于 40 多个国家的面板研究也证明了上述观点，他发现金融市场的发展显著缓解了企业融资约来，Laeven（2003）则发现金融市场发展更有助于小公司融资约束的缓解。更进一步，周业安（1999）研究发现，资本市场的行政管制增加了企业的融资成本，弱化了企业外部治理机制，阻碍了非国有经济的发展。与周业安（1999）的研究角度不同，Claessens 和 Laeven（2003）的研究发现，金融发展对企业融资渠道及企业的发展产生了积极影响，而 Vlachos 和 Waldenström（2005）、陈邦强等（2007）的研究也发现，金融市场化可以有效促进高度依赖外部融资产业的产出增加和新企业的诞生。此外，解维敏和方红星（2011）基于中国上市公司的实证检验表明，地区金融市场的发展对于企业获取融资渠道、缓解资金问题具有显著正向作用，推动了上市公司的研发投入。无独有偶，Chowdhury 和 Min（2012）基于新兴市场国家样本的研究同样表明，金融发展显著提升了研发创新的效率。与上述研究不同，Xiao 和 Zhao（2012）进一步分析了不同金融部门的发展对企业研发创新的影响，研究结果表明以股市发展为代表的金融发展促进了企业研发创新，而银行业的发展对企业研发存在其他影响。与此相类似，郑永辉和蒋昭乙（2015）的研究发现，金融深化通过影响利率市场化、资本自由流动及竞争型资源配置等途径，有效地推动了加工贸易的转型升级。与上述研究中积极的态度不同，Ang（2011）发现金融自由化将导致人才由技术研发部门转向金融部门，这将抑制知识的集聚。特别地，张杰（2015）的研究发现，中国现阶段金融市场化改革未能对融资约束和企业出口产品质量之间的“倒U”形关系造成影响，甚至一定程度上强化了民营企业融资约束对企业出口产品质量的抑制作用。综上所述，虽然多数研究者认为，金融市场化通过对企业融资约束构成影响对企业产生了积极影响，但相关研究结论并未统一。

基于此，本章试图探讨两个问题，第一，融资约束问题究竟如何影响以企业成本加成率度量的企业创新？第二，中国的金融市场化改革能否破解企业融资约束和企业创新活力亟须提升的双重难题？本章利用2001—2007年中国工业企业数据库中制造业企业数据和省级层面的金融市场化数据进行研究，在通过采用可靠方法测算企业融资约束和企业成本加成指标的基础上，系统考察了融资约束对企业创新的影响，希望可以弥补现有文献的不足。

第二节 制度背景、特征性事实与研究假设

一、制度背景与特征性事实

20世纪70年代以来，金融市场化成为多数发展中国家金融改革的主要方向（汪昌云等，2014），对中国而言，市场化也是其金融市场改革的必由之路。通过梳理中国金融市场化的发展历程我们就会发现，中国金融市场化主要围绕中国银行业的改革发展来展开，随之，中国银行业为我国企业提供的信贷融资服务也日趋市场化（解维敏和方红星，2011），然而金融市场化改革在逐步推进的同时也存在波折。

在中国金融市场化不同阶段的划分中，普遍认为1979年以前的中国金融市场是一个与计划经济体制相配套且高度集中的金融市场，这一时期的正式银行仅有中国人民银行一家。这一特殊的金融体制直到

1978年12月中共十一届三中全会召开以后，特别是1979年10月邓小平提出“必须把银行办成真正的银行”以后才被打破，随之中国金融市场化改革也逐步展开，这一时期的金融市场化主要体现为国有商业银行架构的建立。例如，1983年9月国务院颁布的《关于中国人民银行专门行使中央银行职能的决定》，将中国人民银行的商业银行职能进行剥离，并由1984年1月1日成立的中国工商银行进行承担。

与计划性财政资金配置不同，经过国有银行架构建立等一系列金融改革，中国国内市场金融资源开始通过金融市场进行配置，中国金融市场的市场化水平也随之得到一定程度的提升，然而这一良好状态仅持续到1987年。此后，受中国经济波动等问题的影响，政府加强了对金融市场的管制（周业安和赵坚毅，2005），世界银行（2005）甚至认为这一时期中国金融市场分割程度可能比之前更为严重。这一情况直到1992年邓小平“南方谈话”后政府重新确立市场导向的改革之后才得以改观，中国金融市场的市场化水平也随之得到明显提升，同时国内金融要素资源也越来越多地通过资本市场进行分配。其中较为有代表性的事件是，1993年11月颁布的《国务院关于金融体制改革的决定》要求建立以统一开放、有序竞争为特征的金融体系以及1994年开始的国有商业银行改革，逐步剥离了国有银行的政策性业务，这一系列金融市场化改革有效提升了中国金融市场的市场化水平。此后，中国政府于1996年1月对银行间同业拆借市场进行了统一，后续过程中又陆续开放了银行间同业拆借利率，金融市场化程度得到有效提升。此后，2001年底中国成功“入世”，进一步明确了全面建设市场化的金融体系并逐步融入全球金融体系（李扬，2008），特别是随着中国“入世”承诺的陆续履行，中国的金融市场化程度更是逐步攀升。现阶段，中共十八届三中全会确定了“让市场在资源配置中发挥决定性作用”的基调，作为资源配置的重要构成，未来中国金融市场的市场化水平势必得到进一步提升。

为了更为直接地呈现中国金融市场化的变化历程，图 9－1 显示了 1999—2009 年中国金融市场化程度的演变趋势。① 可以发现，总体来看，中国金融市场化程度在 1999—2009 年呈逐步攀升的趋势，金融市场化改革在中国积极推进，不存在“开倒车”的现象。在金融市场化增长速率方面，呈现出先大后小再大再小的“M”形特征，这一现象说明，虽然 1999—2009 年中国金融市场化程度逐步攀升，但其提升速率并非匀速状态，而是呈现出金融市场化加速、稳定、再加速、再稳定的渐进式发展特点。究其原因，这一特征与中国政府金融市场化改革相关政策的推进方式有关，即中国渐进式改革的特征决定了其在不同时期金融市场化的提升速率存在一定差异，中国金融市场化提升呈运动式特点，即每一次金融市场化相关政策颁布之后，金融市场化程度便随之得到较大程度提升，表现为金融市场化增长率位于波峰，相应地，非政策颁布时间，金融市场化提升的速度则相对较慢，表现为金融市场化增长率位于波谷。

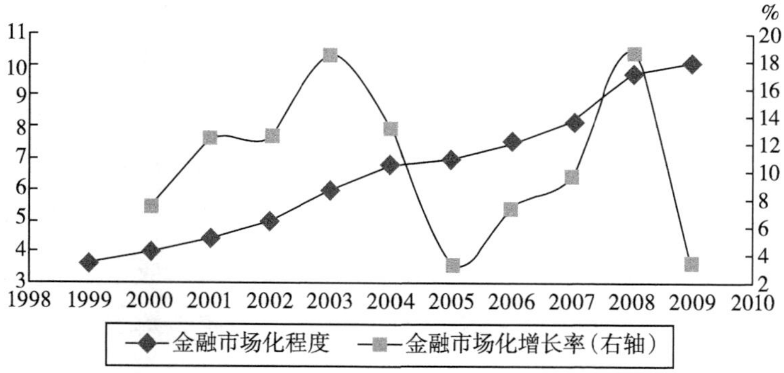

图 9－1　1999—2009 年中国金融市场化程度的演变趋势

资料来源：《中国市场化指数——各地区市场化相对进程 2011 年报告》。

① 本章采用与解维敏和方红星（2011）、汪昌云等（2014）、张杰（2015）等相一致的金融市场化指数构建做法。具体来说，在图 9－1 中，采用了中国省级层面金融业的市场化这一指数的均值来对各省市金融市场化程度进行衡量。

二、研究假说

首先，融资约束提升了企业融资成本，融资成本的提高会导致企业资本要素成本乃至产品生产成本的提升，使企业获得创新投资的成本和难度提升。在销售价格相同的情形下，相较于融资约束较低的企业，融资约束较高的企业其边际成本显著提升，企业创新行为受到的约束增加，企业成本加成随之降低。其次，融资约束可能会导致企业被迫尽快获取现金流，企业更可能采取“薄利多销”的经营策略，使投入创新的资本相对减少。值得注意的是，随着市场竞争加剧，融资约束的提升将导致企业创新垄断权和定价话语权的丧失，进而导致其产品价格进一步降低，在企业生产成本相同的情形下，融资约束的提升将导致企业成本加成下降。最后，融资约束导致企业资金成本上升，可能会抑制企业研发，进而阻碍企业成本加成提升。企业研发过程中的资金支持尤为重要，融资约束可能阻碍企业研发资金的供给，鞠晓生等（2013）、卢馨等（2013）以中国企业为样本的研究已经表明，融资约束对企业研发等创新活动具有显著抑制效应，融资约束对企业研发的抑制将使企业难以通过这一途径有效获取新产品和提升生产效率。现有研究已经表明，生产效率对企业加成率具有正向影响（Melitz 和 Ottaviano，2008；毛其淋和许家云，2016），新产品有助于企业获取更高的成本加成（黄枫和吴纯杰，2013），因此，融资约束通过阻碍企业研发将对企业成本加成产生抑制效应。此外，融资约束还可能通过阻碍企业所处产业价值链位置的提升对企业成本加成构成负面影响，黄先海等（2016）研究发现，企业内生选择较低的全球价值链地位来进口中间品的重要外因是融资约束，融资约束通过影响企业的全球价值链地位这一途径显著降低了企业成本加成。上述分析与经济学的一般逻辑也是相符合的，融资约束程度越高，企业创新越受限，企业获得市场话语权的难度越大，相应地，企业也越难以在市场竞争中获得优势。据此，我们提出本章的研究假说 1：

研究假说1：融资约束阻碍了企业创新。

细究融资约束的产生原因，相关学者普遍认为，由于资本市场的不完美，企业通常面临较高的外部融资成本，导致了企业的融资约束问题（Whited和Wu，2006；江伟等，2015）。因此，缓解融资约束的企业创新抑制效应，关键在于阻断企业融资约束的产生路径。在这一过程中，有效治理资本市场的不完美无疑是一个重要选择。作为缓解企业融资难问题的重要举措，中国的金融市场化改革如何影响融资约束对企业创新的抑制效应？系统梳理其微观机理容易发现，金融市场化可通过以下途径影响融资约束的企业创新抑制效应。

一方面，金融市场化有助于提升金融资源的配置效率，目标企业可以相对容易地获取金融资源，进而降低其融资约束，从而缓解融资约束对企业创新的抑制效应。中国金融市场化的一个典型特征，即资源配置方式越来越多地通过金融市场进行（吴晓求和许荣，2002），这一情形将有效改善企业融资过程中信息不对称的问题，已有研究表明市场化水平是影响金融市场配置效率的关键因素（La Porta等，1998；方军雄，2006），金融市场化通过市场化机制可以实现生产性资源有效率的配置（陈邦强等，2007）。同时，金融制度的优化使市场可以迅速找到优良的投资项目并为之提供资金，从而可以有效缓解投资的融资约束问题（解维敏和方红星，2011）。另一方面，金融市场化有助于企业降低资金成本，进而缓解企业融资约束，促进企业成本加成提升。众所周知，受信息不对称等问题影响，相较于内部市场，企业从外部市场获取资金的成本更高（Myers和Majluf，1984；Koo和Maeng，2005），而金融市场化程度越高，企业间接融资的相对比重越会下降（周业安，1999），金融市场化通过降低间接融资比例将有效缓解企业融资约束，充盈和润滑企业创新投入，使企业获得更高的创新垄断租金，从而推进企业成本加成的提升。这与经济学一般逻辑也是一致的，在平均情形下，金融市场化通过“看不见的手”的高效作用可以有效提升金融资源的配置效率，进而通过多个途径缓解企业融资约束，促进企业创新。据此，我们提出本章的研究假说 2：

研究假说 2：金融市场化程度的提升可以有效缓解融资约束对企业创新的抑制效应。

第三节　实证模型处理及结论分析

一、计量模型与变量设定

为有效检验融资约束对企业创新的影响，基于本章的研究主题及分析机理，将基本计量模型设定如下：

$$markup_{jikt} = \beta_0 + \beta_1 fincon_{jikt} + \beta_2 finmar_{jt} \times fincon_{jikt} + \beta_3 X_{jikt} + \lambda_j + \lambda_i + \lambda_t + \mu_{jikt} \quad (9-1)$$

控制变量集合 X 的具体设定如下：

$$X_{jikt} = a_0 TFP_{jikt} + a_2 scale_{jikt} + a_3 profit_{jikt} + a_4 kperl_{jikt} + a_5 age_{jikt} + a_6 HHI_{jikt} \quad (9-2)$$

式中，j 、i 、k 、t 分别表示地区、行业、企业和年份；*markup* 为以企业成本加成测度的企业创新；*fincon* 为企业融资约束；*finmar* 为金融市场化程度；X 为企业的自身特征和所处行业特征等一系列控制变量的集合；λ_j 、λ_i 、λ_t 分别表示地区、行业和年份控制因素，μ 为随机扰动项。

主要变量设定：企业成本加成与企业融资约束具体设定方法见下两节。在金融市场化程度 *finmar* 的设定过程中，本章采用与解维敏和方红星（2011）、汪昌云等（2014）、张杰（2015）等相一致的金融市场化度量方法，选择樊纲等（2011）测算的中国省级层面的金融业的市场化这一指数来对金融市场化程度进行衡量。

控制变量设定：企业生产率（TFP）：企业生产率有效促进了企业成本加成提升（盛丹和王永进，2012），本章采用与 Levinsohn 和 Petrin

（2003）相一致的半参数方法测算的企业全要素生产率作为企业生产率水平的衡量指标。企业规模（*scale*）：企业规模对企业成本加成构成显著影响（Bellone 等，2008），本章采用与张杰等（2010）相一致的做法，采用企业年度平均员工人数来对企业规模进行衡量，其中企业规模采用百人作为单位。企业盈利状况（*profit*）：企业盈利状况通过影响贸易利得对企业成本加成构成影响，本章采用企业利润总额与企业资产总值的比值对其进行衡量。企业资本劳动比（*kperl*）：企业资本劳动比率可能影响企业成本加成，本章采用企业资本存量与企业年度员工人数之比对企业资本劳动比进行衡量。企业年龄（*age*）：企业年龄影响企业经营状况可能对企业成本加成构建影响，本章采用本年度与企业创立年份之差对企业经营年限进行衡量。行业竞争强度（*HHI*）：现有文献普遍认为赫芬达尔指数可以用来衡量竞争程度（魏浩，2016），企业所处行业的竞争强度影响企业的获利能力，且部分研究已经表明其对企业成本加成具有显著的影响（盛丹和王永进，2012），本章采用四位数行业下企业销售收入测算的赫芬达尔指数对行业竞争强度进行衡量，特别的，赫芬达尔指数越大，其代表的行业竞争强度越小。在控制上述变量的基础上，本章对企业的年份、地区、行业等特征变量进行控制以确保实证结果的可靠性。

二、核心指标测算

（一）企业创新的成本加成测算

梳理现有文献可以发现，企业成本加成的测算方法基本可以划分为会计法（Domowitz 等，1986；Bresnahan，1987；盛丹和王永进，2012；钱学峰等，2015）和生产函数法（De Loecker 和 Warzynski，2012；任曙明和张静，2013；黄枫和吴纯杰，2013；祝树金和张鹏辉，2015）两种方法，[①] 这两种测算方法各有优缺点，其中会计法的优点在于可以很好地体现企业成本加成的行业差异（Siotis，2003），并且这一方法测算极为简便。然而，这一方法的缺点同样明显，会计法可能导致不同企业利润与企业成本加成之间缺乏稳定的经济意义上的时序关系，特别的，会计法测算的企业成本加成指标忽略了经济周期等因素的影响，无法较好地反映各变量间的内在联系，其最终研究结论可能具有一定的片面性（钱学峰和范冬梅，2015）。相应地，生产函数法测算的企业成本加成则可以较好地避免会计法可能存在的一些缺陷，并且这一方法在理论上也更为完备，但是，这一方法同时也存在符合测算标准的数据可获得性较差等问题。较为幸运的是，中国工业企业数据已经可以很好地满足生产函数法的数据要求，黄枫和吴纯杰（2013）、任曙明和张静（2013）及祝树金和张鹏辉（2015）等以中国工业企业数据为研究样本，采用生产函数法对中国企业成本加成进行了测算，获得了学术界的认可。为确保研究结论的可靠性，本章在采用生产函数法测算的企业成本加成作为企业创新解释变量进行回归的同时，采用会计法测算的企业成本加成作为稳健性检验的一部分。

在企业成本加成的具体测算过程上，与黄枫和吴纯杰（2013）、任曙明和张静（2013）及祝树金和张鹏辉（2015）相一致，本章首先采用 De Loecker 和 Warzynski（2012）提出的生产函数法对企业成本加成进行测算，具体测算步骤如下：

首先，本章假定企业 i 在 t 时期产品的生产技术符合以下生产函数：

$$Q_{it} = Q_{it}(X_{it}^{1}, \cdots, X_{it}^{V}, K_{it}, \omega_{it}) \tag{9-3}$$

由式（9－3）可以发现，企业的生产依赖于 V 种可变要素的投入，如劳动、中间投入等，而 K_{it} 则是企业 i 在时期 t 的资本存量，企业的生产函数 Q_{it} 是连续且二阶可微的，同时，本章假定企业在市场中以追求

① 企业成本加成测算方法归纳方面，黄枫和吴纯杰（2013）、钱学峰和范冬梅（2015）曾对现有测算方法进行梳理，本章借鉴了其分类思想。

其生产成本的最小化为目标，因而，可以建立这样一个拉格朗日函数：

$$L(X_{it}^1,\cdots,X_{it}^V,K_{it},\lambda_{it}) = \sum_{v=1}^{V} P_{it}^{X^v}X_{it}^v + r_{it}K_{it} + \lambda_{it}[Q_{it} - Q_{it}(X_{it},K_{it},\omega_{it})] \tag{9-4}$$

式中，$P_{it}^{X^v}$ 为企业投入可变要素的价格；r_{it} 为资本品价格。求解可变要素的一阶导数可以得到：

$$\frac{\partial L_{it}}{\partial X_{it}^v} = P_{it}^{X^v} - \lambda_{it}\frac{\partial Q_{it}(\cdot)}{\partial X_{it}^v} = 0 \tag{9-5}$$

其中 $\lambda_{it} = \frac{\partial L_{it}}{\partial Q_{it}}$ 为给定产出情形下产品的边际成本，对 $\lambda_{it} = \frac{\partial L_{it}}{\partial Q_{it}}$ 变形可得 $\frac{\partial Q_{it}}{\partial L_{it}} = \frac{1}{\lambda_{it}}$，接下来，在等式两侧同时乘以 $\frac{X_{it}^v}{Q_{it}}$，整理后可得：

$$\frac{\partial Q_{it}(\cdot)}{\partial X_{it}^v}\frac{X_{it}^v}{Q_{it}} = \frac{P_{it}}{\lambda_{it}}\frac{P_{it}^{X^v}X_{it}^v}{P_{it}Q_{it}} \tag{9-6}$$

从成本最小化可以得到，企业最优投入的条件是企业投入的产出弹性等于其在总成本中所占的份额。容易发现，式（9－6）与企业所处行业的竞争市场类型以及产品需求状况无关，公式左侧为可变生产要素 X_{it}^v 的产出弹性 $\frac{\partial Q_{it}(\cdot)}{\partial X_{it}^v}\frac{X_{it}^v}{Q_{it}}$，简记为 θ_{it}^X，公式右侧的第二部分为可变生产要素 X_{it}^v 的支出成本占产品总销售额的比值，简记为 $\alpha_{it}^{X^v}$，因此，式（9－6）可以表述为：

$$\theta_{it}^X = \frac{P_{it}}{\lambda_{it}}\alpha_{it}^{X^v} \tag{9-7}$$

成本加成定义为产品价格对边际成本的偏离（钱学峰和范冬梅，2015），本章设定企业成本加成为 $\mu_{it} = \frac{P_{it}}{\lambda_{it}}$，将其引入式（9－7），整理后可得：

$$\mu_{it} = \theta_{it}^{X^v}(\alpha_{it}^{X^v})^{-1} \tag{9-8}$$

由式（9－8）可知，企业成本加成等于可变投入要素的产出弹性与可变要素成本占产品销售总额的比值，因此，企业成本加成的测算可转化为对可变投入要素的产出弹性以及可变要素成本占产品销售总额的比值的估算。为有效测算可变投入要素的产出弹性，本章需要估计企业的生产函数，考虑企业生产率的影响，估算企业生产函数的过程中需处理同时性偏误问题，在这一问题的解决方法上，OP 法（Olley 和 Pakes，1996）和 LP 法（Levinsohn 和 Petrin，2003）是广泛采用且十分可靠的两个方法，然而，LP 法采用中间投入作为生产率的代理变量，其调整速度比 OP 法中的投资更为迅速，并且本章样本数据为中国工业企业数据库中制造业企业数据，这一数据中企业投资指标缺失较为严重，因此本章采用 LP 法（Levinsohn 和 Petrin，2003）对企业生产函数进行估算。

本章假定企业生产过程中各厂商的生产技术参数相同，且采用希克斯中性技术，具体生产函数为：

$$Q_{it} = F(X_{it}^{1}, \cdots, X_{it}^{V}, K_{it}, \beta)\exp(\omega_{it}) \tag{9-9}$$

式中，β 为技术参数；ω_{it} 为企业生产率水平，采用 LP 法的生产率代理变量法，可以很容易得到企业技术参数的无偏估计量及产出弹性。

与任曙明和张静（2013）的做法相一致，本章同样采用劳动力投入作为测算企业产品加成的核心变量。

另外，测算企业劳动成本占产品销售收入比例 $\hat{\alpha}_{it}^{X}$ 的过程中，虽然可直接计算得到 $\hat{Q}_{it}$，但无法直接得到与企业相关的 α_{it}^{X} 和 Q_{it}，而 $\hat{Q}_{it} = Q_{it}\exp(\varepsilon_{it})$，因此，$\hat{\alpha}_{it}^{X}$ 的表达式可修正为：

$$\hat{\alpha}_{it}^{X} = \frac{P_{it}^{X} X_{it}}{P_{it}\hat{Q}_{it}/\exp(\hat{\varepsilon}_{it})} \tag{9-10}$$

式（9－10）仅考虑了劳动力投入对企业产出的影响，其他因素将不会构成影响。根据本章式（9－8），最终企业 i 在时期 t 的成本加成计算公式可以整理为：

$$\hat{\mu}_{it} = \hat{\theta}_{it}^{X}(\hat{\alpha}_{it}^{X})^{-1} \tag{9-11}$$

生产函数法测算的企业成本加成 $markup\_pro$ 的具体数据特征将在进一步的主要变量描述性统计中具体呈现。与此同时，企业成本加成替代变量的设定过程中，与 Domowitz 等（1986）对企业成本加成的测算相一致，本章进一步采用会计法来对企业成本加成进行测算，在具体估算过程中，企业的产品价格与其边际成本的关系表述为：

$$\left(\frac{p-c}{p}\right)_{it} = 1 - \frac{1}{markup\_acc_{it}} = \left(\frac{va-pr}{va+ncm}\right)_{it} \quad (9-12)$$

式中，$markup\_acc_{it}$ 表示企业 i 在时间 t 的成本加成；p 为企业的产品价格；c 为产品的边际成本；va 为企业工业增加值；pr 为企业工资成本支出；ncm 为中间投入成本。会计法测算的企业成本加成 $markup\_acc$ 的数据特征将在进一步的主要变量描述性统计中具体呈现。

（二）融资约束测算

在融资约束指标的构建过程中，本章借鉴 Hovakimian（2009）、Guariglia 等（2011）、Ding 等（2013）、张杰等（2012）、张杰（2015）及陈海强等（2015）的已有研究所认可并采用的资产增长率相对于现金流的敏感性作为企业融资约束的替代指标。在具体测算过程中，本章采用了与 Hovakimian（2009）、张杰等（2012）、张杰（2015）类似的构建思路和指标设定方法，具体来说，企业融资约束 $fincon_{jikt}$ 的测算分为两个阶段，第一阶段，本章将估算不包括现金流的企业资产增长模型，具体企业资产增长方程设定如下：

$$\begin{aligned} assetrate_{jikt} &= \alpha_0 assetrate_{jikt-1} + \alpha_1 debtasset_{jikt} + \alpha_2 tangible_{jikt} + \\ &\alpha_3 export_{jikt} + \alpha_4 scale_{jikt} + \alpha_5 laborp_{jikt} + \lambda_j + \lambda_i + \lambda_t + \mu_{jikt} \end{aligned} \quad (9-13)$$

式中，j、i、k、t 分别表示地区、行业、企业和年份；$assetrate$ 为企业资产增长率，用本年度相对上一年度的资产增值与上一年度资产之比表示；$debtasset$ 为企业负债率，用企业负债与总资产之比表示；$tangible$ 为有形资产比重，用企业有形资产与总资产之比表示；$export$ 为企业出口比重，用企业出口额与产品销售总额之比表示；*scale* 为企业规模，用企业员工人数表示；*laborp* 为劳动生产率，用工业增加值与企业员工人数之比表示（范剑勇，2006）；λ_j、λ_i、λ_t 分别表示地区、行业和年份控制因素；μ 为随机扰动项。

第二阶段，本章将第一阶段资产增长模型得到的残差项 μ 用于资产增长对现金流敏感性指标的构建，具体资产增长对现金流的敏感性指标，即融资约束指标 *fincon* 的构建方法如下：

$$fincon_{jikt} = \sum_{t=1}^{n}\left(\frac{cash_{jikt}/asset_{jikt}}{\sum_{t=1}^{n}(cash_{jikt}/asset_{jikt})} \times \mu_{jikt}\right) - \frac{1}{n}\sum_{t=1}^{n}\mu_{jikt} \tag{9-14}$$

式中，$cash_{jikt}$ 为企业现金流，用企业年终净利润与本年折旧之和表示，*asset* 为企业资产总值，n 表示企业的可观测数量。

同时，本章考虑了企业所有制类型差异对指标构建的影响，在指标构建过程中，将样本企业划分国有企业、民营企业、港澳台企业及外资企业四个所有制形式分别进行回归，以确保所构建指标的可靠性。*fincon* 数值越大表示企业面临的融资约束越严重。测算指标的特征将在进一步的主要变量描述性统计中具体呈现。

三、数据处理

本章以 2001—2007 年中国工业企业数据库中所有制造业企业数据为研究样本进行实证检验。[①] 针对样本数据可能存在的指标大小异常等问题，本章采用与 Cai 和 Liu（2009）类似的方法对样本数据中异常值进行处理。为有效处理企业代码丢失、代码重复及代码更换等问题导致

① 本章原始数据时间区间为 1999—2007 年，由于融资约束等指标测算过程存在滞后期、增长率等处理，因此本章回归分析中的最终数据时间区间为 2001—2007 年。

的匹配困难，本章采用 Brandt 等（2012）[①] 提出的逐年匹配法对样本数据进行匹配，在使用企业代码进行匹配的基础上充分利用企业名称、法人名称、省地县码等企业基本信息，对无法使用企业代码匹配以及受兼并等活动影响导致企业代码变更的企业样本进行充分利用。由于 2002 年前后中国企业行业的分类标准进行了调整，经过代码转化，本章统一采用以 GB/T 4754—2002[②] 为标准行业划分方法对研究样本进行调整。此外，在采用与 De Loecker 和 Warzynski（2012）相一致的方法对样本企业成本加成进行测算以后，本章对位于样本企业成本加成前后 1% 的异常值进行了截尾处理。

为直观显示本章研究样本的数据特征，本章首先报告了计量模型中主要变量的特征，主要变量描述性统计值见表 9 – 1。更进一步，为有效确保本章模型设定的可靠性，本章首先估计了主要解释变量的方差膨胀因子（VIF），以此来判断模型是否可能存在多重共线性问题，方差膨胀因子检验结果显示 $\max\{vif_1,\cdots,vif_k\} = 1.17$，显著小于经验法则要求的最低数值 10，这一结果表明，本章模型设定可以排除存在多重共线性的可能。

表 9 – 1　主要变量描述性统计值（2001—2007 年）

变量	指标含义	观测值	平均值	标准差	最小值	中位数	最大值
markup_ pro	生产法企业成本加成	715781	1. 141	0. 678	0. 242	0. 980	6. 180
markup_ acc	会计法企业成本加成	715781	1. 270	0. 185	0. 890	1. 240	2. 347
fincon	融资约束	715781	0. 034	0. 053	–0. 128	0. 022	0. 288
finmar	金融市场化程度	715781	8. 489	2. 123	0. 850	8. 920	12. 01
TFP	企业生产率	715781	3. 212	0. 643	0. 369	3. 216	6. 399
scale	企业规模	715781	2. 250	3. 029	0. 100	1. 270	183. 6
profit	企业盈利状况	715781	0. 034	0. 075	–0. 326	0. 026	0. 288

① Brandt 等（2012）分享的程序链接如下：http：//www. econ. kuleuven. be/public/N07057/CHINA/appendix/.

② 详见附录 2。

续表

变量	指标含义	观测值	平均值	标准差	最小值	中位数	最大值
kperl	企业资本劳动比	715781	68.37	90.31	0.750	38.30	579.7
age	企业年龄	715781	11.00	10.13	0	8	49
HHI	行业竞争强度	715781	0.001	0.002	0	0.4e-4	0.213

四、计量结果与分析

（一）基准回归结果

在基准计量检验及后续稳健性检验中，本章主要采用生产函数法测算的企业成本加成作为企业创新变量，同时，考虑计量检验中异方差问题存在的可能性，均采用聚类到地级市层面的标准误进行回归。本章首先通过 Hausman 检验选定了固定效应模型来进行回归。由表 9-2 模型（1）、模型（2）固定效应回归结果，可以发现，融资约束的回归系数在 1% 的统计水平上显著为负，金融市场化与融资约束的交互项在 5% 统计水平上显著为正，这一结果说明，融资约束显著阻碍了企业成本加成提升，对企业创新绩效产生了显著的负向影响；而金融市场化有效缓解了融资约束的企业成本加成抑制效应，能够显著促进企业创新，本章研究假说 1 和研究假说 2 均得到证明。

虽然固定效应模型可以有效处理遗漏变量的问题，但并不能有效处理变量之间互为因果等导致的内生性问题。对表 9-2 中的模型（3）、模型（4），本章将采用工具变量两阶段最小二乘法（2SLS）进行回归分析，以有效处理可能存在的内生性问题。通过比较和筛选，本章选择企业所在地区和行业中除该企业自身的其他企业的融资约束均值作为企业融资约束的工具变量，选择 2000 年企业所处省份金融业从业人数占总从业人数的比值作为金融市场化的工具变量。①

表9－2模型（3）、模型（4）中*Kleibergen－Paaprk LM*统计量的*P*值均为0，拒绝了存在工具变量识别不足的原假设，*Kleibergen－Paap rk Wald F*检验中最小特征统计值均大于Stock－Yogo检验10%统计水平的临界值，排除了弱工具变量的可能性，上述检验证明本章工具变量选择是合理的，计量模型可能存在的内生性得到控制。表9－2模型（3）、模型（4）中融资约束的回归系数在1%的统计水平上显著为负，金融市场化与融资约束的交互项在1%统计水平上显著为正，这一结果表明在有效处理可能存在的内生性问题的情形下，融资约束显著阻碍了企业成本加成提升，而金融市场化提升可以有效缓解融资约束对企业成本加成的抑制效应，这与表9－2中模型（1）、模型（2）固定效应的回归结果一致，本章研究假说的可靠性得到进一步证明。这一结果表明，融资约束导致的企业成本加成抑制效应的确十分显著，融资约束对企业创新产生了明显的抑制效应。在企业自身难以有效改善融资约束的情形下，金融市场化可以有效缓解融资约束，减缓企业创新资本来源受限的情况，继续推进金融市场化无疑是破解中国制造业企业融资约束和激发企业创新活力双重困境的正确路径。

控制变量方面，表9－2模型（1）至模型（4）中控制变量回归系数的正负值基本保持一致。企业生产率提升有助于企业成本加成的提高，生产率越高的企业越可能获得更高的成本加成，这与Melitz和Ottaviano（2008）、盛丹和王永进（2012）、祝树金和张鹏辉（2015）等的研究结论是一致的。企业规模的回归系数均在1%的统计水平上为正，这说明企业规模扩张带来的规模经济与企业创新显著正相关，企业盈利状况的改善有助于企业成本加成的提升，这与研究者的一般认识也是一致的，规模大、盈利好的企业通常拥有更为活跃的企业创新。企业

① 金融业从业人数占总从业人数比重这一指标的原始数据来自2000年国家统计局统计的第五次人口普查数据。

资本劳动比的提升有助于活跃企业创新，企业的资本密集程度越高越可能获得较高的加成率。企业年龄阻碍了企业成本加成的提升，对企业创新不利，可能的原因在于，企业年龄越大其整体运营机制存在的问题越多，运营成本问题、体制机制固化等问题导致企业对创新行为缺乏动力，企业产品加成率偏低。究其原因，笔者认为行业竞争强度的降低可能导致企业缺乏创新等动力对其生产工艺等进行升级从而造成企业成本加成的下降。

表 9-2　融资约束与企业创新：基准回归结果

变量	模型（1）	模型（2）	模型（3）	模型（4）
	FE	FE	2SLS	2SLS
fincon	-0.063***	-0.096***	-0.125***	-0.688***
	(-13.95)	(-6.77)	(-21.38)	(-5.00)
fincon × *finmar*		0.004**		0.070***
		(2.49)		(4.10)
TFP	0.281***	0.281***	0.221***	0.220***
	(467.32)	(467.33)	(538.33)	(519.61)
scale	0.011***	0.011***	0.017***	0.017***
	(22.28)	(22.28)	(105.65)	(105.05)
profit	0.009**	0.009**	0.107***	0.107***
	(2.33)	(2.30)	(38.52)	(38.31)
kperl	0.000***	0.000***	0.000***	0.000***
	(14.38)	(14.38)	(11.05)	(11.38)
age	-0.000***	-0.000***	-0.000***	-0.000***
	(-3.78)	(-3.84)	(-8.69)	(-4.02)
HHI	-0.061	-0.062	-0.010	-0.019
	(-0.34)	(-0.34)	(-0.13)	(-0.25)
Kleibergen-Paap rk LM 统计量			271303.424	997.109
			(0.000)	(0.000)
Kleibergen-Paap rk Wald F 统计量			168144.326	436.545
			(16.38)	(7.03)

续表

变量	模型（1）	模型（2）	模型（3）	模型（4）
	FE	FE	2SLS	2SLS
常数项	0.399 ***	0.399 ***	0.572 ***	0.578 ***
	(65.36)	(65.34)	(196.34)	(180.78)
样本数	707945	707945	715781	715781

注：括号内为 *t*（*Z*）统计值；*Kleibergen – Paap rk LM* 检验的原假设“H0：工具变量识别不足”，相应括号中数值为相应检验统计值的 *P* 值；*Kleibergen – Paap rk Wald F* 检验的原假设“H0：工具变量弱识别”，相应括号中数值为 Stock – Yogo 检验 10% 统计水平的临界值；***、**、* 分别表示在 1%、5% 和 10% 的统计水平上显著；各模型均控制了企业对应的地区、行业、年份固定效应。下表同。

（二）稳健性检验

1. 稳健性检验Ⅰ：分所有制子样本

为考察分样本情形下本章研究假说是否依然成立，本章将样本企业根据所有制类型划分为国有企业、民营企业、港澳台企业及外资企业四个子样本（盛丹和王永进，2012），同时继续采用工具变量 2SLS 回归分析作为处理内生性的方法，以检验不同所有制样本中本章研究假说是否成立。表 9 – 3 报告了分所有制子样本回归结果。

表 9 – 3 模型（1）至模型（4）中融资约束的回归系数均为负，金融市场化与融资约束的交互项回归系数均为正，这一结果表明，在分所有制样本情形下，融资约束阻碍了企业成本加成的提升，对企业创新呈显著的负向影响，而金融市场化可有效缓解融资约束对企业成本加成的抑制效应，这与表 9 – 2 中的回归结果是一致的。同时，这一结果也证明了在分所有制子样本中本章研究假说依然成立。特别地，国有企业和港澳台企业子样本回归中，融资约束以及金融市场化与融资约束的交互项回归系数的回归系数均不显著，与之形成对比，民营企业和外资企业子样本回归中，融资约束的回归系数分别在 1% 和 5% 的统计水平上显著为负，金融市场化与融资约束的交互项回归系数分别在 5% 和 1% 的统计水平上显著为正。这一情形表明，中国金融市场化改革对于民营企

业和外资企业融资约束具有较好的缓解作用，而对于国有企业和港澳台企业融资约束的缓解作用并不显著，可能存在的原因在于国有企业和港澳台企业在现有金融环境下自身融资或者资金来源并不存在困难，金融市场化改革对国有企业和港澳台企业融资环境的改善不显著，而金融市场化带来的金融市场内部竞争为民营企业和外资企业获取金融机构资金，改善融资所有制歧视提供了契机，这也为未来中国金融市场化改革过程中相关政策的调整提供了启示。

控制变量方面值得注意的是，民营企业和港澳台企业中企业年龄的回归系数为正，这一结果表明，民营企业和港澳台企业随着企业年龄的增长，其企业创新活跃程度和竞争能力逐步提升，企业成本加成也随之提高。其余控制变量方面并未存在显著差异。

表 9－3　分所有制子样本回归结果

变量	模型（1）	模型（2）	模型（3）	模型（4）
	国有企业	民营企业	港澳台企业	外资企业
fincon	−0.228 (−0.90)	−0.520*** (−2.70)	−0.475 (−1.07)	−4.390** (−2.20)
fincon × *finmar*	0.018 (0.52)	0.043* (1.87)	0.045 (0.89)	0.511** (2.15)
TFP	0.224*** (304.59)	0.215*** (386.83)	0.226*** (196.45)	0.242*** (140.50)
scale	0.015*** (57.30)	0.019*** (95.73)	0.017*** (56.40)	0.019*** (32.00)
profit	0.064*** (14.48)	0.119*** (24.86)	0.115*** (15.24)	0.131*** (14.55)
kperl	0.000* (1.81)	0.000*** (4.24)	0.000 (0.04)	0.000*** (10.64)
age	−0.000*** (−3.14)	0.000*** (3.67)	0.000** (2.44)	−0.002** (−1.98)
HHI	−0.175 (−1.43)	−0.265** (−2.22)	−0.167 (−0.56)	−0.254 (−0.83)

续表

变量	模型（1）	模型（2）	模型（3）	模型（4）
	国有企业	民营企业	港澳台企业	外资企业
Kleibergen – Paap	217.839	531.638	107.516	24.444
rk LM 统计量	(0.000)	(0.000)	(0.000)	(0.000)
Kleibergen – Paap	100.213	242.766	38.880	12.164
rk Wald F 统计量	(7.03)	(7.03)	(7.03)	(7.03)
常数项	0.552***	0.629***	0.520***	0.566***
	(128.60)	(105.91)	(29.80)	(17.19)
样本数	244838	314346	83942	72655

2. 稳健性检验Ⅱ：金融市场化替代指标

为考察不同金融市场化指标设定情形下本章研究假说的稳健性，本章采用与张杰（2015）相一致的方法，构建金融市场化虚拟变量作为金融市场化的替代指标进行回归分析。金融市场化虚拟变量的设定方法如下：当一个省市金融市场化程度高于该年度各省市金融市场化均值时，其金融市场化虚拟变量为1，反之，设定为0。模型中其余变量以及设定方法与本章基础模型保持一致。为有效处理可能存在的内生性问题，这一部分同样采用工具变量2SLS进行回归分析。为同时考察在不同要素密集度的行业中本章研究假说是否均成立，本章采用与王德文等（2004）一致的分类方法，将样本企业划分为资本密集型和劳动密集型两个行业类别。[①] 此外，本章同时采用了金融市场化指数进行分要素密集度回归分析，进一步确保回归结果的稳定性。表9－4报告了金融市场化替代指标回归结果。

表9－4模型（1）至模型（4）中融资约束的回归系数均在1%统

① 本章采用以GB/T 4754—2002为标准的2位数行业代码作为行业分类标准，其具体行业分类如下：劳动密集型行业包括农副食品加工业、食品制造业等12个行业；资本密集型行业包括石油加工炼焦及核燃料加工业、化学原料及化学制品制造业等15个行业；另有医药制造业、通信设备计算机及其他电子设备制造业、仪器仪表及文化办公用机械制造业、航空及航天设备制造业（GB/T3分位）4个行业位于两者之间。

计水平上显著为负，金融市场化与融资约束的交互项回归系数均在1%统计水平上显著为正，这一结果表明，无论是劳动密集型还是资本密集型企业，融资约束均显著阻碍了企业成本加成提升，而金融市场化的推进则可以有效缓解融资约束的企业成本加成抑制效应，这一影响机制在不同金融市场化替代指标的情形下均显著成立，这一结论与表9-3中的回归结果也是一致的，本章研究结论的稳定性得到证明。控制变量方面，表9-4模型（1）和模型（3）中劳动密集型行业的行业竞争强度回归系数均在1%统计水平上显著为正，模型（2）和模型（4）中资本密集型行业的行业竞争强度回归系数均在1%统计水平上显著为负，这说明，行业竞争强度的下降对劳动密集型行业中的企业创新具有促进作用，而对资本密集型行业中的企业创新则具有抑制作用。其余控制变量方面并未存在显著差异。

表9-4　金融市场化替代指标回归结果

变量	模型（1）	模型（2）	模型（3）	模型（4）
	金融市场化虚拟变量		金融市场化	
	劳动密集型	资本密集型	劳动密集型	资本密集型
fincon	-0.198***	-0.214***	-0.817***	-0.672***
	(-7.43)	(-6.93)	(-4.15)	(-3.25)
fincon×finmar	0.251***	0.227***	0.088***	0.068***
	(3.67)	(2.60)	(3.62)	(2.59)
TFP	0.219***	0.218***	0.219***	0.218***
	(393.94)	(319.44)	(383.87)	(312.49)
scale	0.015***	0.018***	0.015***	0.018***
	(97.19)	(52.88)	(96.64)	(52.78)
profit	0.080***	0.121***	0.079***	0.120***
	(19.33)	(29.40)	(19.09)	(29.07)
kperl	0.000***	0.000***	0.000***	0.000***
	(2.92)	(17.31)	(2.88)	(17.31)
age	-0.000***	-0.000***	-0.000***	-0.000***
	(-5.52)	(-3.94)	(-3.89)	(-3.06)

续表

变量	模型（1）	模型（2）	模型（3）	模型（4）
	金融市场化虚拟变量		金融市场化	
	劳动密集型	资本密集型	劳动密集型	资本密集型
HHI	1.840 ***	-0.464 ***	1.842 ***	-0.475 ***
	(9.07)	(-3.46)	(9.05)	(-3.54)
Kleibergen - Paap rk LM 统计量	1260.448	832.003	455.353	434.772
	(0.000)	(0.000)	(0.000)	(0.000)
Kleibergen - Paap rk Wald F 统计量	469.947	315.326	200.043	190.855
	(7.03)	(7.03)	(7.03)	(7.03)
常数项	0.591 ***	0.586 ***	0.593 ***	0.588 ***
	(161.23)	(133.55)	(152.68)	(124.71)
样本数	327038	342821	327038	342821

3. 稳健性检验Ⅲ：企业成本加成替代指标

为考察不同企业成本加成指标计算方法下本章研究假说的稳健性，本章采用与盛丹和王永进（2012）、钱学峰等（2015）相一致的做法，采用会计法测算的企业成本加成作为企业创新变量进行回归分析。为有效处理可能存在的内生性问题，这一部分同样采用工具变量 2SLS 进行回归。同时，为了更为有效地考察本章研究假说的稳定性，本章采用与盛斌和牛蕊（2009）、钱学峰等（2011）相一致的企业技术密集度划分方法，将企业样本划分为中高技术行业与中低技术行业，[①] 从而考察不同技术密集度的行业中本章研究假说是否依然成立。此外，本章同时采用了生产函数法测算的企业成本加成进行回归分析，以确保回归结果的可靠性。表 9－5 报告了企业成本加成替代指标回归结果。

表 9－5 模型（1）至模型（4）中融资约束的回归系数均为负，金

① 不同技术密集行业划分过程中，本章按照以 GB/T 4754—2002（详见附录 2）为标准的 2 位数行业代码对本章样本进行划分，具体来说，中高技术行业包括行业代码为 26、27、28、29、30、35、36、37、39、40、41 等 11 个行业；中低技术行业包括行业代码为 13、14、15、16、17、18、19、20、21、22、23、24、25、31、32、33、34 等 17 个行业。

融市场化与融资约束交互项的回归系数均为正，无论是中高技术行业还是中低技术行业，融资约束均阻碍了企业成本加成提升，对企业创新起到了抑制作用，金融市场化程度提升则降低了融资约束对企业成本加成的抑制效应，活跃了企业创新，这一结论与表9－4中的回归结果也是一致的，这一影响机制在会计法和生产函数法测算的企业成本加成指标下也均成立，本章研究结论的稳定性得到进一步证明。此外，值得注意的是，相较于模型（2）和模型（4）中低技术行业企业，模型（1）和模型（3）中高技术行业企业融资约束回归系数的绝对值和显著性水平相对较小，这一结果表明，相对于中高技术行业，融资约束对于中低技术行业的负面影响更为显著。其余控制变量方面并未存在显著差异。

表9－5　企业成本加成替代指标回归结果

变量	模型（1）	模型（2）	模型（3）	模型（4）
	会计法		生产函数法	
	中高技术行业	中低技术行业	中高技术行业	中低技术行业
fincon	－0.464*	－0.517**	－0.287	－1.066***
	(－1.93)	(－2.47)	(－1.48)	(－5.33)
fincon×*finmar*	0.110***	0.097***	0.018	0.121***
	(4.32)	(4.26)	(0.75)	(4.78)
TFP	0.770***	0.741***	0.223***	0.217***
	(243.41)	(277.62)	(299.79)	(412.76)
scale	0.047***	0.037***	0.018***	0.015***
	(47.79)	(87.61)	(52.53)	(109.67)
profit	0.604***	0.453***	0.132***	0.073***
	(43.36)	(33.69)	(30.71)	(19.12)
kperl	0.001***	0.001***	0.000***	0.000***
	(69.34)	(75.43)	(11.76)	(6.31)
age	－0.004***	－0.004***	－0.000***	－0.000**
	(－39.97)	(－41.11)	(－4.65)	(－1.98)
HHI	－1.330***	－3.029***	－0.183**	－0.734***
	(－3.84)	(－3.94)	(－2.00)	(－4.09)

续表

变量	模型（1）	模型（2）	模型（3）	模型（4）
	会计法		生产函数法	
	中高技术行业	中低技术行业	中高技术行业	中低技术行业
Kleibergen - Paap rk LM 统计量	486. 658 (0. 000)	459. 253 (0. 000)	486. 658 (0. 000)	459. 253 (0. 000)
Kleibergen - Paap rk Wald F 统计量	201. 049 (7. 03)	207. 476 (7. 03)	201. 049 (7. 03)	207. 476 (7. 03)
常数项	3. 991 *** (132. 41)	4. 243 *** (194. 14)	0. 564 *** (104. 00)	0. 562 *** (148. 90)
样本数	315281	363954	315281	363954

本章旨在研究经济转轨时期的中国金融市场化能否破解中国制造业企业面临的融资约束和企业创新活力亟须提升的双重困境。以 2001—2007 年中国制造业企业数据为研究样本，本章利用工具变量、分样本、替代变量等一系列稳健性回归分析方法，实证检验了金融市场化、融资约束对企业创新的影响。研究结果显示，融资约束显著阻碍了企业成本加成提升，抑制了企业创新，而金融市场化程度的提升可以有效缓解融资约束对企业创新的抑制效应。本章研究结论证明，进一步推进金融市场化程度提升，是融资难背景下活跃中国企业创新的有效路径。虽然以世界银行（2005）为代表的部分研究认为，中国金融市场分割严重、效率低下，金融市场化的上升趋势也存在波动，并且与商品市场相较而言，金融市场化改革仍相对滞后，但难以否认的是，中国金融市场化程度正逐步提升。本章研究结论证明，虽然融资约束的确阻碍了企业创新，并且中国制造业企业处在融资约束和企业创新亟须提升的双重困境之中，但是中国金融市场化程度提升可以有效缓解融资约束对企业创新的抑制效应，显著增加企业成本加成。本章研究结论为中国经济发展现阶段存在的融资约束和企业创新亟须提升的困境提供了一种解决路径。

第十章
政策启示与研究展望

1978 年改革开放至今，国人对伴随开放经济而来的出口和外资行为由“崇拜”逐步归于“理性”。伴随开放经济的国际技术溢出的条件性，加之国家以技术进步推动经济发展的迫切需求，导致以企业为主导、善用开放经济资源的思路已经在自主创新能力培育过程中逐步形成。本书在已有的企业创新选择研究的基础上，构建了一个两步双寡头古诺均衡博弈，以递进式的方法对内销和出口选择、出口和 OFDI 选择两种状态中处于不同国际化路径下的企业创新资源配置进行了研究，在对理论模型结论进行总结的基础上，通过微观数据对开放经济下企业创新资源配置可能的影响因素进行了验证，试图为活跃企业创新、强化企业创新能力培育提供参考。

第一节　政策启示

根据本书理论和实证部分的主要结论，本章对提高企业创新投入、培育自主创新能力提出了相应的政策建议：

第一，从扩大企业市场需求出发。从实证分析结果来看，国内外市场需求均能对企业创新选择产生影响，但综合来看，企业出口行为对创新选择的影响更大，市场需求对创新投入的影响更大。对此，基于市场需求的企业技术提升可以从以下两方面入手：一是保障人民收入，刺激国内需求。进一步建立健全国家养老、医疗等社会保障制度，切实落实收入倍增计划，增加人民生活“安全感”，释放人民购买力，刺激国家经济增长“马车”，有效保障各类企业尤其是私营企业的创新资本来源充裕。二是缩小收入差距，调整需求结构。以完善会计制度为先导，改革国家税收制度尤其是个人所得税制度，提高所得税起征点，严格税收征收过程，加大转移支付力度，增加弱势群体收入水平。严格公务员、事业单位人员管理，减弱和避免“权力租”，维护公平的社会环境。

第二，从降低技术成本出发。从实证研究结果能够看出，技术成本对企业创新选择的影响主要表现在政府税收减免和补贴政策上，技术收入受其他因素的影响对创新选择的影响不明显，技术成本对创新投入的影响随着企业国际化路径的进化而减弱。因此，从降低技术成本的角度出发，应当从以下几方面入手：一是使用区别化的税收减免和补贴政策，最优化政策效果。在肯定政府现有创新促进政策的同时，要考虑减免税和补贴政策对应的对象。从当前状况来看，国有企业所获减免税和补贴的比重最高、金额最大，而同时国有资本比重对模仿创新的倾向性更高，这实际上部分解释了国家创新促进政策效果不显著的原因。向私营企业，尤其是自主创新活跃的私营企业进行政策倾斜，对企业自主创新投入的提升和社会整体技术水平的提升具有重要意义。另外，鉴于企业使用不同技术、处于不同国际化路径时技术成本对创新投入的影响不同，政府能够根据这些特征对扶持政策的创新效果进行预判断，并在此基础上选择最优的政策实施方式，以优化社会资源配置。二是提高知识产权保护力度，保证企业创新收入。知识产权保护力度不足会使使用自主创新企业技术成果极易被其他企业以较低的成本获取，自主创新的巨大风险和高额投入无法得到充分的补偿，企业使用自主创新的积极性下降，社会整体技术发展停滞。因此，加快知识产权保护相关法律法规的完善，提高知识产权相关案件审理审判速度和执行力度，加强知识产权侵权举报和监管机制，是保障企业创新收入的关键所在。

第三，从降低贸易成本出发。实证研究结论表明，贸易成本的降低能够显著改变企业创新选择，提高单独选择自主创新企业的创新投入，降低选择组合技术企业的模仿创新投入，但对其自主创新投入无显著影响。基于此，贸易成本的降低对于提升企业自主创新投入、培育企业自主创新能力具有重要作用，可以从以下几方面入手：一是增进国际交流，扩展国际市场。通过举办和参与各种展会、博览会等渠道和平台宣传“中国制造”，并鼓励企业积极参与，扩大企业和品牌知名度，增进企业对国外市场的了解，鼓励企业进入国际市场、扩大市场范围。二是提供公共服务，降低贸易成本。为有出口意向的国内企业提供有益的区域信息资料，增进对出口和投资市场的了解，帮助降低进入国际市场过程中不必要的贸易固定成本。有效降低出口企业的可变贸易成本，包括出口过程中的各种税费等支出，考虑通过涉外机构为企业提供跨国文化培训、组织团体国外市场考察等。三是打破国际运输市场、保险市场的垄断局面，允许一定程度的市场竞争，降低企业可变贸易成本，保障贸易企业利益。

第四，从国际技术溢出出发。实证结果显示，出口、外资比重都对企业创新选择和创新投入产生了显著影响，外资变量、进口对其影响不显著，但这并不意味着使用 OFDI 路径进入国际市场的企业自主创新能力不强，相反，这部分企业通常被证实是行业中最具竞争力的企业。因此，从国际技术溢出角度出发，可以从以下两方面入手：一是以平常心对待外资，使外资企业处于正常的市场竞争中。虽然本书认为外资比重的上升能够对创新选择和创新投入产生显著影响，但将外资主导企业（外资比重超过 50%）去除后，这一关系将不复存在，这意味着外资企业在大部分情况下仍旧处于一种相对的技术封闭状态。现有的众多研究和实践也发现，外资所带来的技术溢出十分有限，外资企业对本国实质性技术能力培育的影响微弱，因此以外资作为政绩考核指标、对具备优异创新能力的外资企业的各种政策倾斜等行为不利于社会资源的优化配置，也会将本土企业置于一种不公平的竞争氛围，不利于其技术能力的培育。二是OFDI路径对企业创新的影响不显著，这可能主要是由于我国OFDI起步较晚、技术效用尚未显现，对江苏省境外投资的研究也验证了这一点。从国际经验来看，OFDI路径的使用尤其是技术获取型OFDI对企业创新选择的影响具有积极的作用。因此，鼓励企业"走出去"，特别是向发达国家投资对于提升企业整体创新水平具有长远意义。

第五，从提高企业创新效率出发。必需看到，在创新投入增加的背景下，企业的创新效率并未得到显著提高，这一现象的产生固然与创新投入的绩效难以在短期内形成有关，同时也必须警惕对外直接投资对企业研发创新绩效可能产生的负面影响。首先，应当鼓励企业把握"一带一路"政策发展契机，与沿带沿路国家大力发展国际产能合作。支持企业加大向发达国家和地区的投资力度，鼓励通过并购、股权投资、研发合作等方式积极承接技术溢出。其次，在对外直接投资规模不断壮大的发展时期，尤其要注重企业研发投入的绩效，要通过国内创新制度的完善和创新资源的供给，在提高模仿创新实效的同时，着力提高企业的自主创新和原始创新能力，避免拿来主义对企业创新能力提升带来的负面影响。充分发挥财政资金的引导作用，调整优化企业创新资源配置。巩固和扩大国家对外经济技术合作各类专项政策资金规模，优化资金支出结构，强化科技项目的支撑作用，鼓励企业升级改造，加大自主创新投入力度，积极攻关行业核心技术。

第六，从金融市场发展来看。促进企业创新有效提升绝非仅仅着眼于产业政策、税收政策、补贴政策等措施，在实现中国从制造业大国向制造业强国迈进过程中，仍然可以通过市场自发的行为来为企业创新提升创造良好的外部环境。积极推进金融市场化，释放市场的活力，可以有效缓解融资约束对企业创新的抑制效应，通过依靠金融市场"无形的手”增加企业获取资金的渠道，缓解企业融资约束，从而实现促进企业创新提升的目的，才是破解现阶段乃至中国经济发展过程中制造业融资约束和企业创新亟须提升的双重困境，踏上中国制造业强国梦想的康庄大道。同时需要警惕的是，不能因金融市场化对企业的积极影响而一味否定监管，金融业在国民经济中的地位及自身特点决定其必须受到一定的管制，因此，这里涉及“看得见的手”的范围问题，中国政府应对其在金融市场化中所扮演的角色有清晰和精准的定位。随着国内统一市场的逐步建立，可以预见，中国金融市场化程度必将进一步提升，金融市场化将成为实现中国制造业强国目标的有力保障。

第二节　研究展望

本章主要对开放经济下的企业创新资源配置进行了研究，在研究过程中笔者深感企业创新研究领域的博大精深和开放经济环境的复杂多变，在现有研究结论的基础上，笔者认为对于开放经济下的企业创新资源配置还可以从以下方面进行深入展开和突破：

第一，在理论模型方面，在进行自主创新和模仿创新技术成本的假设过程中默认自主创新必然会获得成功，自主创新的风险以其固定投入成本的大小进行测度。但在实证结论中发现，自主创新过程中的风险和成本大小可能是相对分离的，企业在发展到一定阶段后，技术成本对创新选择和创新投入的影响下降，在风险较高而创新成本下降的情形下，企业依然有可能因为害怕损失固定成本而放弃自主创新或减少创新投入。因此，在模型设定中加入自主创新的成功概率与创新成本进行区分可能会获得更贴近现实的理论结果。

第二，理论模型假设企业采用 OFDI 方式进入国际市场时的边际技术成本与企业在国内生产时的边际技术成本相同，但实际上不少发达国家，包括一些发展中国家进行对外投资的主要目的都是利用他国廉价的资源，不少企业通过OFDI在他国进行生产后反向出口到母国的现象并不少见，在不同国家背景下边际技术成本的差异可能是显著的。同时在分析OFDI时，本章也将OFDI的风险划入其固定投资成本中，但实证检验的结果似乎与第一点类似，即投资的风险使用投资成本来替代并不合适。因此，可能需要在模型假设中扩展OFDI的风险假设和边际成本差异假设。

第三，本书分章节递进式地对企业创新资源配置进行研究实际上是一种静态研究，虽然能够在一定程度上对开放经济下企业创新选择的主要影响因素进行总结，但有可能忽略了在动态背景下企业创新选择中所考虑的重要因素。现有的不确定条件下的投资时机选择模型、不确定条件下的技术创新投资决策等模型都是将企业创新投入置于动态背景下，对不同阶段的创新投入及其受外部环境影响的大小进行讨论，但这些动态模型由于数据限制，目前难以进行实证检验。因此，对企业创新选择的动态研究以及在微观数据不断完善的条件下对企业动态创新选择的验证将成为一个重要的研究方向。

第四，实证模型中的技术成本测度指标、可变贸易成本测度指标、企业创新指标实际上使用的都是替代性指标。在研究中也发现，技术成本的替代指标与技术成本本身可能存在时滞性、内生性等问题，以对外开放程度测度可变贸易成本使得没有出口行为的企业贸易成本无法测度，使用企业成本加成作为企业创新的替代指标可能使生产过程由于流程优化等因素带来的企业加成率提升被过多地考虑。替代性指标在使用过程中本身存在的问题可能会对模型分析产生影响，因此在未来研究中寻找企业技术成本、贸易成本、企业创新等适宜的测度指标十分必要。

第五，本书使用的微观数据实际上与理论模型的创新选择分析并不完全匹配，创新选择与技术组合选择仍存在一定的差异。虽然在现实经济中使用组合技术的企业众多，使用高新技术企业的研究对提升国家整体技术水平具有重要的意义，但扩展研究企业范围，对自主创新触发性因素的研究及企业最优创新资源配置的研究具有更广泛的现实意义。

附录 1

国家重点支持的高新技术领域目录与代码

一、电子信息技术

（一）软件

1101　1. 系统软件
1102　2. 支撑软件
1103　3. 中间件软件
1104　4. 嵌入式软件
1105　5. 计算机辅助工程管理软件
1106　6. 中文及多语种处理软件
1107　7. 图形和图像软件
1108　8. 金融信息化软件
1109　9. 地理信息系统
1110　10. 电子商务软件
1111　11. 电子政务软件
1112　12. 企业管理软件

（二）微电子技术

1201　1. 集成电路设计技术

1202 2. 集成电路产品设计技术
1203 3. 集成电路封装技术
1204 4. 集成电路测试技术
1205 5. 集成电路芯片制造技术
1206 6. 集成光电子器件技术

（三）计算机及网络技术

1301 1. 计算机及终端技术
1302 2. 各类计算机外围设备技术
1303 3. 网络技术
1304 4. 空间信息获取及综合应用集成系统
1305 5. 面向行业及企业信息化的应用系统
1306 6. 传感器网络节点、软件和系统

（四）通信技术

1401 1. 光传输技术
1402 2. 小型接入设备技术
1403 3. 无线接入技术
1404 4. 移动通信系统的配套技术
1405 5. 软交换和 VoIP 系统
1406 6. 业务运营支撑管理系统
1407 7. 电信网络增值业务应用系统

（五）广播电视技术

1501 1. 演播室设备技术
1502 2. 交互信息处理系统
1503 3. 信息保护系统
1504 4. 数字地面电视技术
1505 5. 地面无线数字广播电视技术

1506 6. 专业音视频信息处理系统

1507 7. 光发射、接收技术

1508 8. 电台、电视台自动化技术

1509 9. 网络运营综合管理系统

1510 10. IPTV 技术

1511 11. 高端个人媒体信息服务平台

（六）新型电子元器件

1601 1. 半导体发光技术

1602 2. 片式和集成无源元件技术

1603 3. 片式半导体器件技术

1604 4. 中高档机电组件技术

（七）信息安全技术

1701 1. 安全测评类

1702 2. 安全管理类

1703 3. 安全应用类

1704 4. 安全基础类

1705 5. 网络安全类

1706 6. 专用安全类

（八）智能交通技术

1801 1. 先进的交通管理和控制技术

1802 2. 交通基础信息采集、处理设备及相关软件技术

1803 3. 先进的公共交通管理设备和系统技术

1804 4. 车载电子设备和系统技术

二、生物与新医药技术

(一) 医药生物技术

2101 1. 新型疫苗

2102 2. 基因工程药物

2103 3. 重大疾病的基因治疗

2104 4. 单克隆抗体系列产品与检测试剂

2105 5. 蛋白质/多肽/核酸类药物

2106 6. 生物芯片

2107 7. 生物技术加工天然药物

2108 8. 生物分离、装置、试剂及相关检测试剂

2109 9. 新生物技术

(二) 中药、天然药物

2201 1. 创新药物

2202 2. 中药新品种的开发

2203 3. 中药资源可持续利用

(三) 化学药

2301 1. 创新药物

2302 2. 心脑血管疾病治疗药物

2303 3. 抗肿瘤药物

2304 4. 抗感染药物(包括抗细菌、抗真菌、抗原虫药等)

2305 5. 老年病治疗药物

2306 6. 精神神经系统药物

2307 7. 计划生育药物

2308 8. 重大传染病治疗药物

2309　9. 治疗代谢综合征的药物

2310　10. 罕见病用药（Orphan Drugs）及诊断用药

2311　11. 手性药物和重大工艺创新的药物及药物中间体

（四）新剂型及制剂技术

2401　1. 缓、控、速释制剂技术——固体、液体及复方

2402　2. 靶向给药系统

2403　3. 给药新技术及药物新剂型

2404　4. 制剂新辅料

（五）医疗仪器技术、设备与医学专用软件

2501　1. 医学影像技术

2502　2. 治疗、急救及康复技术

2503　3. 电生理检测、监护技术

2504　4. 医学检验技术

2505　5. 医学专用网络环境下的软件

（六）轻工和化工生物技术

2601　1. 生物催化技术

2602　2. 微生物发酵新技术

2603　3. 新型、高效工业酶制剂

2604　4. 天然产物有效成分的分离提取技术

2605　5. 生物反应及分离技术

2606　6. 功能性食品及生物技术在食品安全领域的应用

（七）现代农业技术

2701　1. 农林植物优良新品种与优质高效安全生产技术

2702　2. 畜禽水产优良新品种与健康养殖技术

2703　3. 重大农林植物灾害与动物疫病防控技术

2704 4. 农产品精深加工与现代储运
2705 5. 现代农业装备与信息化技术
2706 6. 水资源可持续利用与节水农业
2707 7. 农业生物技术

三、航空航天技术

3101 1. 民用飞机技术
3201 2. 空中管制系统
3301 3. 新一代民用航空运行保障系统
3401 4. 卫星通信应用系统
3501 5. 卫星导航应用服务系统

四、新材料技术

（一）金属材料

4101 1. 铝、镁、钛轻合金材料深加工技术
4102 2. 高性能金属材料及特殊合金材料生产技术
4103 3. 超细及纳米粉体及粉末冶金新材料工艺技术
4104 4. 低成本、高性能金属复合材料加工成型技术
4105 5. 电子元器件用金属功能材料制造技术
4106 6. 半导体材料生产技术
4107 7. 低成本超导材料实用化技术
4108 8. 特殊功能有色金属材料及应用技术
4109 9. 高性能稀土功能材料及应用技术
4110 10. 金属及非金属材料先进制备、加工和成型技术

（二）无机非金属材料

4201 1. 高性能结构陶瓷强化增韧技术

4202　2. 高性能功能陶瓷制造技术

4203　3. 人工晶体生长技术

4204　4. 功能玻璃制造技术

4205　5. 节能与环保用新型无机非金属材料制造技术

（三）高分子材料

4301　1. 高性能高分子结构材料的制备技术

4302　2. 新型高分子功能材料的制备及应用技术

4303　3. 高分子材料的低成本、高性能化技术

4304　4. 新型橡胶的合成技术及橡胶新材料

4305　5. 新型纤维材料

4306　6. 环境友好型高分子材料的制备技术及高分子材料的循环再利用技术

4307　7. 高分子材料的加工应用技术

（四）生物医用材料

4401　1. 介入治疗器具材料

4402　2. 心血管外科用新型生物材料及产品

4403　3. 骨科内置物

4404　4. 口腔材料

4405　5. 组织工程用材料及产品

4406　6. 载体材料、控释系统用材料

4407　7. 专用手术器械及材料

（五）精细化学品

4501　1. 电子化学品

4502　2. 新型催化剂技术

4503　3. 新型橡塑助剂技术

4504　4. 超细功能材料技术

4505　5. 功能精细化学品

五、高技术服务业

5101　1. 共性技术
5201　2. 现代物流
5301　3. 集成电路
5401　4. 业务流程外包（BPO）
5501　5. 文化创意产业支撑技术
5601　6. 公共服务
5701　7. 技术咨询服务
5801　8. 精密复杂模具设计
5901　9. 生物医药技术
5999　10. 工业设计

六、新能源及节能技术

（一）可再生清洁能源技术

6101　1. 太阳能
6102　2. 风能
6103　3. 生物质能
6104　4. 地热能利用

（二）核能及氢能

6201　1. 核能技术
6202　2. 氢能技术

（三）新型高效能量转换与储存技术

6301　1. 新型动力电池（组）、高性能电池（组）

6302　2. 燃料电池、热电转换技术

（四）高效节能技术

6401　1. 钢铁企业低热值煤气发电技术
6402　2. 蓄热式燃烧技术
6403　3. 低温余热发电技术
6404　4. 废弃燃气发电技术
6405　5. 蒸汽余压、余热、余能回收利用技术
6406　6. 输配电系统优化技术
6407　7. 高泵热泵技术
6408　8. 蓄冷蓄热技术
6409　9. 能源系统管理、优化与控制技术
6410　10. 节能监测技术
6411　11. 节能量检测与节能效果确认技术

七、资源与环境技术

（一）水污染控制技术

7101　1. 城镇污水处理技术
7102　2. 工业废水处理技术
7103　3. 城市和工业节水与废水资源化技术
7104　4. 面源水污染的控制技术
7105　5. 雨水、海水、苦咸水利用技术
7106　6. 饮用水安全保障技术

（二）大气污染控制技术

7201　1. 煤燃烧污染防治技术
7202　2. 机动车排放控制技术

7203 3. 工业可挥发性有机污染物防治技术
7204 4. 局部环境空气质量提高与污染防治技术
7205 5. 其他重污染行业空气污染防治技术

（三）固体废物的处理与综合利用技术

7301 1. 危险固体废物的处置技术
7302 2. 工业固体废物的资源综合利用技术
7303 3. 有机固体废物的处理和资源化技术

（四）环境监测技术

7401 1. 在线连续自动监测技术
7402 2. 应急监测技术
7403 3. 生态环境监测技术

（五）生态环境建设与保护技术

7501 1. 生态环境建设与保护技术

（六）清洁生产与循环经济技术

7601 1. 重点行业污染减排和“零排放”关键技术
7602 2. 污水和固体废物回收利用技术
7603 3. 清洁生产关键技术
7604 4. 绿色制造关键技术

（七）资源高效开发与综合利用技术

7701 1. 提高资源回收利用率的采矿、选矿技术
7702 2. 共、伴生矿产的分选提取技术
7703 3. 极低品位资源和尾矿资源综合利用技术

八、高新技术改造传统产业

（一）工业生产过程控制系统

8101　1. 现场总线及工业以太网技术
8102　2. 可编程序控制器（PLC）
8103　3. 基于 PC 的控制系统
8104　4. 新一代的工业控制计算机

（二）高性能、智能化仪器仪表

8201　1. 新型自动化仪表技术
8202　2. 面向行业的传感器技术
8203　3. 新型传感器技术
8204　4. 科学分析仪器、检测仪器技术
8205　5. 精确制造中的测控仪器技术

（三）先进制造技术

8301　1. 先进制造系统及数控加工技术
8302　2. 机器人技术
8303　3. 激光加工技术
8304　4. 电力电子技术
8305　5. 纺织及轻工行业专用设备技术

（四）新型机械

8401　1. 机械基础件及模具技术
8402　2. 通用机械和新型机械

（五）电力系统信息化与自动化技术

8501　1. 采用新型原理、新型元器件的电力自动化装置

8502 2. 采用数字化、信息化技术，提高设备性能及自动化水平的技术

8503 3. 电力系统应用软件

8504 4. 用于输配电系统和企业的新型节电装置

（六）汽车行业相关技术

8601 1. 汽车发动机零部件技术

8602 2. 汽车关键零部件技术

8603 3. 汽车电子技术

8604 4. 汽车零部件前端技术

九、其他（本省增加）

9999 其他

附录 2

国民经济行业分类与代码（GB/T 4754—2002）

A　**农、林、牧、渔业**

01　农业

011　谷物及其他作物的种植　包括谷物、薯类、油料、豆类、棉花、麻类、糖料、烟草及其他作物的种植。

012　蔬菜、园艺作物的种植 包括蔬菜、花卉及其他园艺作物的种植。

013　水果、坚果、饮料和香料作物的种植 包括水果、坚果的种植，茶及其他饮料作物的种植，香料作物的种植。

014　中药材的种植

02　林业

021　林木的培育和种植 包括育种和育苗、造林、林木的抚育和管理。

022　木材和竹材的采运 包括木材的采运、竹材的采运。

023　林产品的采集

03　畜牧业

031　牲畜的饲养

032　猪的饲养

033　家禽的饲养

034　狩猎和捕捉动物

039　其他畜牧业

04　渔业

041　海洋渔业 包括海水养殖，海洋捕捞。

042　内陆渔业 包括内陆养殖，内陆捕捞。

05　农、林、牧、渔服务业

051　农业服务业 包括灌溉服务、农产品初加工服务、其他农业服务。

052　林业服务业

053　畜牧服务业 包括兽医服务，其他畜牧服务。

054　渔业服务业

B　**采矿业**

06　煤炭开采和洗选业

061　烟煤和无烟煤的开采洗选

062　褐煤的开采洗选

069　其他煤炭采选

07　石油和天然气开采业

071　天然原油和天然气开采

079　与石油和天然气开采有关的服务活动

08　黑色金属矿采选业

081　铁矿采选

089　其他黑色金属矿采选

09　有色金属矿采选业

091　常用有色金属矿采选 包括铜矿采选、铅锌矿采选、镍钴矿采选、锡矿采选、锑矿采选、铝矿采选、镁矿采选、其他常用有色金属矿采选。

092 贵金属矿采选 包括金矿采选、银矿采选、其他贵金属矿采选。

093 稀有稀土金属矿采选 包括钨钼矿采选、稀土金属矿采选、放射性金属矿采选、其他稀有金属矿采选。

10 非金属矿采选业

101 土砂石开采 包括石灰石、石膏开采，建筑装饰用石开采，耐火土石开采，黏土及其他土砂石开采。

102 化学矿采选

103 采盐

109 石棉及其他非金属矿采选包括石棉、云母矿采选，石墨、滑石采选，宝石、玉石开采，其他非金属矿采选。

11 其他采矿业

110 其他采矿业

C **制造业**

13 农副食品加工业

131 谷物磨制

132 饲料加工

133 植物油加工 包括食用植物油加工，非食用植物油加工。

134 制糖

135 屠宰及肉类加工 包括畜禽屠宰、肉制品及副产品加工。

136 水产品加工 包括水产品冷冻加工、鱼糜制品及水产品干腌制加工、水产饲料制造、鱼油提取及制品的制造、其他水产品加工。

137 蔬菜、水果和坚果加工

139 其他农副食品加工 包括淀粉及淀粉制品的制造、豆制品制造、蛋品加工、其他未列明的农副食品加工。

14 食品制造业

141 焙烤食品制造 包括糕点、面包制造，饼干及其他焙烤食品制造。

142　糖果、巧克力及蜜饯制造 包括糖果、巧克力制造，蜜饯制作。

143　方便食品制造 包括米、面制品制造，速冻食品制造，方便面及其他方便食品制造。

144　液体乳及乳制品制造

145　罐头制造 包括肉、禽类罐头制造，水产品罐头制造，蔬菜、水果罐头制造，其他罐头食品制造。

146　调味品、发酵制品制造 包括味精制造，酱油、食醋及类似制品的制造，其他调味品、发酵制品制造。

149　其他食品制造 包括营养、保健食品制造，冷冻饮品及食用冰制造，盐加工，食品及饲料添加剂制造，其他未列明的食品制造。

15　饮料制造业

151　酒精制造

152　酒的制造 包括白酒制造、啤酒制造、黄酒制造、葡萄酒制造、其他酒制造。

153　软饮料制造 包括碳酸饮料制造、瓶（罐）装饮用水制造、果菜汁及果菜汁饮料制造、含乳饮料和植物蛋白饮料制造、固体饮料制造、茶饮料及其他软饮料制造。

154　精制茶加工

16　烟草制品业

161　烟叶复烤

162　卷烟制造

169　其他烟草制品加工

17　纺织业

171　棉、化纤纺织及印染精加工 包括棉、化纤纺织加工，棉、化纤印染精加工。

172 毛纺织和染整精加工 包括毛条加工、毛纺织、毛染整精加工。

173 麻纺织

174 丝绢纺织及精加工 包括缫丝加工、绢纺和丝织加工、丝印染精加工。

175 纺织制成品制造 包括棉及化纤制品制造，毛制品制造，麻制品制造，丝制品制造，绳、索、缆的制造，纺织带和帘子布制造，无纺布制造，其他纺织制成品制造。

176 针织品、编织品及其制品制造 包括棉、化纤针织品及编织品制造，毛针织品及编织品制造，丝针织品及编织品制造，其他针织品及编织品制造。

18 纺织服装、鞋、帽制造业

181 纺织服装制造

182 纺织面料鞋制造

183 制帽

19 皮革、毛皮、羽毛（绒）及其制品业

191 皮革鞣制加工

192 皮革制品制造 包括皮鞋制造，皮革服装制造，皮箱、包（袋）制造，皮手套及皮装饰制品制造，其他皮革制品制造。

193 毛皮鞣制及制品加工 包括毛皮鞣制加工、毛皮服装加工、其他毛皮制品加工。

194 羽毛（绒）加工及制品制造 包括羽毛（绒）加工、羽毛（绒）制品加工。

20 木材加工及木、竹、藤、棕、草制品业

201 锯材、木片加工 包括锯材加工、木片加工。

202 人造板制造 包括胶合板制造，纤维板制造，刨花板制造，其他人造板、材制造。

203　木制品制造 包括建筑用木料及木材组件加工、木容器制造、软木制品及其他木制品制造。

204　竹、藤、棕、草制品制造

21　家具制造业

211　木质家具制造

212　竹、藤家具制造

213　金属家具制造

214　塑料家具制造

219　其他家具制造

22　造纸及纸制品业

221　纸浆制造

222　造纸 包括机制纸及纸板制造、手工纸制造、加工纸制造。

223　纸制品制造 包括纸和纸板容器的制造、其他纸制品制造。

23　印刷业和记录媒介的复制

231　印刷 包括书、报、刊印刷，本册印制、包装装潢及其他印刷。

232　装订及其他印刷服务活动

233　记录媒介的复制

24　文教体育用品制造业

241　文化用品制造 包括文具制造，笔的制造，教学用模型及教具制造，墨水、墨汁制造，其他文化用品制造。

242　体育用品制造 包括球类制造、体育器材及配件制造、训练健身器材制造、运动防护用具制造、其他体育用品制造。

243　乐器制造 包括中乐器制造、西乐器制造、电子乐器制造、其他乐器及零件制造。

244　玩具制造

245　游艺器材及娱乐用品制造 包括露天游乐场所游乐设备制造、

游艺用品及室内游艺器材制造。

25　石油加工、炼焦及核燃料加工业

251　精炼石油产品的制造 包括原油加工及石油制品制造、人造原油生产。

252　炼焦

253　核燃料加工

26　化学原料及化学制品制造业

261　基础化学原料制造 包括无机酸制造、无机碱制造、无机盐制造、有机化学原料制造、其他基础化学原料制造。

262　肥料制造 包括氮肥制造、磷肥制造、钾肥制造、复混肥料制造、有机肥料及微生物肥料制造、其他肥料制造。

263　农药制造 包括化学农药制造、生物化学农药及微生物农药制造。

264　涂料、油墨、颜料及类似产品制造 包括涂料制造、油墨及类似产品制造、颜料制造、染料制造、密封用填料及类似品制造。

265　合成材料制造 包括初级形态的塑料及合成树脂制造、合成橡胶制造、合成纤维单（聚合）体的制造、其他合成材料制造。

266　专用化学产品制造 包括化学试剂和助剂制造、专项化学用品制造、林产化学产品制造、炸药及火工产品制造、信息化学品制造、环境污染处理专用药剂材料制造、动物胶制造、其他专用化学产品制造。

267　日用化学产品制造 包括肥皂及合成洗涤剂制造，化妆品制造，口腔清洁用品制造，香料、香精制造，其他日用化学产品制造。

27　医药制造业

271　化学药品原药制造

272　化学药品制剂制造

273　中药饮片加工

274　中成药制造

275　兽用药品制造

276　生物、生化制品的制造

277　卫生材料及医药用品制造

28　化学纤维制造业

281　纤维素纤维原料及纤维制造 包括化纤浆粕制造、人造纤维（纤维素纤维）制造。

282　合成纤维制造 包括锦纶纤维制造、涤纶纤维制造、腈纶纤维制造、维纶纤维制造、其他合成纤维制造。

29　橡胶制品业

291　轮胎制造 包括车辆、飞机及工程机械轮胎制造，力车胎制造，轮胎翻新加工。

292　橡胶板、管、带的制造

293　橡胶零件制造

294　再生橡胶制造

295　日用及医用橡胶制品制造

296　橡胶靴鞋制造

299　其他橡胶制品制造

30　塑料制品业

301　塑料薄膜制造

302　塑料板、管、型材的制造

303　塑料丝、绳及编织品的制造

304　泡沫塑料制造

305　塑料人造革、合成革制造

306　塑料包装箱及容器制造

307　塑料零件制造

308　日用塑料制造 包括塑料鞋制造、日用塑料杂品制造。

309 其他塑料制品制造

31 非金属矿物制品业

311 水泥、石灰和石膏的制造 包括水泥制造、石灰和石膏制造。

312 水泥及石膏制品制造 包括水泥制品制造、砼结构构件制造、石棉水泥制品制造、轻质建筑材料制造、其他水泥制品制造。

313 砖瓦、石材及其他建筑材料制造 包括黏土砖瓦及建筑砌块制造、建筑陶瓷制品制造、建筑用石加工、防水建筑材料制造、隔热和隔声材料制造、其他建筑材料制造。

314 玻璃及玻璃制品制造 包括平板玻璃制造、技术玻璃制品制造、光学玻璃制造、玻璃仪器制造、日用玻璃制品及玻璃包装容器制造、玻璃保温容器制造、玻璃纤维及制品制造、玻璃纤维增强塑料制品制造、其他玻璃制品制造。

315 陶瓷制品制造 包括卫生陶瓷制品制造，特种陶瓷制品制造，日用陶瓷制品制造，园林、陈设艺术及其他陶瓷制品制造。

316 耐火材料制品制造 包括石棉制品制造、云母制品制造、耐火陶瓷制品及其他耐火材料制造。

319 石墨及其他非金属矿物制品制造 包括石墨及碳素制品制造、其他非金属矿物制品制造。

32 黑色金属冶炼及压延加工业

321 炼铁

322 炼钢

323 钢压延加工

324 铁合金冶炼

33 有色金属冶炼及压延加工业

331 常用有色金属冶炼 包括铜冶炼、铅锌冶炼、镍钴冶炼、锡冶炼、锑冶炼、铝冶炼、镁冶炼、其他常用有色金属冶炼。

332 贵金属冶炼 包括金冶炼、银冶炼、其他贵金属冶炼。

333　稀有稀土金属冶炼 包括钨钼冶炼、稀土金属冶炼、其他稀有金属冶炼。

334　有色金属合金制造

335　有色金属压延加工 包括常用有色金属压延加工、贵金属压延加工、稀有稀土金属压延加工。

34　金属制品业

341　结构性金属制品制造 包括金属结构制造、金属门窗制造。

342　金属工具制造 包括切削工具制造、手工具制造、农用及园林用金属工具制造、刀剪及类似日用金属工具制造、其他金属工具制造。

343　集装箱及金属包装容器制造 包括集装箱制造、金属压力容器制造、金属包装容器制造。

344　金属丝绳及其制品的制造

345　建筑、安全用金属制品制造 包括建筑、家具用金属配件制造，建筑装饰及水暖管道零件制造，安全、消防用金属制品制造，其他建筑、安全用金属制品制造。

346　金属表面处理及热处理加工

347　搪瓷制品制造 包括工业生产配套用搪瓷制品制造、搪瓷卫生洁具制造、搪瓷日用品及其他搪瓷制品制造。

348　不锈钢及类似日用金属制品制造 包括金属制厨房调理及卫生器具制造、金属制厨用器皿及餐具制造、其他日用金属制品制造。

349　其他金属制品制造 包括铸币及贵金属制实验室用品制造、其他未列明的金属制品制造。

35　通用设备制造业

351　锅炉及原动机制造 包括锅炉及辅助设备制造、内燃机及配件制造、汽轮机及辅机制造、水轮机及辅机制造、其他原动机制造。

352　金属加工机械制造 包括金属切削机床制造、金属成形机床制造、铸造机械制造、金属切割及焊接设备制造、机床附件制造、其他金属加工机械制造。

353　起重运输设备制造

354　泵、阀门、压缩机及类似机械的制造 包括泵及真空设备制造、气体压缩机械制造、阀门和旋塞的制造、液压和气压动力机械及元件制造。

355　轴承、齿轮、传动和驱动部件的制造 包括轴承制造，齿轮、传动和驱动部件制造。

356　烘炉、熔炉及电炉制造

357　风机、衡器、包装设备等通用设备制造 包括风机、风扇制造，气体、液体分离及纯净设备制造，制冷、空调设备制造，风动和电动工具制造，喷枪及类似器具制造，包装专用设备制造，衡器制造，其他通用设备制造。

358　通用零部件制造及机械修理 包括金属密封件制造，紧固件、弹簧制造，机械零部件加工及设备修理，其他通用零部件制造。

359　金属铸、锻加工 包括钢铁铸件制造、锻件及粉末冶金制品制造。

36　专用设备制造业

361　矿山、冶金、建筑专用设备制造 包括采矿、采石设备制造，石油钻采专用设备制造，建筑工程用机械制造，建筑材料生产专用机械制造，冶金专用设备制造。

362　化工、木材、非金属加工专用设备制造 包括炼油、化工生产专用设备制造，橡胶加工专用设备制造，塑料加工专用设备制造，木材加工机械制造，模具制造，其他非金属加工专用设备制造。

363　食品、饮料、烟草及饲料生产专用设备制造包括食品、饮料、烟草工业专用设备制造，农副食品加工专用设备制造，饲料生产专用设备制造。

364　印刷、制药、日化生产专用设备制造 包括制浆和造纸专用设备制造，印刷专用设备制造，日用化工专用设备制造，制药专用设备制造，照明器具生产专用设备制造，玻璃、陶瓷和搪瓷制品生产专用设备制造，其他日用品生产专用设备制造。

365　纺织、服装和皮革工业专用设备制造 包括纺织专用设备制造、皮革、毛皮及其制品加工专用设备制造，缝纫机械制造，其他服装加工专用设备制造。

366　电子和电工机械专用设备制造 包括电工机械专用设备制造，电子工业专用设备制造，武器弹药制造，航空、航天及其他专用设备制造。

367　农、林、牧、渔专用机械制造 包括拖拉机制造，机械化农业及园艺机具制造，营林及木竹采伐机械制造，畜牧机械制造，渔业机械制造，农、林、牧、渔机械配件制造，其他农、林、牧、渔业机械制造及机械修理。

368　医疗仪器设备及器械制造 包括医疗诊断、监护及治疗设备制造，口腔科用设备及器具制造，实验室及医用消毒设备和器具的制造，医疗、外科及兽医用器械制造，机械治疗及病房护理设备制造，假肢、人工器官及植（介）入器械制造，其他医疗设备及器械制造。

369　环保、社会公共安全及其他专用设备制造 包括环境污染防治专用设备制造，地质勘查专用设备制造，邮政专用机械及器材制造，商业、饮食、服务业专用设备制造，社会公共安全设备及器材制造，交通安全及管制专用设备制造，水资源专用机械制造，其他专用设备制造。

37　交通运输设备制造业

371　铁路运输设备制造 包括铁路机车车辆及动车组制造，工矿有轨专用车辆制造，铁路机车车辆配件制造，铁路专用设备及器材、配件制造，其他铁路设备制造及设备修理。

372　汽车制造 包括汽车整车制造，改装汽车制造，电车制造，汽车车身、挂车的制造，汽车零部件及配件制造，汽车修理。

373 摩托车制造 包括摩托车整车制造、摩托车零部件及配件制造。

374 自行车制造 包括脚踏自行车及残疾人座车制造、助动自行车制造。

375 船舶及浮动装置制造 包括金属船舶制造、非金属船舶制造、娱乐船和运动船的建造和修理、船用配套设备制造、船舶修理及拆船、航标器材及其他浮动装置的制造。

376 航空航天器制造 包括飞机制造及修理、航天器制造、其他飞行器制造。

379 交通器材及其他交通运输设备制造 包括潜水及水下救捞装备制造、交通管理用金属标志及设施制造、其他交通运输设备制造。

39 电气机械及器材制造业

391 电机制造 包括发电机及发电机组制造、电动机制造、微电机及其他电机制造。

392 输配电及控制设备制造 包括变压器、整流器和电感器制造，电容器及其配套设备制造，配电开关控制设备制造，电力电子元器件制造，其他输配电及控制设备制造。

393 电线、电缆、光缆及电工器材制造 包括电线电缆制造，光纤、光缆制造，绝缘制品制造，其他电工器材制造。

394 电池制造

395 家用电力器具制造 包括家用制冷电器具制造，家用空气调节器制造，家用通风电器具制造，家用厨房电器具制造，家用清洁卫生电器具制造，家用美容、保健电器具制造，家用电力器具专用配件制造，其他家用电力器具制造。

396 非电力家用器具制造 包括燃气、太阳能及类似能源的器具制造，其他非电力家用器具制造。

397 照明器具制造 包括电光源制造、照明灯具制造、灯用电器附件及其他照明器具制造。

399　其他电气机械及器材制造 包括车辆专用照明及电气信号设备装置制造、其他未列明的电气机械制造。

40　通信设备、计算机及其他电子设备制造业

401　通信设备制造 包括通信传输设备制造、通信交换设备制造、通信终端设备制造、移动通信及终端设备制造、其他通信设备制造。

402　雷达及配套设备制造

403　广播电视设备制造 包括广播电视节目制作及发射设备制造、广播电视接收设备及器材制造、应用电视设备及其他广播电视设备制造。

404　电子计算机制造 包括电子计算机整机制造、计算机网络设备制造、电子计算机外部设备制造。

405　电子器件制造 包括电子真空器件制造、半导体分立器件制造、集成电路制造、光电子器件及其他电子器件制造。

406　电子元件制造 包括电子元件及组件制造、印制电路板制造。

407　家用视听设备制造 包括家用影视设备制造、家用音响设备制造。

409　其他电子设备制造

41　仪器仪表及文化、办公用机械制造业

411　通用仪器仪表制造 包括工业自动控制系统装置制造，电工仪器仪表制造，绘图、计算及测量仪器制造，实验分析仪器制造，试验机制造，供应用仪表及其他通用仪器制造。

412　专用仪器仪表制造 包括环境监测专用仪器仪表制造，汽车及其他用计数仪表制造，导航、气象及海洋专用仪器制造，农、林、牧、渔专用仪器仪表制造，地质勘探和地震专用仪器制造，教学专用仪器制造，核子及核辐射测量仪器制造，电子测量仪器制造，其他专用仪器制造。

413 钟表与计时仪器制造

414 光学仪器及眼镜制造 包括光学仪器制造、眼镜制造。

415 文化、办公用机械制造 包括电影机械制造，幻灯及投影设备制造，照相机及器材制造，复印和胶印设备制造，计算器及货币专用设备制造，其他文化、办公用机械制造。

419 其他仪器仪表的制造及修理

42 工艺品及其他制造业

421 工艺美术品制造 包括雕塑工艺品制造，金属工艺品制造，漆器工艺品制造，花画工艺品制造，天然植物纤维编织工艺品制造，抽纱刺绣工艺品制造，地毯、挂毯制造，珠宝首饰及有关物品的制造，其他工艺美术品制造。

422 日用杂品制造 包括制镜及类似品加工，鬃毛加工、制刷及清扫工具的制造，其他日用杂品制造。

423 煤制品制造

424 核辐射加工

429 其他未列明的制造业

43 废弃资源和废旧材料回收加工业

431 金属废料和碎屑的加工处理

432 非金属废料和碎屑的加工处理

D 电力、燃气及水的生产和供应业

44 电力、热力的生产和供应业

441 电力生产 包括火力发电、水力发电、核力发电、其他能源发电。

442 电力供应

443 热力生产和供应

45 燃气生产和供应业

450 燃气生产和供应业

46　水的生产和供应业

461　自来水的生产和供应

462　污水处理及其再生利用

469　其他水的处理、利用与分配

E　建筑业

47　房屋和土木工程建筑业

471　房屋工程建筑

472　土木工程建筑 包括铁路、道路、隧道和桥梁工程建筑，水利和港口工程建筑，工矿工程建筑，架线和管道工程建筑，其他土木工程建筑。

48　建筑安装业

480　建筑安装业

49　建筑装饰业

490　建筑装饰业

50　其他建筑业

501　工程准备

502　提供施工设备服务

509　其他未列明的建筑活动

F　交通运输、仓储和邮政业

51　铁路运输业

511　铁路旅客运输

512　铁路货物运输

513　铁路运输辅助活动 包括客运火车站、货运火车站、其他铁路运输辅助活动。

52　道路运输业

521　公路旅客运输

522　道路货物运输

523　道路运输辅助活动 包括客运汽车站、公路管理与养护、其他道路运输辅助活动。

53　城市公共交通业

531　公共电汽车客运

532　轨道交通

533　出租车客运

534　城市轮渡

539　其他城市公共交通

54　水上运输业

541　水上旅客运输 包括远洋旅客运输、沿海旅客运输、内河旅客运输。

542　水上货物运输 包括远洋货物运输、沿海货物运输、内河货物运输。

543　水上运输辅助活动 包括客运港口、货运港口、其他水上运输辅助活动。

55　航空运输业

551　航空客货运输 包括航空旅客运输、航空货物运输。

552　通用航空服务

553　航空运输辅助活动 包括机场、空中交通管理、其他航空运输辅助活动。

56　管道运输业

560　管道运输业

57　装卸搬运和其他运输服务业

571　装卸搬运

572　运输代理服务

58　仓储业

581　谷物、棉花等农产品仓储

589　其他仓储

59　邮政业

591　国家邮政

599　其他寄递服务

G　信息传输、计算机服务和软件业

60　电信和其他信息传输服务业

601　电信 包括固定电信服务、移动电信服务、其他电信服务。

602　互联网信息服务

603　广播电视传输服务 包括有线广播电视传输服务、无线广播电视传输服务。

604　卫星传输服务

61　计算机服务业

611　计算机系统服务

612　数据处理

613　计算机维修

619　其他计算机服务

62　软件业

621　公共软件服务 包括基础软件服务、应用软件服务。

629　其他软件服务

H　批发和零售业

63　批发业

631　农畜产品批发 包括谷物、豆及薯类批发，种子、饲料批发，棉、麻批发，牲畜批发，其他农畜产品批发。

632　食品、饮料及烟草制品批发 包括米、面制品及食用油批发，糕点、糖果及糖批发，果品、蔬菜批发，肉、禽、蛋及水产品批发，盐及调味品批发，饮料及茶叶批发，烟草制品批发，其他食品批发。

633　纺织、服装及日用品批发 包括纺织品、针织品及原料批发，服装批发，鞋帽批发，厨房、卫生间用具及日用杂货批发，化妆品及卫生用品批发，其他日用品批发。

634　文化、体育用品及器材批发 包括文具用品批发，体育用品批发，图书批发，报刊批发，音像制品及电子出版物批发，首饰、工艺品及收藏品批发，其他文化用品批发。

635　医药及医疗器材批发 包括西药批发、中药材及中成药批发、医疗用品及器材批发。

636　矿产品、建材及化工产品批发 包括煤炭及制品批发、石油及制品批发、非金属矿及制品批发、金属及金属矿批发、建材批发、化肥批发、农药批发、农用薄膜批发、其他化工产品批发。

637　机械设备、五金交电及电子产品批发 包括农业机械批发，汽车、摩托车及零配件批发，五金、交电批发，家用电器批发，计算机、软件及辅助设备批发，通信及广播电视设备批发，其他机械设备及电子产品批发。

638　贸易经纪与代理

639　其他批发 包括再生物资回收与批发、其他未列明的批发。

65　零售业

651　综合零售 包括百货零售、超级市场零售、其他综合零售。

652　食品、饮料及烟草制品专门零售 包括粮油零售，糕点、面包零售，果品、蔬菜零售，肉、禽、蛋及水产品零售，饮料及茶叶零售，烟草制品零售，其他食品零售。

653　纺织、服装及日用品专门零售 包括纺织品及针织品零售，服装零售，鞋帽零售，钟表、眼镜零售，化妆品及卫生用品零售，其他日用品零售。

654　文化、体育用品及器材专门零售 包括文具用品零售、体育用品零售、图书零售、报刊零售、音像制品及电子出版物零售、珠宝首饰零售、工艺美术品及收藏品零售、照相器材零售、其他文化用品零售。

655　医药及医疗器材专门零售 包括药品零售、医疗用品及器材零售。

656　汽车、摩托车、燃料及零配件专门零售 包括汽车零售、汽车零配件零售、摩托车及零配件零售、机动车燃料零售。

657　家用电器及电子产品专门零售 包括家用电器零售，计算机、软件及辅助设备零售，通信设备零售，其他电子产品零售。

658　五金、家具及室内装修材料专门零售 包括五金零售、家具零售、涂料零售、其他室内装修材料零售。

659　无店铺及其他零售 包括流动货摊零售、邮购及电子销售、生活用燃料零售、花卉零售、旧货零售、其他未列明的零售。

I　**住宿和餐饮业**

66　住宿业

661　旅游饭店

662　一般旅馆

669　其他住宿服务

67　餐饮业

671　正餐服务

672　快餐服务

673　饮料及冷饮服务

679　其他餐饮服务

J　**金融业**

68　银行业

681　中央银行

682　商业银行

689　其他银行

69　证券业

691　证券市场管理

692　证券经纪与交易

693　证券投资

694　证券分析与咨询

70　保险业

701　人寿保险

702　非人寿保险

703　保险辅助服务

71　其他金融活动

711　金融信托与管理

712　金融租赁

713　财务公司

714　邮政储蓄

715　典当

719　其他未列明的金融活动

K　房地产业

72　房地产业

721　房地产开发经营

722　物业管理

723　房地产中介服务

729　其他房地产活动

L　租赁和商务服务业

73　租赁业

731　机械设备租赁 包括汽车租赁、农业机械租赁、建筑工程机械与设备租赁、计算机及通信设备租赁、其他机械与设备租赁。

732　文化及日用品出租 包括图书及音像制品出租、其他文化及日用品出租。

74 商务服务业

741 企业管理服务 包括企业管理机构、投资与资产管理、其他企业管理服务。

742 法律服务 包括律师及相关的法律服务、公证服务、其他法律服务。

743 咨询与调查 包括会计、审计及税务服务，市场调查，社会经济咨询，其他专业咨询。

744 广告业

745 知识产权服务

746 职业中介服务

747 市场管理

748 旅行社

749 其他商务服务 包括会议及展览服务、包装服务、保安服务、办公服务、其他未列明的商务服务。

M 科学研究、技术服务和地质勘查业

75 研究与试验发展

751 自然科学研究与试验发展

752 工程和技术研究与试验发展

753 农业科学研究与试验发展

754 医学研究与试验发展

755 社会人文科学研究与试验发展

76 专业技术服务业

761 气象服务

762 地震服务

763 海洋服务

764 测绘服务

765 技术检测

766　环境监测

767　工程技术与规划管理 包括工程管理服务、工程勘察设计、规划管理。

769　其他专业技术服务

77　科技交流和推广服务业

771　技术推广服务

772　科技中介服务

779　其他科技服务

78　地质勘查业

781　矿产地质勘查 包括能源矿产地质勘查、固体矿产地质勘查、其他矿产地质勘查。

782　基础地质勘查

783　地质勘查技术服务

N　水利、环境和公共设施管理业

79　水利管理业

791　防洪管理

792　水资源管理 包括水库管理，调水、引水管理，其他水资源管理。

799　其他水利管理

80　环境管理业

801　自然保护 包括自然保护区管理、野生动植物保护、其他自然保护。

802　环境治理 包括城市市容管理、城市环境卫生管理、水污染治理、危险废物治理、其他环境治理。

81　公共设施管理业 包括市政公共设施管理、城市绿化管理

813　游览景区管理 包括风景名胜区管理、公园管理、其他游览景区管理。

O　**居民服务和其他服务业**

82　居民服务业

821　家庭服务

822　托儿所

823　洗染服务

824　理发及美容保健服务

825　洗浴服务

826　婚姻服务

827　殡葬服务

828　摄影扩印服务

829　其他居民服务

83　其他服务业

831　修理与维护 包括汽车、摩托车维护与保养，办公设备维修，家用电器修理，其他日用品修理。

832　清洁服务 包括建筑物清洁服务、其他清洁服务。

839　其他未列明的服务

P　**教育**

84　教育

841　学前教育

842　初等教育

843　中等教育 包括初中教育、高中教育、中等专业教育、职业中学教育、技工学校教育、其他中等教育。

844　高等教育 包括普通高等教育、成人高等教育。

849　其他教育 包括职业技能培训、特殊教育、其他未列明的教育。

Q　**卫生、社会保障和社会福利业**

85　卫生

851　医院 包括综合医院、中医医院、中西医结合医院、民族医院、专科医院、疗养院。

852 卫生院及社区医疗活动

853 门诊部医疗活动

854 计划生育技术服务活动

855 妇幼保健活动

856 专科疾病防治活动

857 疾病预防控制及防疫活动

859 其他卫生活动

86 社会保障业

860 社会保障业

87 社会福利业

871 提供住宿的社会福利 包括干部休养所、收养收容服务。

872 不提供住宿的社会福利

R **文化、体育和娱乐业**

88 新闻出版业

881 新闻业

882 出版业 包括图书出版、报纸出版、期刊出版、音像制品出版、电子出版物出版、其他出版。

89 广播、电视、电影和音像业

891 广播

892 电视

893 电影 包括电影制作与发行、电影放映。

894 音像制作

90 文化艺术业

901 文艺创作与表演

902 艺术表演场馆

903 图书馆与档案馆 包括图书馆、档案馆。

904　文物及文化保护

905　博物馆

906　烈士陵园、纪念馆

907　群众文化活动

908　文化艺术经纪代理

909　其他文化艺术

91　体育

911　体育组织

912　体育场馆

919　其他体育

92　娱乐业

921　室内娱乐活动

922　游乐园

923　休闲健身娱乐活动

929　其他娱乐活动

S　公共管理和社会组织

93　中国共产党机关

930　中国共产党机关

94　国家机构

941　国家权力机构

942　国家行政机构 包括综合事务管理机构、对外事务管理机构、公共安全管理机构、社会事务管理机构、经济事务管理机构、政府事务管理机构、行政监督检查机构。

943　人民法院和人民检察院 包括人民法院、人民检察院。

949　其他国家机构

95　人民政协和民主党派

951　人民政协

952　民主党派

96　群众团体、社会团体和宗教组织

961　群众团体 包括工会、妇联、共青团、其他群众团体。

962　社会团体 包括专业性团体、行业性团体、其他社会团体。

963　宗教组织

97　基层群众自治组织

971　社区自治组织

972　村民自治组织

T　国际组织

98　国际组织

980　国际组织

参考文献

[1]Acemoglu D. , Zilibotti F. Productivity Differences[J]. Quarterly Journal of Economics, 2001, 116(2):563 -606.

[2]Aghion P. , Bloom N. , Blundell R. , Griffith R. ,Howitt P. Competition and Innovation: an Inverted U Relationship[J]. Quarterly Journal of Economics, 2005, 120(2): 701 -728.

[3]Aitken B. J. , Harrison A. E. Do Domestic Firms Benefit from Direct Foreign Investment? Evidence from Venezuela[J]. American Economic Review, 1999, 89(3):605 -618.

[4]Ang J. B. Financial Development, Liberalization and Technological Deepening[J]. European Economic Review, 2011, 55(5): 688 -701.

[5]Arrow K. J. Economic Welfare and the Allocation of Resources for Inventions[J]. Universities - National Bureau, UMI, 1962: 609 -626.

[6]Ba S. , Stallaert J. , Zhang W. H . Choice of Transaction Channels: The Effects of Product Characteristics on Market Evolution[J]. Journal of Management Information Systems, 2005, 21(4):173 -197.

[7]Bardhan I. , Bagchi S. , Sougstad R. Prioritizing a Portfolio of Information Technology Investment Projects[J]. Journal of Management Information Systems, 2004, 21(2):33 -60.

[8]Basu S., Weil D. N. Appropriate Technology and Growth[J]. Quarterly Journal of Economics, 2000, 113(4):1025 -1054.

[9]Bayoumi T., Coe D. T., Helpman E. R&D Spillovers and Global Growth [J]. Journal of International Economics, 1999, 47: 399 -428.

[10]Bellone F., Musso P., Nesta L., Warzynski F. Endogenous Markups, Firm Productivity and International Trade: Testing some Micro - Level Implications of the Melitz - Ottaviano Model[M]. Aarhus School of Business, Department of Economics, 2008.

[11]Benaroch M., Lichtenstein Y., Robinson K. Real Options in Information Technology Risk Management: An Empirical Validation of Risk - Option Relationships [J]. Mis Quarterly, 2006, 30(4):827 -864.

[12]Bernard A. B., Jensen J. B. Exceptional Exporter Performance: Cause, Effect or Both? [J]. Journal of International Economics, 1999,47(1): 1 -25.

[13]Bernhard A. B., Eaton J., Jensen B., Kortum S. Plant and Productivity in International Trade[J]. The American Economic Review, 2003,93:1268 -1290.

[14]Bernini M., Guillou S., Bellone F. Financial Leverage and Export Quality Evidence from France[J]. Journal of Banking & Finance,2015, 6: 280 -296.

[15]Bosworth B., Collins S. M. Accounting for Growth: Comparing China and India[J]. Journal of Economic Perspectives, 2008, 22(1):45 -66.

[16]Brandt L., Biesebroeck J. V., Zhang Y. Creative Accounting or Creative Destruction? Firm - level Productivity Growth in Chinese Manufacturing[J]. Journal of Development Economics, 2012, 97(2):339 -351.

[17]Bustos P. Rising Wage Inequality in the Argentinean Manufacturing Sector: the Impact of Trade and Foreign Investment on Technology and Skill Upgrading[Z]. Working Paper, 2005.

[18]Cai H., Liu Q. Competition and Corporate Tax Avoidance: Evidence from Chinese Industrial Firms[J]. Economic Journal, 2009, 119(537):764 -795.

[19]Chaney T. Distorted Gravity: The Intensive and Extensive Margins of International Trade[J]. American Economic Review, 2008, 98(4):1707 -1721.

[20]Cheung K. Y. , Lin P . Spillover Effects of FDI on Innovation in China: Evidence from the Provincial Data[J]. Social Science Electronic Publishing, 2004, 15(1):25 -44.

[21]Choi J. P. Optimal Tariffs and the Choice of Technology Discriminatory Tariffs vs. the "Most Favored Nation" Clause[J]. Journal of International Economics, 1995, 38(1 -2):143 -160.

[22]Chowdhury R. H. , Min M. Financial Market Development and the Effectiveness of R&D Investment: Evidence from Developed and Emerging Countries[J]. Research in International Business & Finance. 2012, 2: 258 -272.

[23] Claessens S. , Laeven L. Financial Development, Property Rights, and Growth[J]. The Journal of Finance, 2003, 6: 2401 -2436.

[24]Coe D. T. ,Helpman E. International R&D Spillovers[J]. European Economic Review, 1995, 39(5):859 -887.

[25]Coe D. T. , Helpman E. , Hoffmaister A. North - South R&D Spillovers [J]. Economic Journal, 1997,107: 134 -149.

[26]Coe D. T. , Helpman E. , Hoffmaister A. W . International R&D Spillovers and Institutions[J]. European Economic Review, 2009, 53: 723 -741.

[27]Collie D. R. Tariffs and Subsidies under Asymmetric Oligopoly: AD Valorem Versus Specific Instruments [J]. The Manchester School, 2006, 74 (3): 314 -333.

[28]Criscuolo C. ,Haskel J. Innovations and Productivity Growth in the UK: Evidence from CIS2 and CIS3 [Z]. Working Paper, Centre for Research into Business Activity, London, 2003.

[29]Dasgupta P. ,Stiglitz J. Industrial Structure and the Nature of Innovative Activity[J]. Economic Journal, 1980, 90: 266 -293.

[30]De Loecker, Jan, Warzynski, Frederic. Markups and Firm - Level Export Status[J]. The American Economic Review, 2009, 102(6):2437 -2471.

[31]Ding S. , Guariglia A. ,Knight J. Investment and Financing Constraints in China: Does Working Capital Management Make a Difference? [J]. Journal of Bank-

ing & Finance, 2013, 37(5): 1490 - 1507.

[32]Domowitz I. , Petersen H. B. C . Business Cycles and the Relationship between Concentration and Price - Cost Margins[J]. The RAND Journal of Economics, 1986, 17(1):1 - 17.

[33]Duchin F. ,Lange G. M. The Choice of Technology and Associated Changes in Prices in the U. S. Economy[J]. Structural Change and Economic Dynamics, 1995,6(3): 335 - 357.

[34]Duguet E. , Crepon B. , Mairessec J. Research, Innovation And Productivity: An Econometric Analysis at The Firm Level[J]. Economics of Innovation and New Technology, 1998, 7(2):115 - 158.

[35]Elberfeld W. A Note on Technology Choice, Firm Heterogeneity and Welfare[J]. International Journal of Industrial Organization, 2003, 21(4):593 - 605.

[36]Elberfeld W. , Georg Götz. Market Size, Technology Choice, and Market Structure[J]. German Economic Review, 2010, 3(1):25 - 41.

[37]Ethier W. J. The Multinational Firm[J]. Quarterly Journal of Economics, 1986, 101(4): 805 - 833.

[38]Fan C. S. , Hu Y . Foreign direct Investment and Indigenous Technological Efforts: Evidence from China[J]. Economics Letters, 2007, 96(2):253 - 258.

[39]Feder G . Farm Size, Risk Aversion and the Adoption of New Technology under Uncertainty[J]. Oxford Economic Papers, 1980, 32(2):263 - 283.

[40]Freeman C. , Soete L . Developing Science, Technology and Innovation Indicators: What We Can Learn from the Past[J]. Research Policy, 2009, 38(4): 583 - 589.

[41]Fu X. , Pietrobelli C. , Soete L. The Role of Foreign Technology and Indigenous Innovation in the Emerging Economies: Technological Change and Catching - up[J]. World Development, 2011, 39(7):1204 - 1212.

[42]Gayle P. G. Market Concentration and Innovation: New Empirical Evidence on the Schumpeterian Hypothesis [J]. University of Colorado Working Paper, 2001.

[43]Gemser G. ,Wijnberg N. M. Effects of Reputational Sanctions on the Competitive Imitation of Design Innovations[J]. Organization Studies, 2001,22(4): 563-591.

[44]Guariglia A. , Liu X. , Song L. Internal Finance and Growth: Microeconometric Evidence on Chinese Firms[J]. Journal of Development Economics, 2011, 96(1):79-94.

[45]Greenaway D. ,Kneller R. Firm Heterogeneity, Exporting and Foreign Direct Investment: Survey[J]. GEP Research Paper Series, 2005(32).

[46]Grossman G. M. , Helpman E. Trade, Knowledge Spillovers, and Growth[J]. NBER Working Papers, 1990, 35(2):517-526.

[47]Grossman G. M. , Helpman E. , Szeidl A . Optimal Integration Strategies for the Multinational Firm[J]. Journal of International Economics, 2006, 70(1): 216-238.

[48]Hall B. H. , Lotti. F. ,Mairesse J. Innovation and Productivity in SMEs: Evidence for Italy[J]. NBER Working Paper, 2008(14594).

[49]Myers S. C. ,Majluf N. S. Corporate Financing and Investment Decisions When Firms Have Information that Investors Do Not Have[J]. Journal of Financial Economics, 1984, 2: 187-221.

[50]Hansen J. D. , Nielsen U. M. Economies of Scale and Scope, Firm Heterogeneity and Exports[J]. Working Paper, 2007a.

[51]Hansen J. D. ,Nielsen U. M. Choice of Technology, Firm Heterogeneity and Exports[J]. Working Paper, 2007b.

[52]He P. , Ding H. , Hua Z. Strategic Choice of Flexible Production Technology Using Game Theory Approach[J]. Robotics and Computer-Integrated Manufacturing, 2012, 28(3):416-424.

[53]Head K. , Mayer T. The Empirics of Agglomeration and Trade[J]. CEPR Working Paper, 2004(3985).

[54] Helpman E. Trade, OFDI, and the Organization of Firms[J]. NBER Working Paper Series, 2006(12091).

[55] Helpman E., Melitz M. J., Yeaple S. R. Export Versus OFDI with Heterogeneous Firms[J]. The American Economic Review, 2004, 94(1): 300 - 316.

[56] Horstmann I. J., Markusen J. R. Endogenous Market Structures in International Trade[J]. Journal of International Economics, 1992, 32(1): 109 - 129.

[57] Hovakimian G. Determinants of Investment Cash Flow Sensitivity[J]. Financial Management, 2009, 1: 161 - 183.

[58] Jørgensen J. G., Schröder P. J. H. Tariffs and Firm - level Heterogeneous Fixed Export Costs[J]. Contributions to Economic Analysis & Policy, 2006, 5(1): 1 - 15.

[59] Kaboski J. P. Factor Price Uncertainty, Technology Choice and Investment Delay[J]. Journal of Economic Dynamics & Control, 2005, 29: 509 - 527.

[60] Kauffman R. J., Li X. T. Technology Competition and Optimal Investment Timing: A Real Options Perspective[J]. Engineering Management, 2005, 52(1): 15 - 29.

[61] Keller W. International Technology Diffusion[J]. Journal of Economic Literature, 2004, 42: 752 - 782.

[62] Kemp R., Soete L. The Greening of Technological Progress: An Evolutionary Perspective[J]. Futures, 1992, 24(5): 437 - 457.

[63] Khansa L., Liginlal D. Valuing the Flexibility of Investing in Security Process Innovations[J]. European Journal of Operational Research, 2009, 192(1): 216 - 235.

[64] Kong J. J., Kwok Y. K. Real Options in Strategic Investment Games between Two Asymmetric Firms[J]. European Journal of Operational Research, 2007, 181(2): 967 - 985.

[65] Koo J., Maeng K. The Effect of Financial Liberalization On Firms' Investments in Korea[J]. Journal of Asian Economics, 2005, 2: 281 - 297.

[66] Kreng V. B., Wang H. T. A Technology Replacement Model with Variable Market Potential: an Empirical Study of CRT and LCD TV[J]. Technological Forecasting and Social Change, 2009, 76(7): 942 - 951.

[67] Krugman P. Increasing Returns, Monopolistic Competition, and International Trade[J]. Journal of International Economics, 1979, 9: 469 -480.

[68] Krysiak F. C. Prices vs. Quantities: The Effects on Technology Choice [J]. Journal of Public Economics, 2008, 92: 1275 -1287.

[69] Kuijs L. China Through 2020—A Macroeconomic Scenario [J]. World Bank China Office Research Working Paper, 2001(9).

[70] Laeven L. Does Financial Liberalization Reduce Financing Constraints? [J]. Financial Management. 2003, 1: 5 -34.

[71] La Porta R., Lopez - de - Silanes F., Shleifer A., Vishny R. W. Law and Finance[J]. Journal of Political Economy, 1998, 6: 1113 -1155.

[72] Levinsohn J., Petrin A. Estimating Production Functions Using Inputs to Control for Unobservables [J]. Review of Economic Studies, 2003, 70 (2): 317 -341.

[73] Li A. H. I., Wang W. M., Lin T. Y. An Evaluation Framework for Technology Transfer of New Equipment in High Technology Industry [J]. Technological Forecasting & Social Change, 2010, 77(1):135 -150.

[74] Li S., Tirupati D. Technology Choice with Stochastic Demands and Dynamic Capacity Allocation: A Two - product Analysis[J]. Journal of Operations Management, 1995, 12(3 -4):239 -258.

[75] Lin J. Y., Tan G. F. Policy Burdens, Accountability and Soft Budget Constraint[J]. American Economic Review, 1999, 89(2): 426 -431.

[76] Lin J. Y. Development Strategy and Economic Convergence[J]. Economic Development and Cultural Change, 2003, 51(2): 277 -308.

[77] Levin R. C., Cohen W. M., Mowery D. C. R&D Appropriability, Opportunity, and Market Structure: New Evidence on Some Schumpeterian Hypotheses[J]. American Economic Review, 1985, 75(2):20 -24.

[78] Love I. Financial Development and Financing Constraints: International Evidence from the Structural Investment Model [J]. Review of Financial Studies, 2003, 16(3):765 -791.

[79]Martzoukos S. H. , Zacharias E. Real Option Games with R&D and Learning Spillovers[J]. Omega, 2013, 41(2):236 -249.

[80]Melitz M. J. The Impact of Trade on Intra - industry Reallocations and Aggregate Industry Productivity[J]. Econometrica, 2003, 71(6): 1695 -1725.

[81]Melitz M. J. , Ottaviano G. I. P. Market Size, Trade, and Productivity [J]. Review of Economic Studies, 2010, 75(1):295 -316.

[82]Mills D. E. , Smith W. It Pays to be Different: Endogenous Heterogeneity of Firms in an Oligopoly[J]. International Journal of Industrial Organization, 1996, 14(3):317 -329.

[83]Nagarajan M. , Sošić G. Game - theoretic Analysis of Cooperation among Supply Chain Agents: Review and Extensions[J]. European Journal of Operational Research, 2008, 187(3): 719 -745.

[84]Nishihara M. ,Fukushima M. Evaluation of Firm's Loss due to Incomplete Information in Real Investment Decision[J]. European Journal of Operational Research, 2008, 188(2): 569 -585.

[85]Nocke V. , Yeaple S. Cross - border Mergers and Acquisitions vs. Greenfield Foreign Direct Investment: The role of Firm Heterogeneity[J]. Journal of International Economics, 2007, 72(2):0 -365.

[86]Olley G. S. ,Pakes A. The Dynamics of Productivity in the Telecommunications Equipment Industry[J]. Econometrica, 1996, 6: 1263 -1297.

[87]Rajan R. G. , Zingales L. Financial Dependence and Growth[J]. The American Economic Review, 1998, 3: 559 -586.

[88]Romer P. M. Capital, Labor, and Productivity[J]. Brookings Papers on Economic Activity Microeconomics, 1990: 337 -367.

[89]Seck A. International Technology Diffusion and Economic Growth: Explaining the Spillover Benefits to Developing Countries[J]. Structural Change and Economic Dynamics, 2012, 23(4): 437 -451.

[90]Shackleton M. B. , Tsekrekos A. , Wojakowski R. M. Strategic Entry and Market Leadership in a Two - player Real Options Game[J]. Journal of Banking &

Finance, 2004, 28(1): 179 - 201.

[91]Siotis G. Competitive Pressure and Economic Integration: An Illustration for Spain, 1983 - 1996[J]. International Journal of Industrial Organization, 2003, 21(10):1435 - 1459.

[92]Soete L. The Impact of Technological Innovation on International Trade Patterns: The Evidence Reconsidered[J]. Research Policy, 1987, 16(2): 101 - 130.

[93]Solow R. A Contribution to the Theory of Economic Growth[J]. Quarterly Journal of Economics, 1956, 70:65 - 94.

[94]Tseng M. C. Strategic Choice of Flexible Manufacturing Technologies[J]. International Journal of Production Economics, 2004, 91:223 - 227.

[95]Vlachos J., Waldenströ M. D. International Financial Liberalization and Industry Growth[J]. International Journal of Finance & Economics, 2010, 10(3): 263 - 284.

[96]Whited T. M., Wu G. Financial Constraints Risk[J]. Review of Financial Studies, 2006, 19(2):531 - 559.

[97]Wu L. C., Li S. H., Ong C. S., et al. Options in Technology Investment Games: The Real World TFT - LCD Industry Case[J]. Technological Forecasting and Social Change, 2012, 79(7): 1241 - 1253.

[98]Xiao S., Zhao S. Financial Development, Government Ownership of Banks and Firm Innovation[J]. Journal of International Money and Finance, 2012, 4: 880 - 906.

[99]Xu H., Lai M., Qi P. Openness, Human Capital and Total Factor Productivity: Evidence from China[J]. Journal of Chinese Economic and Business Studies, 2008, 6(3): 279 - 289.

[100]Yeaple S. R. A Simple Model of Firm Heterogeneity, International Trade, and Wages[J]. Journal of International Economics, 2005, 38(4): 1107 - 1135.

[101]Zhou K. Z. Innovation, Imitation, and New Product Performance: The Case of China[J]. Industrial Marketing Management, 2006, 35(3): 394 - 402.

[102]安同良.中国企业的技术选择[J]. 经济研究,2003(7): 76 - 84.

[103]安同良,施浩,Ludovico Alcorta. 中国制造业企业 R&D 行为模式的观测与实证[J]. 经济研究,2006(2): 21 -30.

[104]安同良,周绍东,皮建才. R&D 补贴对中国企业自主创新的激励效应[J]. 经济研究,2009(10): 87 -98.

[105]蔡冬青,刘厚俊. 中国 OFDI 反向技术外溢影响因素研究——基于东道国制度环境的视角[J]. 财经研究,2012(12): 59 -69.

[106]陈邦强,傅蕴英,张宗益. 金融市场化进程中的金融结构、政府行为、金融开放与经济增长间的影响研究——基于中国经验(1978—2005 年)的实证[J]. 金融研究, 2007(10): 1 -14.

[107]陈海强,韩乾,吴锴. 融资约束抑制技术效率提升吗? ——基于制造业微观数据的实证研究[J]. 金融研究, 2015(10): 148 -162.

[108]陈刚. R&D 溢出、制度和生产率增长[J]. 数量经济技术经济研究, 2010(10): 64 -77.

[109]陈英. 技术创新的二重经济效应与企业的技术选择[J]. 南开经济研究,2003(3): 41 -44.

[110]陈英. 技术创新与经济增长[J]. 南开经济研究,2004(5): 34 -37.

[111]陈羽,邝国良. OFDI、技术差距与本土企业的研发投入[J]. 国际贸易问题,2009(7): 88 -96.

[112]邓翔,路征. "新新贸易理论"的思想脉络及其发展[J]. 财经科学, 2010(2): 41 -48.

[113]樊纲, 王小鲁, 朱恒鹏. 中国市场化指数:各地区市场化相对进程 2006 年报告[M]. 北京:经济科学出版社, 2007.

[114]范承泽,胡一帆,郑红亮. OFDI 对国内企业技术创新影响的理论与实证研究[J]. 经济研究,2008(1): 89 -101.

[115]范红忠. 有效需求规模假说、研发投入与国家自主创新能力[J]. 经济研究,2007(3): 33 -44.

[116]范剑勇. 产业集聚与地区间劳动生产率差异[J]. 经济研究, 2006(11):72 -81.

[117]冯德连. 研发国际化趋势下我国技术创新模式的选择[J]. 财贸经济,

2007(4)：41 –46.

[118]方军雄. 市场化进程与资本配置效率的改善[J]. 经济研究，2006(5)：50 –61.

[119]高帆. 什么黏住了中国企业自主创新能力提升的翅膀[J]. 当代经济科学，2008(2)：1 –10.

[120]顾群，翟淑萍. 融资约束、代理成本与企业创新效率——来自上市高新技术企业的经验证据[J]. 经济与管理研究，2012(5)：73 –80.

[121]顾群，翟淑萍. 融资约束、研发投资与资金来源——基于研发投资异质性的视角[J]. 科学学与科学技术管理，2014(3)：15 –22.

[122]官建成，陈凯华. 我国高技术产业技术创新效率的测度[J]. 数量经济技术经济研究，2009(10)：19 –33.

[123]郭庆旺，贾俊雪. 中国全要素生产率的估算：1979—2004[J]. 经济研究，2005(6)：51 –60.

[124]胡继灵. 高新技术企业生命周期各阶段技术创新战略的选择[J]. 科技进步与对策，2001(8)：47 –48.

[125]黄枫，吴纯杰. 市场势力测度与影响因素分析——基于我国化学药品制造业研究[J]. 经济学(季刊)，2013 (2)：511 –526.

[126]黄茂兴，李军军. 技术选择、产业结构升级与经济增长[J]. 经济研究，2009 (7)：143 –151.

[127]黄先海，诸竹君，宋学印. 中国出口企业阶段性低加成率陷阱[J]. 世界经济，2016，39(3)：95 –117.

[128]黄先海，金泽成，余林徽. 出口、创新与企业加成率：基于要素密集度的考量[J]. 世界经济，2018(5)：127 –148.

[129]蒋殿春. 发展中国家在国际技术贸易中的利益、成本和技术选择[J]. 南开学报，2001(3)：20 –25.

[130]江伟，胡玉明，曾业勤. 融资约束与企业成本黏性——基于我国工业企业的经验证据[J]. 金融研究，2015(10)：133 –147.

[131]解维敏，方红星. 金融发展、融资约束与企业研发投入[J]. 金融研究，2011(5)：171 –183.

[132]金碚. 中国工业的技术创新[J]. 中国工业经济,2004(5):5 – 14.

[133]鞠晓生, 卢荻, 虞义华. 融资约束、营运资本管理与企业创新可持续性[J]. 经济研究, 2013(1): 4 – 16.

[134]鞠晓生. 中国上市企业创新投资的融资来源与平滑机制[J]. 世界经济, 2013(4): 138 – 159 .

[135]李宏亮, 谢建国. 融资约束与企业成本加成[J]. 世界经济, 2018, 41(11):123 – 146.

[136]李纪珍. 企业的多层次技术选择[J]. 科学管理研究,1999(6): 22 – 24.

[137]李龙筠,刘晓川. 资产结构、地区经济与企业创新能力——来自中国创业板市场的证据[J]. 中央财经大学学报,2011(5): 45 – 49.

[138]李科, 徐龙炳. 融资约束、债务能力与公司业绩[J]. 经济研究, 2011(5): 61 – 73.

[139]李平,田朔. 出口贸易对技术创新影响的研究:水平溢出与垂直溢出——基于动态面板数据模型的实证分析[J]. 世界经济研究,2010(2): 44 – 48.

[140]李思慧,赵曙东. 财政激励、资源能力与企业创新[J]. 当代财经,2012(10): 34 – 43.

[141]李思慧, 于津平. 对外直接投资与企业创新效率[J]. 国际贸易问题, 2016(12): 30 – 40.

[142]李思慧, 周天宇. 企业技术选择:模仿创新还是自主创新? [J]. 世界经济与政治论坛, 2018(1): 142 – 158.

[143]李思慧, 徐保昌. 金融市场化、融资约束与企业成本加成:来自中国制造业企业的证据[J]. 国际贸易问题, 2018(2): 164 – 174.

[144]李邃,江可申,郑兵云,白俊红. 高技术产业研发创新效率与全要素生产率增长[J]. 科学学与科学技术管理,2010 (11):169 – 175.

[145]李晓钟,张小蒂. 外商直接投资对我国技术创新能力影响及地区差异分析[J]. 中国工业经济,2008(9):77 – 87.

[146]李扬. 中国金融改革开放 30 年:历程、成就和进一步发展[J]. 财贸

经济, 2008(11):38 - 52.

[147]林毅夫,董先安,殷韦. 技术选择、技术扩散与经济收敛[J]. 财经问题研究,2004(6):3 - 10.

[148]林毅夫,潘士远,刘明兴. 技术选择、制度与经济发展[J]. 经济学(季刊),2006 (3):695 - 714.

[149]林毅夫,张鹏飞. 适宜技术、技术选择和发展中国家的经济增长[J]. 经济学(季刊),2006 (4):985 - 1006.

[150]刘刚. 企业的异质性假设——对企业本质和行为基础的演化论解释[J]. 中国社会科学,2002(2):56 - 68.

[151]刘啟仁, 黄建忠. 产品创新如何影响企业加成率[J]. 世界经济, 2016(11):30 - 55.

[152]卢馨, 郑阳飞, 李建明. 融资约束对企业 R&D 投资的影响研究——来自中国高新技术上市公司的经验证据[J]. 会计研究, 2013(5):51 - 58.

[153]陆玉梅,田野. 基于演化博弈的企业自主创新与模仿创新模式选择研究[J]. 科技管理研究,2008(6):25 - 27.

[154]罗长远, 智艳, 王钊民. 中国出口的成本加成率效应:来自泰国的证据[J]. 世界经济, 2015(8):107 - 131.

[155]毛其淋, 许家云. 中国对外直接投资如何影响了企业加成率:事实与机制[J]. 世界经济, 2016, 39(6):77 - 99.

[156]毛蕴诗,汪建成. 基于产品升级的自主创新路径研究[J]. 管理世界, 2006(5):114 - 120.

[157]年志远. 中小企业技术创新的模式选择——模仿创新[J]. 科学管理研究,2004(6):19 - 21.

[158]潘文卿. 外商直接投资对中国工业部门的外溢效应:基于面板数据的分析[J]. 世界经济,2003(6):3 - 7.

[159]彭纪生,刘春林. 自主创新与模仿创新的博弈分析[J]. 科学管理研究,2003(6):18 - 22.

[160]钱学峰. 企业异质性、贸易成本与中国出口增长的二元边际[J]. 管理世界,2008(9):48 - 66.

[161]钱学锋，范冬梅. 国际贸易与企业成本加成:一个文献综述[J]. 经济研究，2015(2):172－185.

[162]钱学锋，潘莹，毛海涛. 出口退税、企业成本加成与资源误置[J]. 世界经济，2015(8):80－106.

[163]钱学锋，王胜，黄云湖，王菊蓉. 进口种类与中国制造业全要素生产率[J]. 世界经济，2011(5).

[164]饶华春. 中国金融发展与企业融资约束的缓解——基于系统广义矩估计的动态面板数据分析[J]. 山西财经大学学报，2009(11).

[165]任曙明，张静. 补贴、寻租成本与加成率——基于中国装备制造企业的实证研究[J]. 管理世界，2013(10):118－129.

[166]盛斌，牛蕊. 贸易、劳动力需求弹性与就业风险:中国工业的经验研究[J]. 世界经济，2009(6):3－15.

[167]盛丹，王永进. 中国企业低价出口之谜——基于企业加成率的视角[J]. 管理世界，2012(5):8－23.

[168]盛丹，王永进. "企业间关系"是否会缓解企业的融资约束[J]. 世界经济，2014(10):104－122.

[169]世界银行. 中国:全国产品和要素市场的分割:经济成本和政策建议[R]. 世界银行东亚与太平洋地区减贫与经济管理局,2005.

[170]唐清泉，肖海莲. 融资约束与企业创新投资—现金流敏感性——基于企业 R&D 异质性视角[J]. 南方经济，2012，30(11):40－54.

[171]田巍,余淼杰. 企业生产率和企业"走出去"对外直接投资:基于企业层面数据的实证研究[J]. CTRG(China Trade Research Group) Working Paper Series,2011.

[172]汪昌云，钟腾，郑华懋. 金融市场化提高了农户信贷获得吗？——基于农户调查的实证研究[J]. 经济研究，2014(10):33－45.

[173]王德文，王美艳，陈兰. 中国工业的结构调整、效率与劳动配置[J]. 经济研究，2004(4):41－49.

[174]王华,赖明勇,柒江艺. 国际技术转移、异质性与中国企业技术创新研究[J]. 管理世界,2010(12):131－142.

[175]魏浩. 进口定价权、进口价格与不同类型商品的进口战略——基于微观产品数据的实证分析[J]. 世界经济与政治论坛, 2016(1):80-105.

[176]吴晓求, 许荣. 金融市场化趋势推动着中国金融的结构性变革[J]. 财贸经济, 2002(9):5-12.

[177]吴延兵. 创新的决定因素——基于中国制造业的实证研究[J]. 世界经济文汇,2008(2):46-58.

[178]吴延兵,米增渝. 创新、模仿与企业效率——来自制造业非国有企业的经验数据[J]. 中国社会科学,2011(4):77-94.

[179]冼国明,严兵. OFDI 对中国创新能力的溢出效应[J]. 世界经济, 2005(10):18-25.

[180]王飞. 外商直接投资促进了国内工业企业技术进步吗? [J]. 世界经济研究,2003 (4):39-44.

[181]王毅. 需求导向的企业技术创新能力成长理论[J]. 技术经济,2013(1):9-13.

[182]肖文,林高榜. 跨国公司 R&D 国际化与中国自主创新[M]. 杭州:浙江大学出版社, 2011.

[183]谢廷宇,刘德学. 进出口贸易、技术溢出与创新绩效——基于中国高科技产业面板数据的分析[J]. 科技进步与对策,2011 (12):16-19.

[184]许统生,陈瑾,薛智韵. 中国制造业贸易成本的测度[J]. 中国工业经济,2011(7):15-25.

[185]徐瑛,陈秀山,刘凤良. 中国技术进步贡献率的度量与分解[J]. 经济研究,2006(8):93-103.

[186]颜鹏飞,王兵. 技术效率、技术进步与生产率增长:基于 DEA 的实证分析[J]. 经济研究,2004 (4):55-65.

[187]杨宇,沈坤荣. 社会资本对技术创新的影响——基于中国省级面板数据的实证研究[J]. 当代财经,2010(8):5-13.

[188]易余胤,盛昭瀚,肖条军. 企业自主创新、模仿创新行为与市场结构的演化研究[J]. 管理工程学报,2005(1):14-18.

[189]袁红林,陈小锋. "智猪博弈"与中小企业模仿创新[J]. 当代财经,

2002(9):68－69.

[190]曾勇,邓光军,夏晖,李强.不确定条件下的技术创新投资决策——实物期权模型及应用[M].北京:科学出版社,2007.

[191]张海洋,史晋川.中国省际工业新产品技术效率研究[J].经济研究,2011(1):83－96.

[192]张杰,刘志彪,季新野.转型背景下中国本土企业的出口与创新——基于江苏地区制造业企业的实证研究[J].财贸经济,2008(6):73－78.

[193]张杰.金融抑制、融资约束与出口产品质量[J].金融研究,2015(6):64－79.

[194]张杰,芦哲,郑文平,陈志远.融资约束、融资渠道与企业 R&D 投入[J].世界经济,2012(10):66－90.

[195]张杰,张培丽,黄泰岩.市场分割推动了中国企业出口吗?[J].经济研究,2010(8):29－41.

[196]张杰,郑文平,翟福昕.融资约束影响企业资本劳动比吗?——中国的经验证据[J].经济学(季刊),2018(3):1029－1056.

[197]张宇.制度约束、外资依赖与 OFDI 的技术溢出[J].管理世界,2009(9):14－23.

[198]张真真,林晓言.知识产权保护与技术创新路径的国际比较[J].中国软科学,2006(11):156－160.

[199]郑永辉,蒋昭乙.金融深化和加工贸易转型升级的线性与非线性 Granger 分析[J].世界经济与政治论坛,2015(2):99－115.

[200]周方召.外部融资、企业规模与上市公司技术创新[J].科研管理,2014(3):116－122.

[201]周业安,赵坚毅.我国金融市场化的测度、市场化过程和经济增长[J].金融研究,2005(4):68－78.

[202]朱恒鹏.企业规模、市场力量与民营企业创新行为[J].世界经济,2006(12):41－52.

[203]祝树金,张鹏辉.出口企业是否有更高的价格加成:中国制造业的证据[J].世界经济,2015(4):3－24.